PAPIER

Objekte aus alten Büchern

Anka Brüggemann

Haupt
GESTALTEN

PAPIER

Objekte aus alten Büchern

Anka Brüggemann

55 Projekte

Haupt Verlag

Impressum

Illustrationen, Gestaltung und Satz: Yvonne Gernoth, D-Könnern
Lektorat: Jutta Orth, D-Freiburg
Fotografie: Anka Brüggemann, D-Quedlinburg;
außer Fotos S. 44, 70 li., 72 li., 131, 135, 136, 137, 138 Thomas Gatz, D-Leipzig
Fotobearbeitung: Thomas Gatz, D-Leipzig
Mitwirkender am Projekt: Maik Ulbricht, D-Quedlinburg

Bibliografische Information der Deutschen Nationalbibliothek
Die Deutsche Nationalbibliothek verzeichnet diese Publikation in der Deutschen Nationalbibliografie; detaillierte bibliografische Daten sind im Internet über http://dnb.dnb.de abrufbar.

ISBN: 978-3-258-60123-6

Wünschen Sie regelmäßig Informationen über unsere neuen Titel zum Gestalten? Möchten Sie uns zu einem Buch ein Feedback geben? Haben Sie Anregungen für unser Programm? Dann besuchen Sie uns im Internet auf www.haupt.ch. dort finden Sie aktuelle Informationen zu unseren Neuerscheinungen und können unseren Newsletter abonnieren.

Gedruckt in Deutschland

MIX
Papier aus verantwortungsvollen Quellen
FSC® C004592

Inhalt

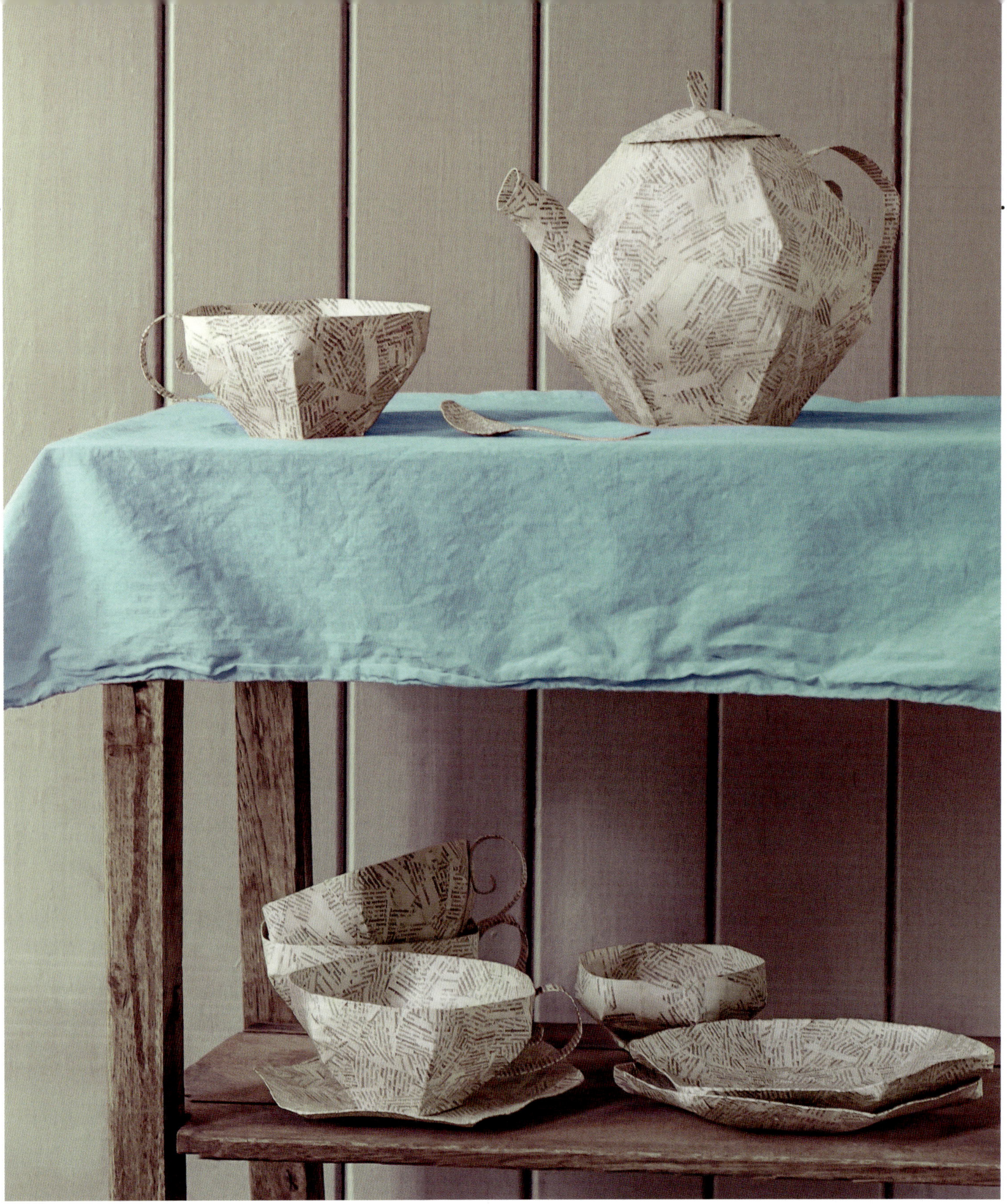

Einleitung

Klar, in erster Linie sollten Bücher gelesen werden. Doch manch alten Schmöker will einfach niemand mehr haben, Sachbücher sind inhaltlich schnell überholt, und betagte Exemplare sind oft so beschädigt, dass die Reparaturkosten ihren Wert um ein Vielfaches übersteigen würden. Solche Bücher gilt es zu neuem Leben zu erwecken. Diese Idee findet in letzter Zeit immer mehr Anhänger.
Als ich vor zehn Jahren einen Onlineshop für Buchaccessoires eröffnete und wenig später einen kleinen Laden einrichtete, begann ich auf der Suche nach hübschen Dekorationsgegenständen, alte Bücher zu verarbeiten. Schon bald hatte mich der Ehrgeiz gepackt, immer wieder neue Objekte auszustellen.
Am besten gefallen mir Buchkunstwerke, bei denen möglichst viel Textstruktur erkennbar bleibt. Ich liebe alte Schriften. Gerne lasse ich mich auch von den Inhalten inspirieren, wähle bewusst bestimmte Autoren oder Werke aus.
Staunende Betrachter fragen mich immer wieder, woher ich die vielen Ideen nähme. Sie liegen auf der Straße – ich muss nur die Augen offen halten. Sehe ich etwas, das mir gefällt – in der Natur, im Alltag oder auf Reisen –, überlege ich fast automatisch, ob ich die Grundidee auch mit Buchseiten umsetzen kann. Hat die Idee erst einmal Gestalt angenommen, braucht es nur noch Geduld und Ausdauer. Ich fange an zu experimentieren, sammle Erfahrungen und lerne dazu. Dieser Prozess bereitet mir immer wieder viel Freude, und das Ergebnis entwickelt sich von ganz allein.
Was auf den ersten Blick so kompliziert aussieht, ist oft verblüffend einfach herzustellen. Die Teilnehmer meiner Workshops bestätigen das immer wieder. Wichtig ist, dass Sie die grundlegenden Konstruktionsprinzipien verstehen und erste Erfahrungen sammeln, ehe Sie sich an anspruchsvollere Arbeiten wagen.
Nun wünsche ich Ihnen viel Freude mit diesem Buch und viel Spaß und Erfolg beim Basteln. Lassen Sie sich von den Ergebnissen zur Umsetzung eigener Ideen inspirieren!

September 2015

Anka Brüggemann

Wie verwende ich dieses Buch?

Die vier Kapitel dieses Buches widmen sich vier unterschiedlichen Arbeitstechniken. Allen gemeinsam ist die Verwendung von Buchseiten oder ganzen Büchern als Ausgangsmaterial.
Jedes Kapitel enthält einfacher wie komplizierter aufgebaute Objekte. Die Schwierigkeitsgrade (1–5) sind durch entsprechende Markierungen in der Bücherreihe über den Anleitungen angegeben. Unter „Tipps" finden Sie praktische Hinweise, die Ihnen die Arbeit erleichtern sollen. Die Rubrik „Inspirationen" enthält Ideen zum Variieren der verschiedenen Grundformen. Kopiervorlagen, Tabellen usw. finden Sie im Anhang ab Seite 141, und Fachbegriffe werden am Ende des Buches kurz erklärt.

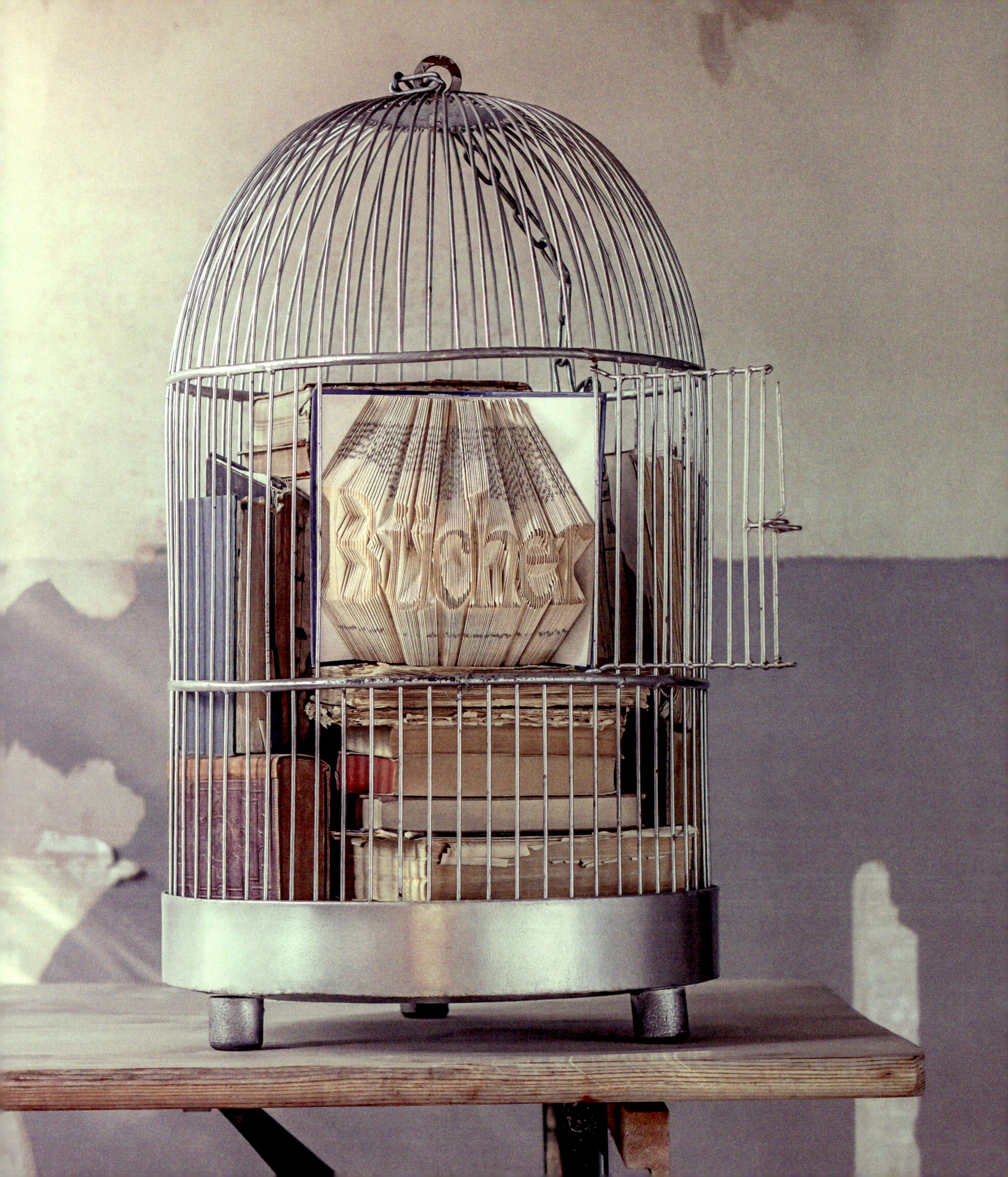
Bücher

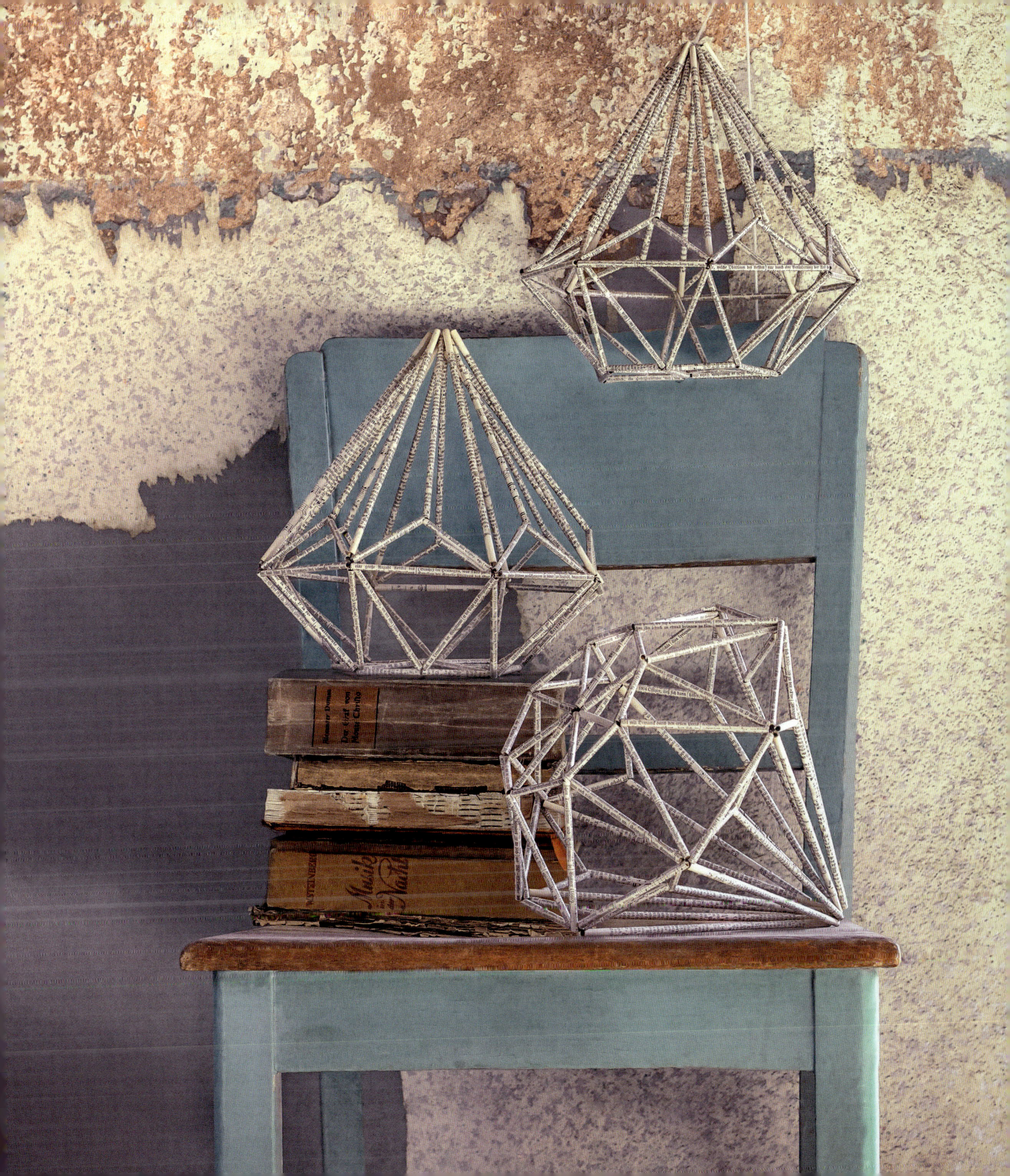

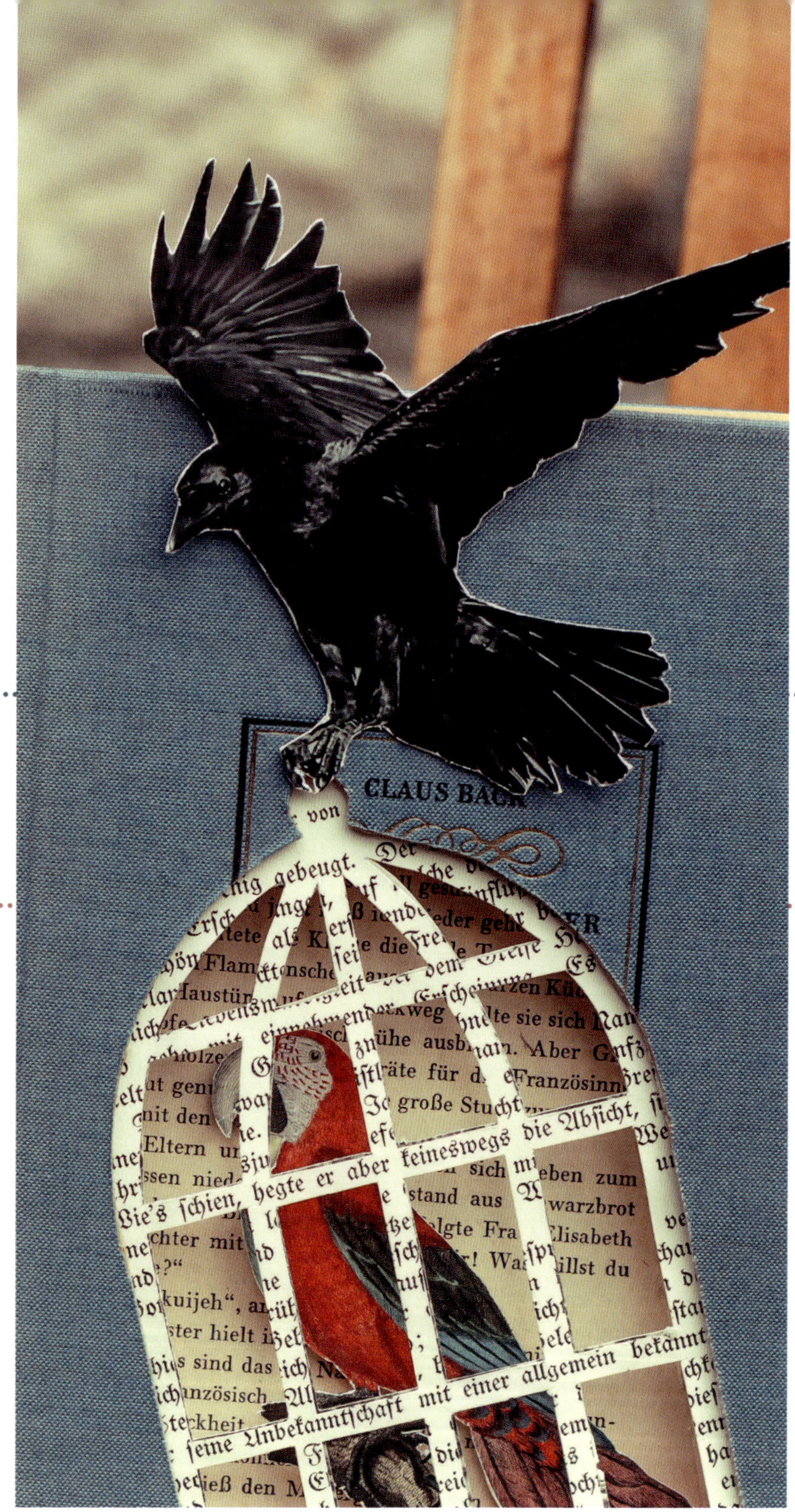

Buchschnitte

Kapitel 1

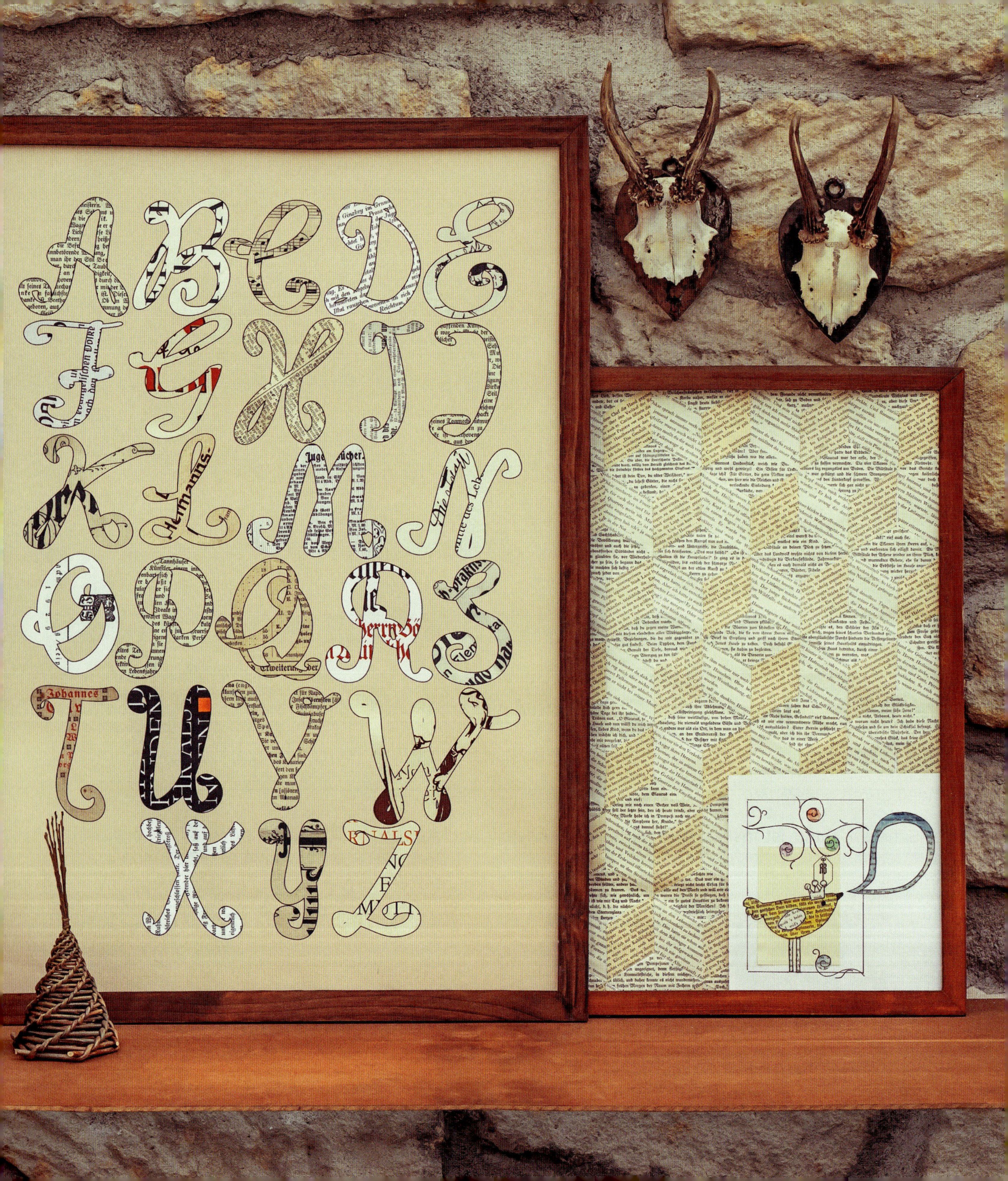

Buchschnitte

Filigrane Scherenschnitte haben mich schon als Kind fasziniert. Wenn in der Stadt Jahrmarkt war, gab es meist auch ein Scherenschnitt-Theater. Nach der Vorstellung konnte sich jeder Zuschauer sein Porträt anfertigen lassen. Die geschickten Finger des Künstlers fuhren mit der Schere so schnell durch das Papier, dass man mit den Augen kaum folgen konnte.

Der Scherenschnitt ist fast so alt wie das Papier selbst und stammt wie dieses aus dem Reich der Mitte. Noch heute verwenden die Chinesen Scherenschnitte als Dekorationsobjekte und schmücken damit ihre Wohnungen. In Europa entwickelte sich der Scherenschnitt aus dem Schattenbild. Ab dem 18. Jahrhundert galt er als populäre Form der Porträtkunst – bis sich die Fotografie durchsetzte.

Als ich mein Interesse für das Verarbeiten alter Bücher entdeckte, lag es nahe, zunächst mit der Schere zu arbeiten. Ich schnitt die unterschiedlichsten Silhouetten aus dem bedruckten Papier und begann, sie zu Collagen zusammenzusetzen. Da es keine klassischen Scherenschnitte mehr sind, nenne ich sie „Buchschnitte“ – nicht zu verwechseln mit dem Fachbegriff aus der Buchkunde.

Scherenschnitt-Technik

Das Papier wird mit der Schere so zerschnitten, dass die verbleibenden Umrisse und Leerstellen ein Bild ergeben. Für ein Positivbild wird das Papier um das Motiv herum weggeschnitten. Wird das Motiv aus dem Papier herausgeschnitten, entsteht ein Negativbild.
Da sowohl der Material- als auch der Zeitaufwand für die meisten Scherenschnitte in diesem Kapitel nicht sehr hoch sind, gilt: Probieren geht über Studieren. Trotzdem sollten Sie ein paar grundlegende Dinge beachten.

Auf die Vorbereitung kommt es an

Papierauswahl

Im Prinzip eignet sich jede beliebige Buchseite für einen Scherenschnitt. Es gibt keine speziellen Anforderungen an die Papierqualität – es sei denn, das Papier ist so säurehaltig, dass die Seiten schon bei normaler Handhabung brechen. Solche Seiten sollten Sie aussortieren.

TIPP Am besten legen Sie beizeiten einen Vorrat an schönen Buchseiten an, damit Sie eine große Auswahl haben.

Klebstoff

Lösungsmittefreier Vielzweckkleber ist die beste Wahl. Kleister und Klebstoff auf Wasserbasis würden dazu führen, dass sich das Papier verzieht.

Schere

Sie benötigten eine kleine, sehr spitze und scharfe Schere. Im Bastelbedarf sind zu diesem Zweck spezielle Silhouettenscheren erhältlich.

Skalpell

Statt mit der Schere können Sie die Motive auch mit einem Skalpell auf einer Schneideunterlage ausschneiden. Dies erfordert zwar Übung, doch Feinheiten lassen sich so meist besser herausarbeiten.

Cuttermesser

Zum Zuschneiden von Buchdeckeln ist das Skalpell nicht stabil genug. Hierfür empfiehlt sich ein Cuttermesser aus dem Baumarkt.

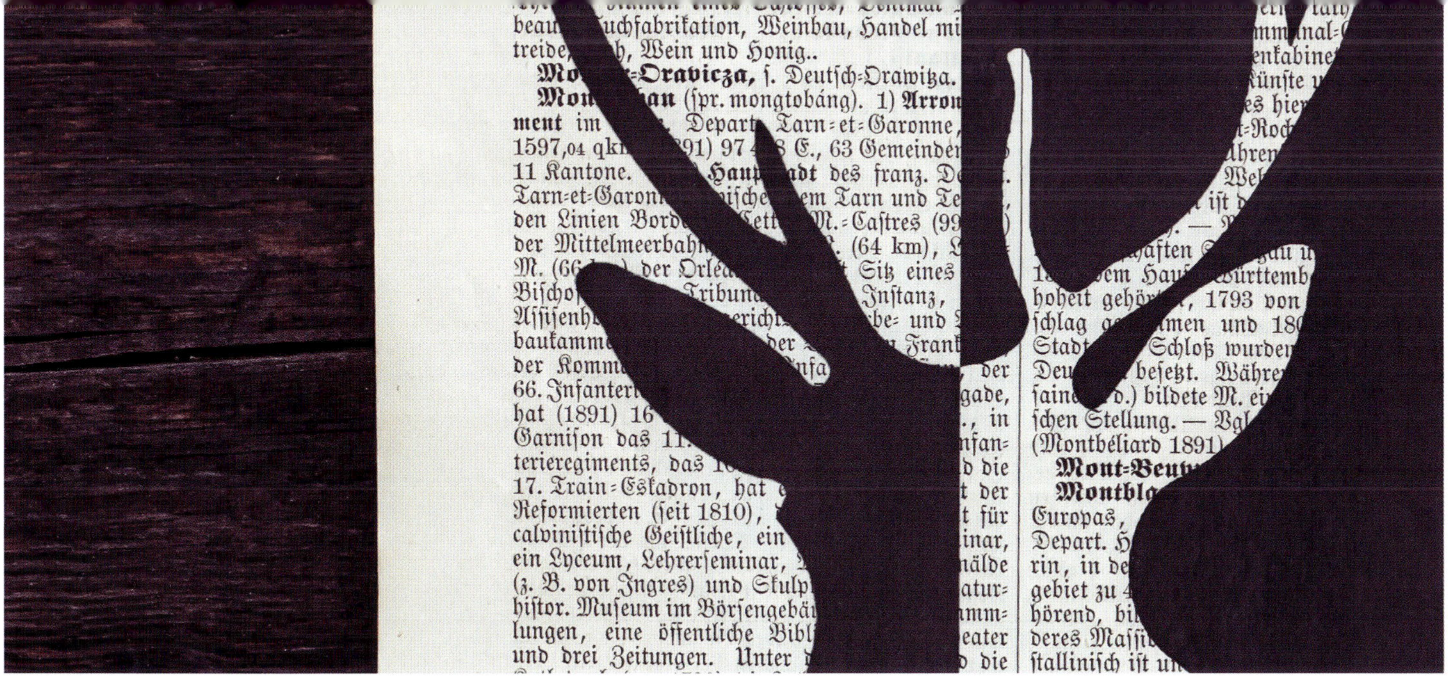

Schwarz auf weiß

Schwarz auf weiß – das sind schwarze Buchstaben auf weißem Papier. Und „was man schwarz auf weiß besitzt, kann man getrost nach Hause tragen", heißt es schon in Goethes *Faust*. Insofern eignen sich Buchseiten natürlich besonders gut, um mit dem Thema Schwarz-Weiß zu spielen.

Das brauchen Sie:

Materialien

- 1 alte Buchseite
- Kopiervorlage von Seite 142
- Packpapier
- schwarze Farbe (z. B. Acrylfarbe)
- wieder ablösbares Klebeband
- Zeitungspapier

Hilfsmittel

- Schere, evtl. Skalpell mit Schneideunterlage
- Pinsel

Schritt für Schritt

So gehen Sie vor:

1 Eine Schablone anfertigen

Die Kopiervorlage auf die Maße der Buchseite vergrößern oder verkleinern und das Motiv auf Packpapier oder Kopierpapier übertragen. Die grau hinterlegten Flächen ausschneiden.

2 Die Schablone befestigen

Die Schablone auf der Buchseite ausrichten und am Rand vorsichtig mit Klebeband befestigen, damit sie nicht verrutschen kann.

3 Farbe auftragen

Alle sichtbaren Flächen der Buchseite mit Pinsel und Farbe schwarz einfärben. Nach dem Eintauchen des Pinsels überschüssige Farbe sorgfältig am Zeitungspapier abstreifen. Damit keine Farbe unter die Schablone läuft, muss der Pinsel beim Auftragen der Farbe fast trocken sein. An den Rändern der Schablone besonders vorsichtig arbeiten!

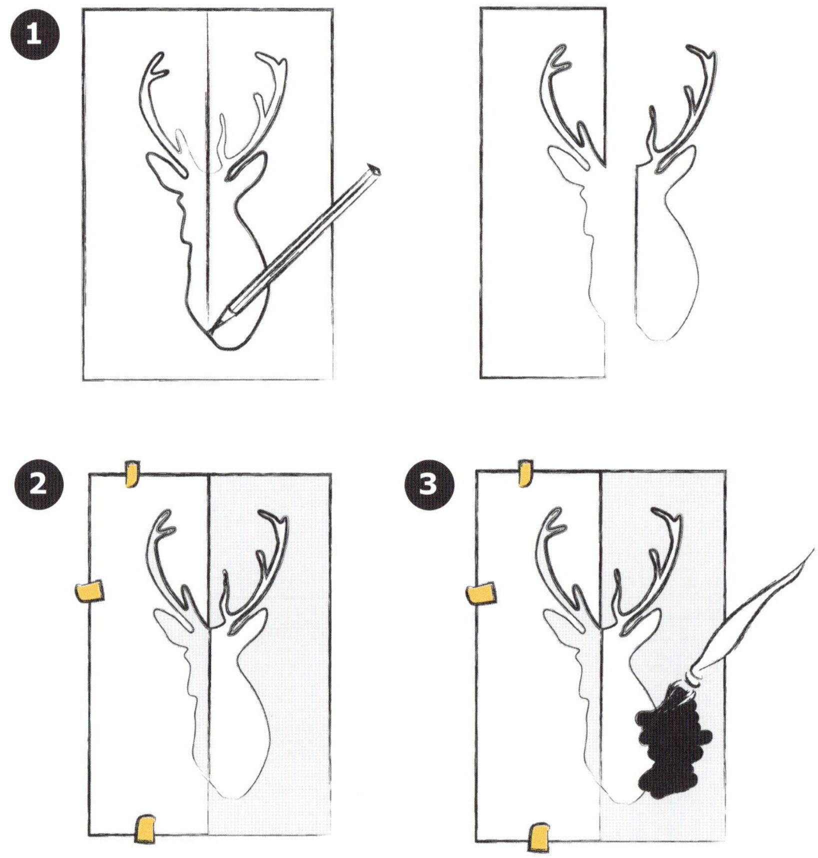

TIPP

Statt Acrylfarbe können Sie auch einen Filzstift oder einen Textmarker zum Schwärzen benutzen. Die Silhouette des Motivs wird dann mit einem Bleistift auf die Buchseite übertragen.
Wer es lieber bunt mag, kann das Schwarz durch jede andere Farbe ersetzen.
Für eigene Motive einfach transparentes Papier über ein Bild legen und die Konturen nachzeichnen.

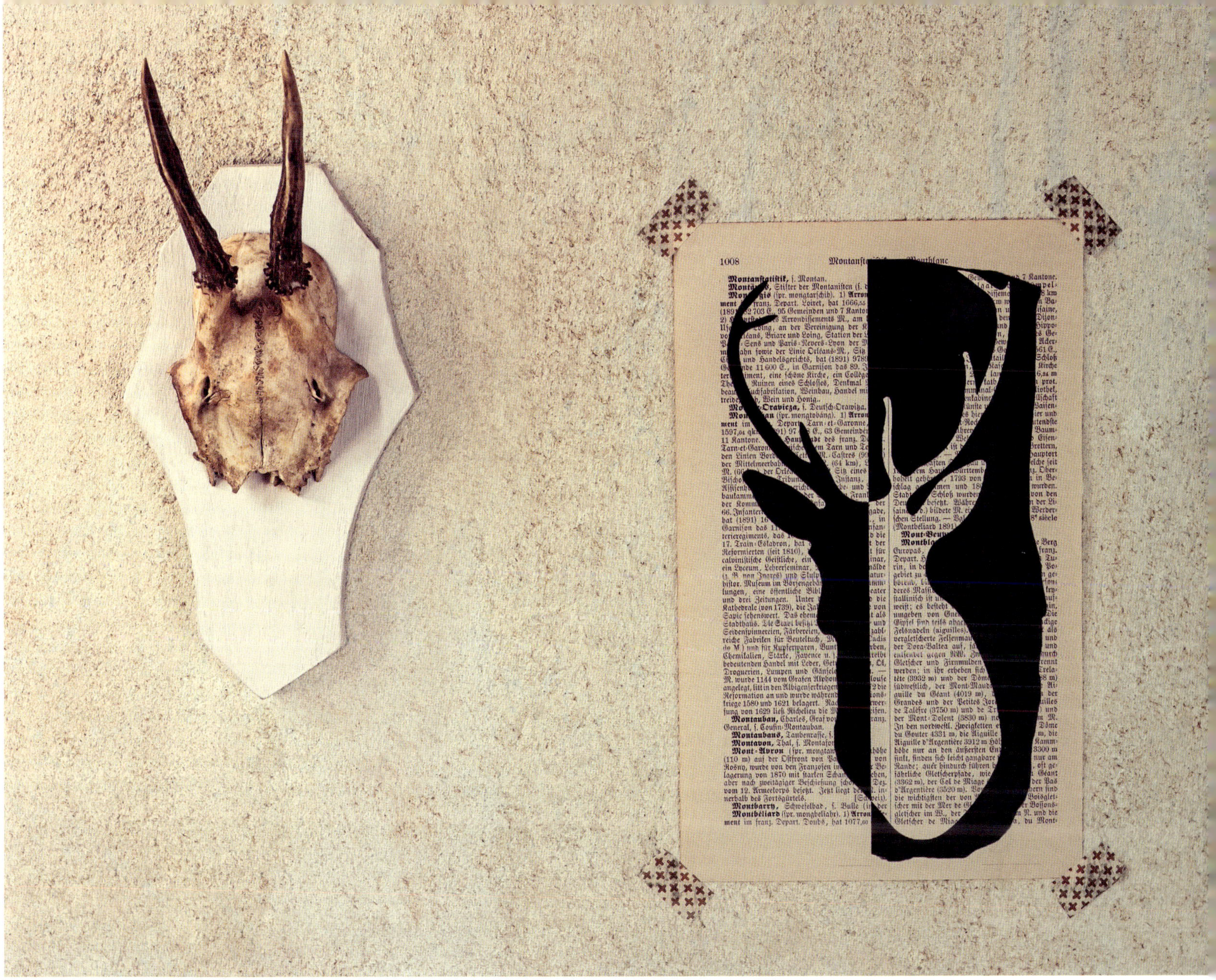

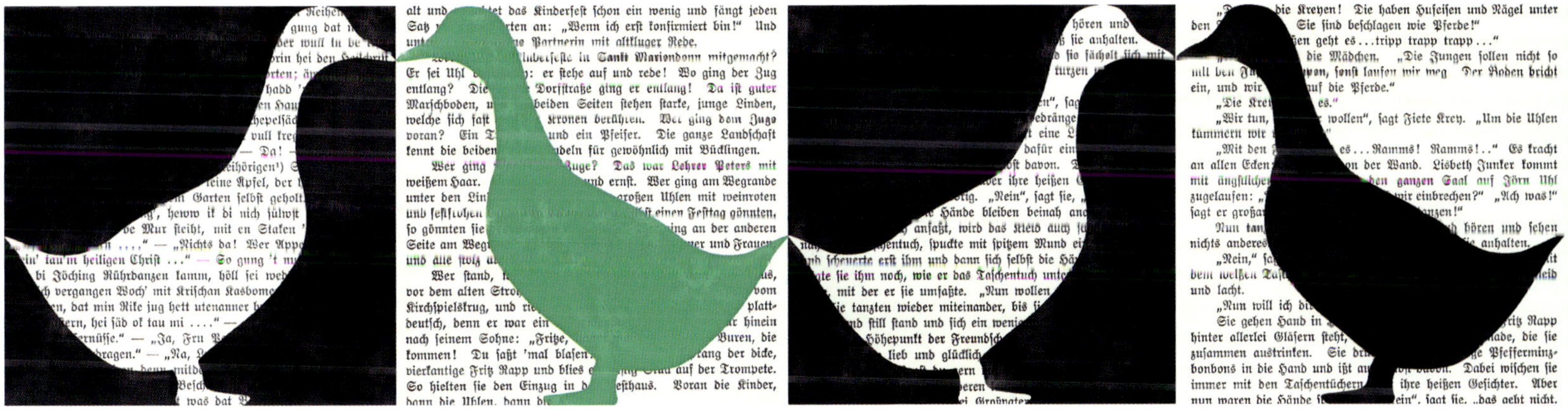

Vogel mit Haus

Scherenschnitte lassen sich auch zu Collagen verarbeiten – eine schöne Verwendung für unterschiedlich gestaltete Buchseiten.
Dieses kleine Kartenset lässt sich vielseitig verwenden: als Grußkarte, als Lesezeichen oder als mobiles Exlibris. Auch gerahmt macht es sich gut.

Das brauchen Sie:

Materialien

- eine Auswahl unterschiedlicher Buchseiten, die auch unbedruckte Abschnitte enthalten
- Kopiervorlagen von Seite 144–145
- 2 Bogen stabiles, unbedrucktes Vorsatzpapier (mind. 18 × 18 cm) oder anderes Papier, z. B. Tonpapier
- Transparentpapier
- Klebstoff

Hilfsmittel

- Schere, evtl. Skalpell mit Schneideunterlage
- Bleistift
- Aquarellstifte, Aquarellkreide oder Buntstifte
- Fineliner

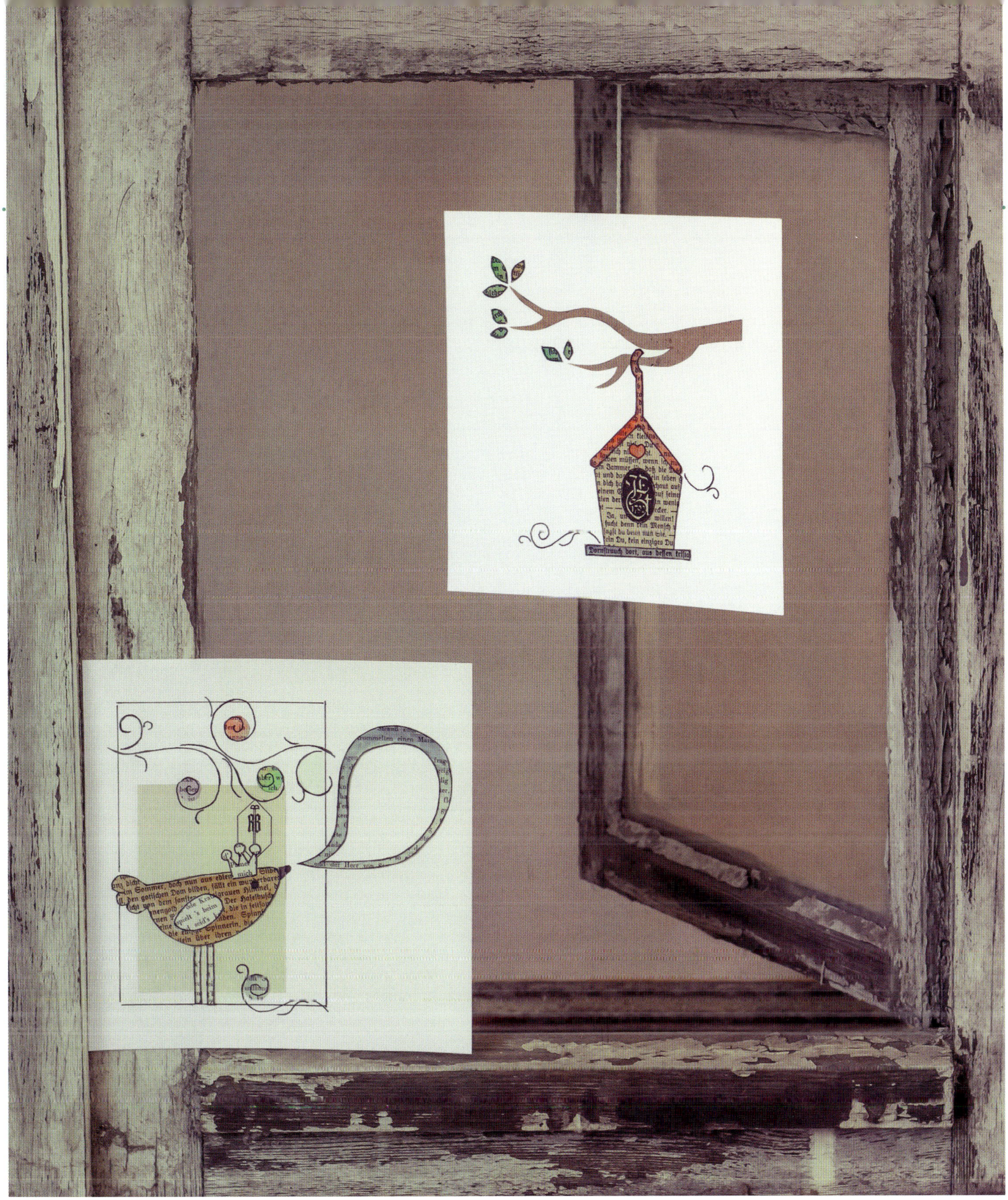

Schritt für Schritt

So gehen Sie vor:

1 Schablonen anfertigen

Die Motive von den Kopiervorlagen auf Transparentpapier übertragen und ausschneiden:

- für den Vogel je 1 × den Papierhintergrund, das Kreiselement, die Sprechblase, die Beine, den Flügel, den Schnabel, die Krone, das Auge und den Vogelkörper
- für das Haus je 1 × das Herz, das Kreiselement, das Dach, das Haus, den Hausboden und den Ast mit Blättern

2 Das Trägerpapier vorbereiten

Aus dem Vorsatzpapier Quadrate von mindestens 16 × 16 cm ausschneiden (sie dienen als Untergrund für die Motive).

3 Die Motivteile aus den Buchseiten ausschneiden

Die transparenten Schablonen so lange auf den Buchseiten hin und her schieben, bis Sie passende Ausschnitte gefunden haben. Die Umrisse mit Bleistift nachzeichnen und die Motivteile ausschneiden. Das Motiv zusammensetzen, aber noch nicht zusammenkleben.

4 Die Motivteile einfärben

Die Motivteile wie auf der Abbildung oder nach Wunsch farbig gestalten. Mit Aquarellstiften oder Aquarellkreide lassen sich schöne Effekte erzielen.

5 Das Motiv zusammenkleben

Jedes Motivteil auf der Rückseite vorsichtig mit Klebstoff bestreichen und auf das Trägerpapier kleben. Gut andrücken.

1

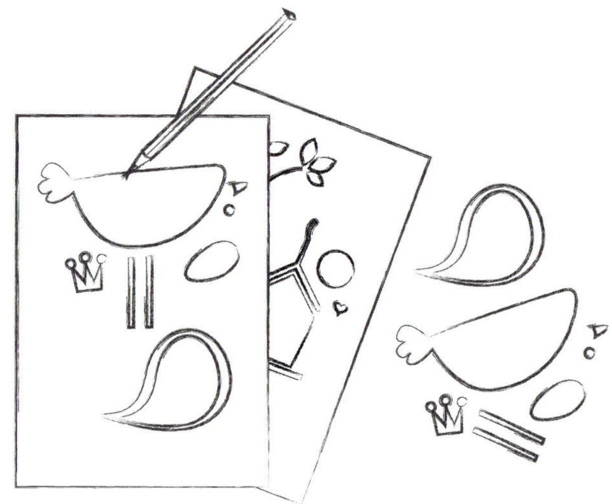

2

3

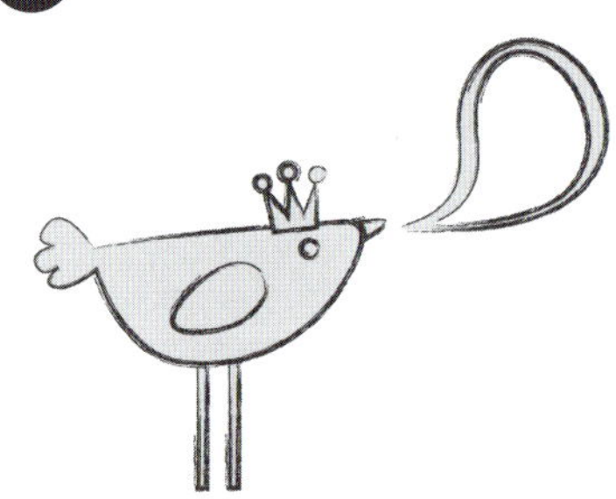

4

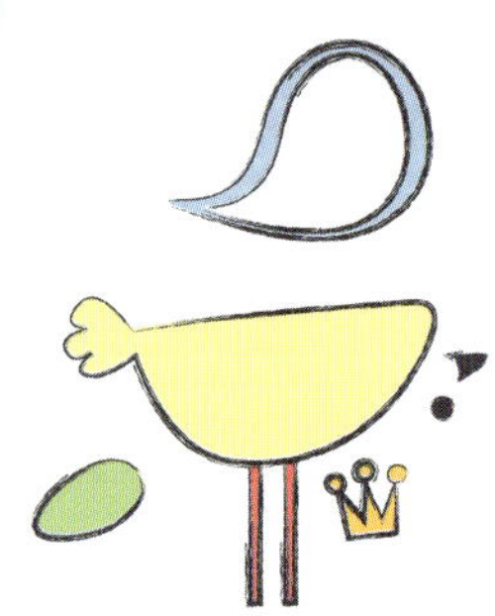

5

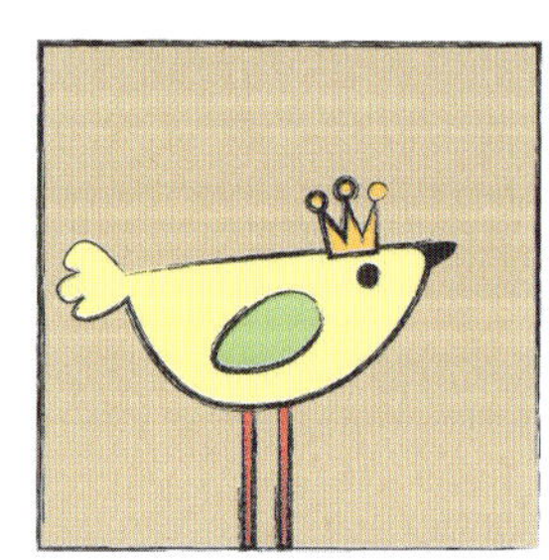

6

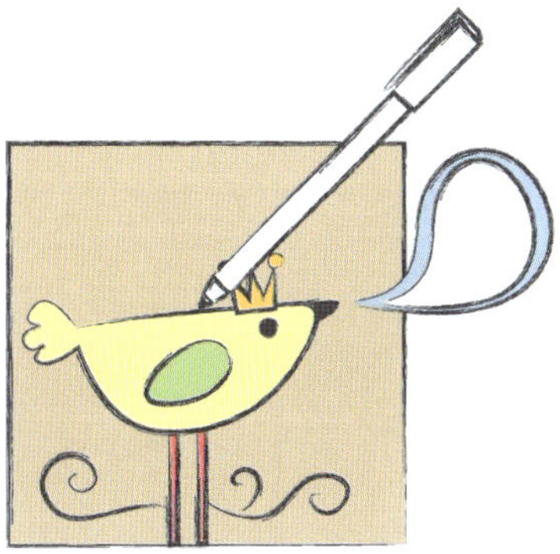

TIPP Die Motivteile lassen sich einfacher zusammenfügen, wenn Sie die Konturen von Vogel und Haus mit Bleistift zart vorzeichnen.

6

Konturen nachzeichnen

Mit einem Fineliner die Konturen des Motivs nachzeichnen und ein paar schmückende Ornamentlinien hinzufügen. Hierfür kann die Kopiervorlage benutzt werden.

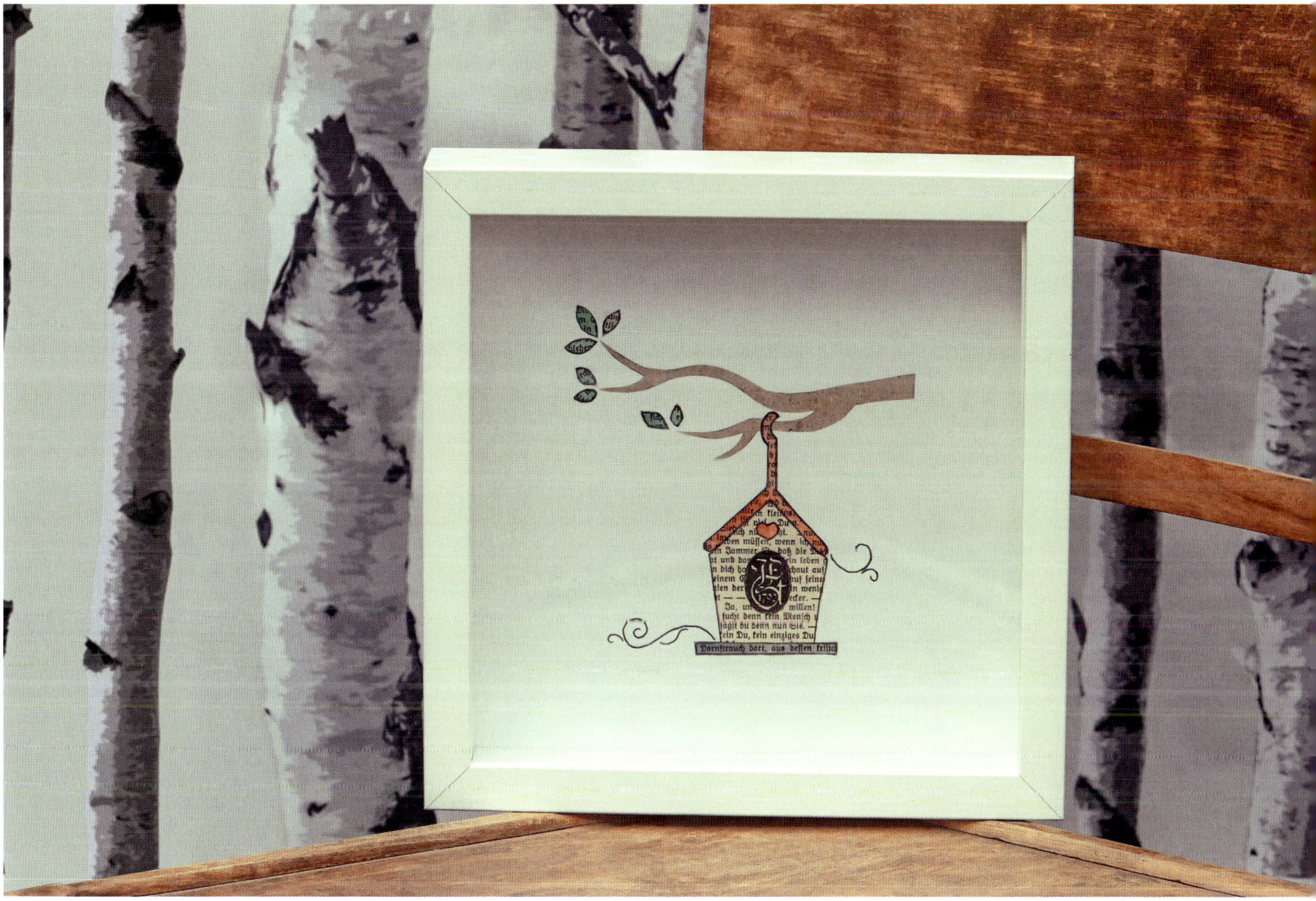

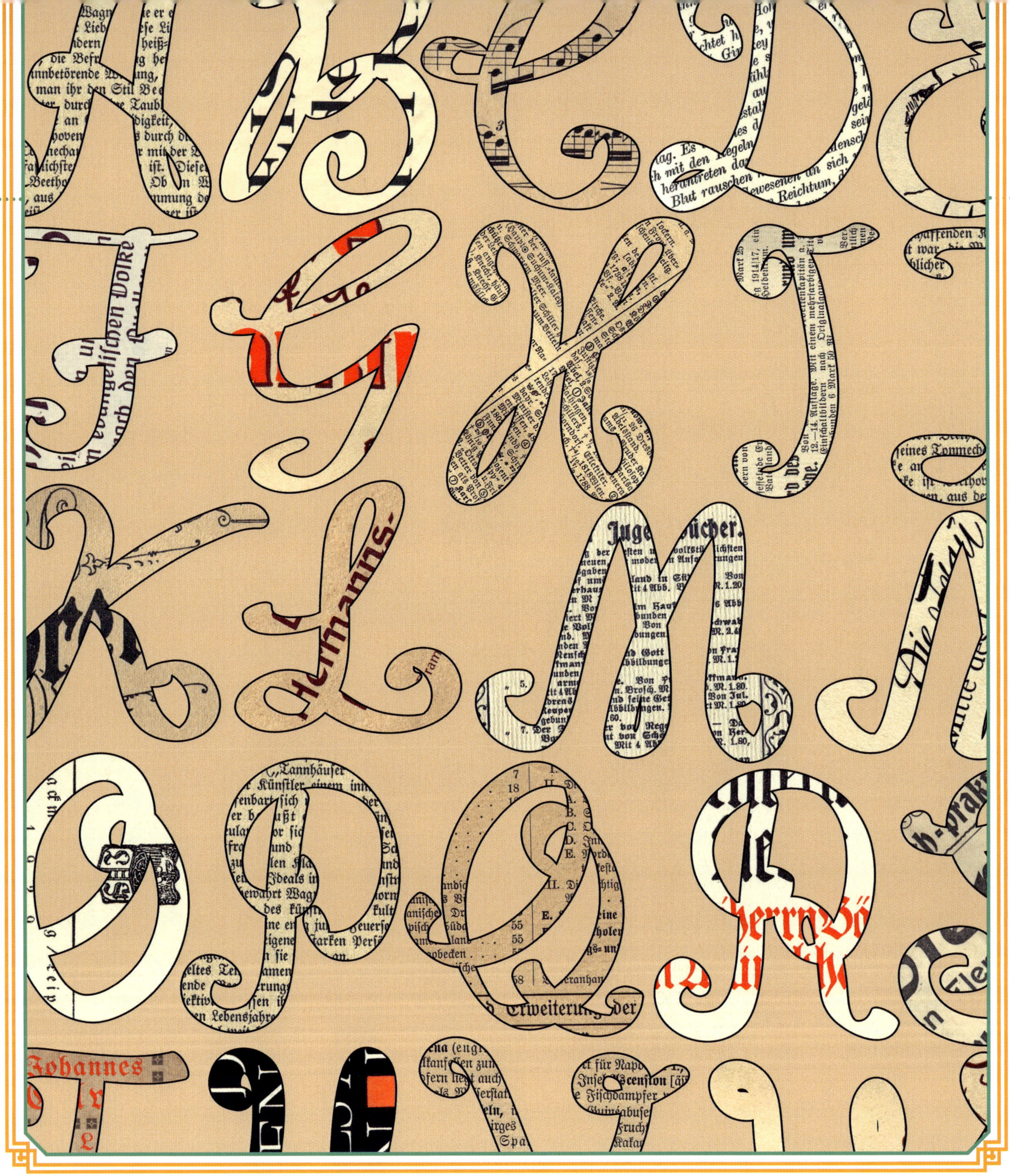

Bookabet

Für das Bookabet werden Buchstaben aus unterschiedlichen Buchseiten ausgeschnitten und auf ein Blatt geklebt.

Das brauchen Sie:

Materialien

- 26 Buchseiten
- Kopiervorlagen von Seite 146/147 oder 149/150
- 1 Bogen DIN-A3-Papier (als Basis)
- Transparentpapier
- Klebstoff

Hilfsmittel

- Schere, evtl. Skalpell mit Schneideunterlage
- Bleistift
- Fineliner

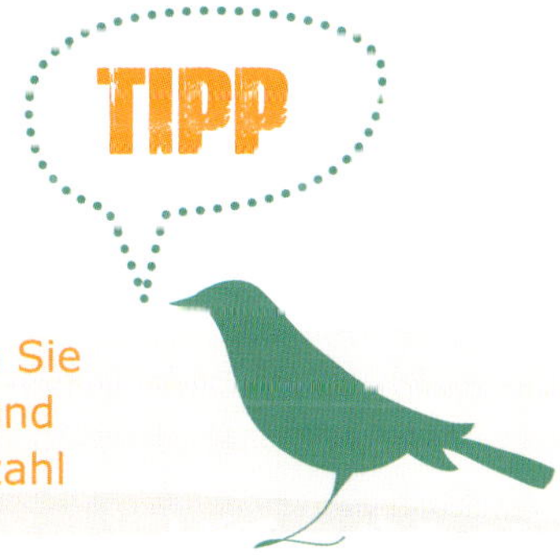

Die Wirkung des Bookabets steht und fällt mit der Auswahl der Buchseiten. Verwenden Sie Buchseiten in möglichst unterschiedlichen Qualitäten: dickere und dünnere, vergilbte und weiße, eng und locker bedruckte, farbige … Ihre Auswahl sollte größer sein als die Anzahl benötigter Seiten.

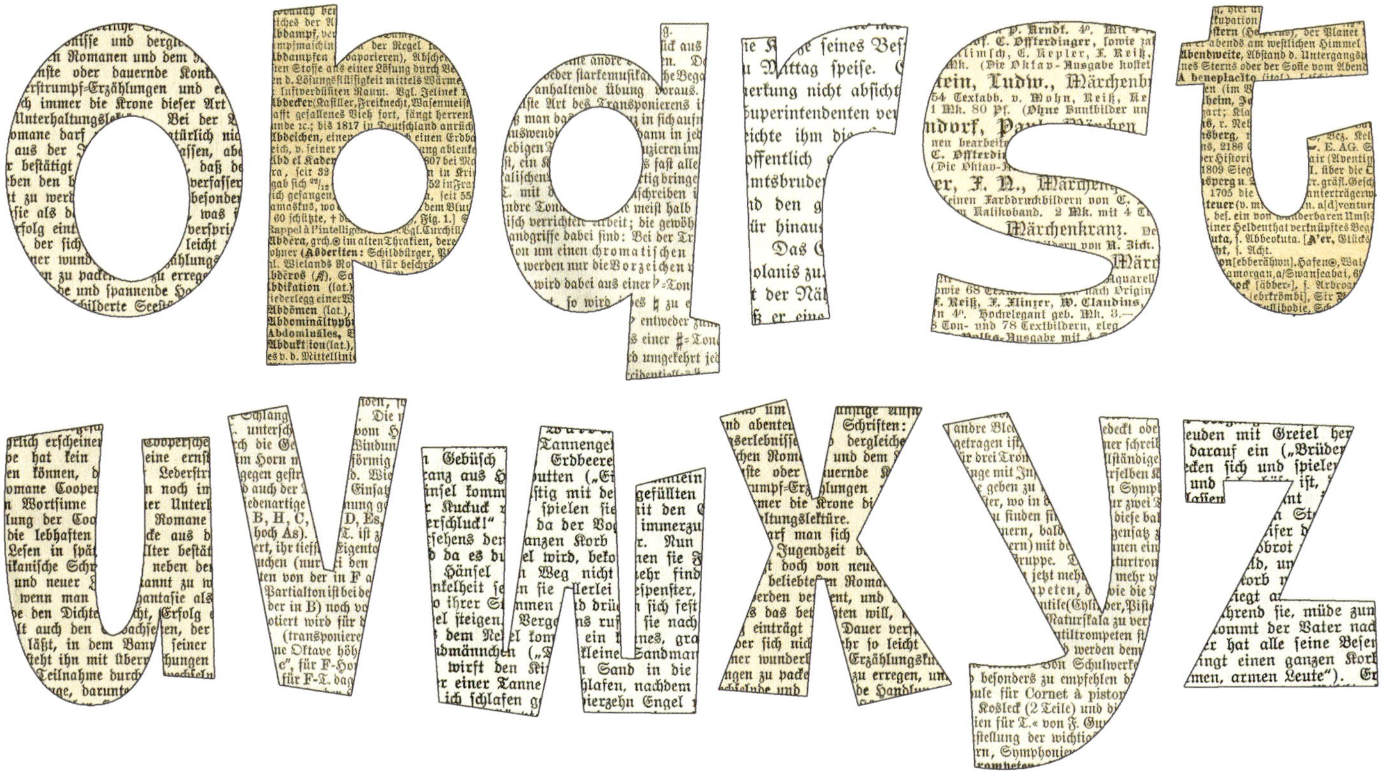

Schritt für Schritt

So gehen Sie vor:

1

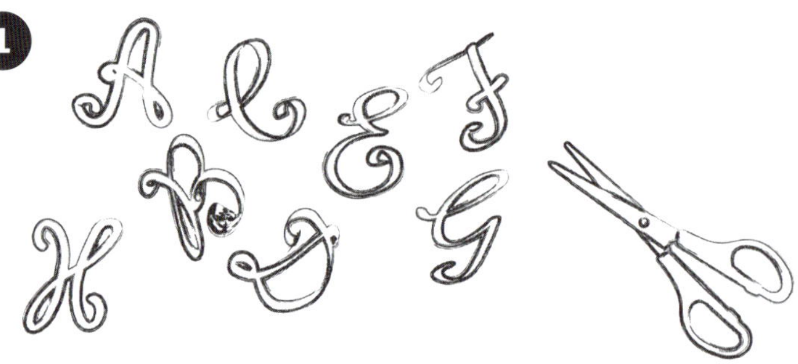

Schablonen anfertigen

Alle Buchstaben von der Kopiervorlage auf Transparentpapier übertragen und ausschneiden.

TIPP

Ein gelungenes Bookabet können Sie einscannen und als Poster ausdrucken lassen.

2

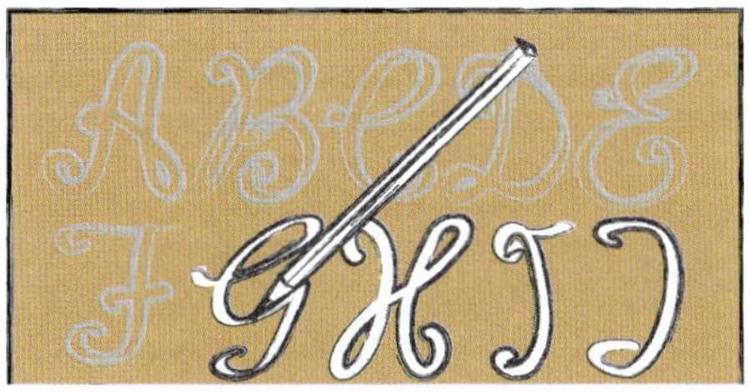

Die Position der Buchstaben festlegen

Die Buchstaben in alphabetischer Reihenfolge auf dem DIN-A3-Blatt so lange hin und her schieben, bis sich ein harmonisches Gesamtbild ergibt. Alle Buchstaben mit einem Bleistift zart umranden, um ihre Position zu markieren. Das Trägerpapier bei Bedarf an den Rändern passend zuschneiden.

3

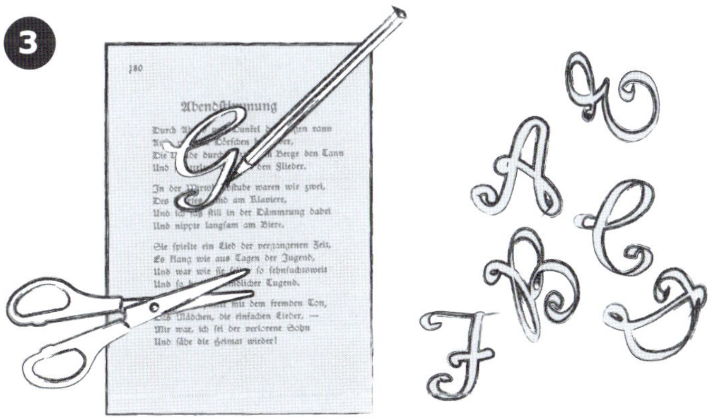

Die Buchstaben ausschneiden

Jeder Buchstabe wird aus einer anderen Buchseite ausgeschnitten. Die transparente Schablone jeweils so lange auf dem Papier hin und her schieben, bis ein schöner Ausschnitt gefunden ist. Den Umriss mit Bleistift nachzeichnen und den Buchstaben mit der Schere ausschneiden.

TIPP Fertige Buchstaben sofort an die richtige Position auf das Trägerpapier legen – das erleichtert die Auswahl der Buchseiten für die übrigen Buchstaben.

4

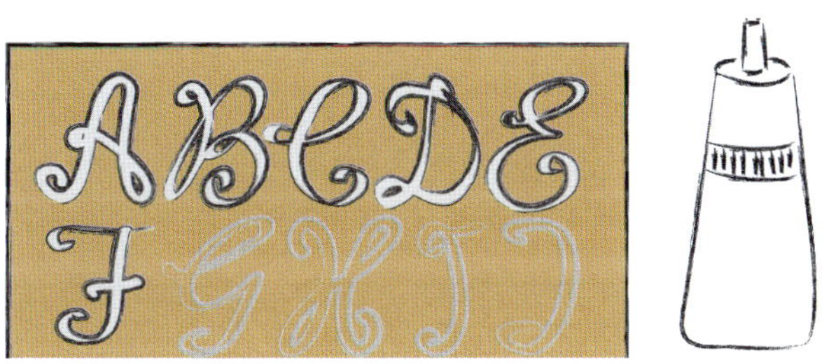

Die Buchstaben festkleben

Die Buchstaben auf der Rückseite hauchdünn mit Klebstoff bestreichen und innerhalb der Markierung auf das Trägerpapier drücken. Achten Sie darauf, dass kein Kleber unter den Rändern hervorquillt.

5

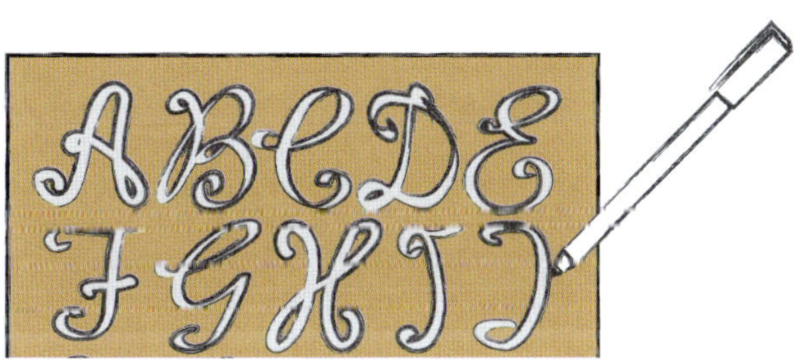

Die Buchstaben umranden

Die Konturen der Buchstaben treten deutlicher hervor, wenn sie mit einem schwarzen Fineliner zart umrandet werden. Wer keine allzu harten Kontraste mag, sollte einen braunen Stift verwenden. Auch andersfarbige Umrandungen können sehr schön aussehen.

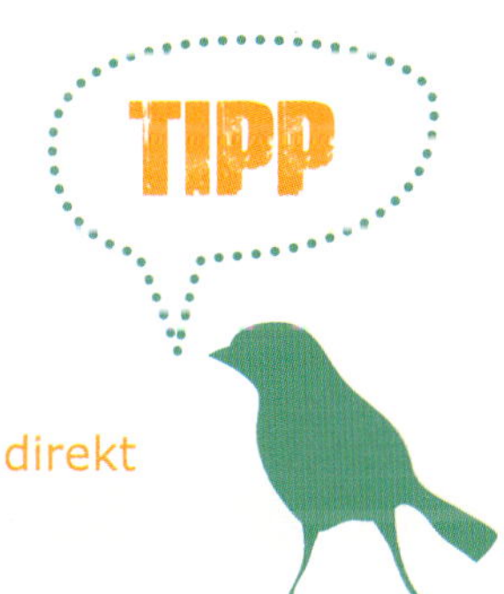

Falls hervorblitzender Kleber eine Umrandung nicht mehr möglich macht, kann diese auch direkt auf den Buchstabenrand gesetzt werden.

Leseecke

In einem ausgehöhlten Buch lassen sich Motive in unterschiedlicher Tiefe zu einem 3-D-Objekt arrangieren. Je dicker das Buch, umso schöner wirkt dieses Objekt.

Das brauchen Sie:

Materialien

- 1 mindestens 4 cm dickes Buch (Hardcover mit Leineneinband)
- Buchseiten mit ansprechender Textstruktur
- Kopiervorlagen von Seite 149
- Pappe
- Hartpappe
- Klebstoff

Hilfsmittel

- Skalpell und Cuttermesser, evtl. Schere
- Metalllineal
- Schneideunterlage und feste Pappe
- Bleistift
- Schaschlikspieß

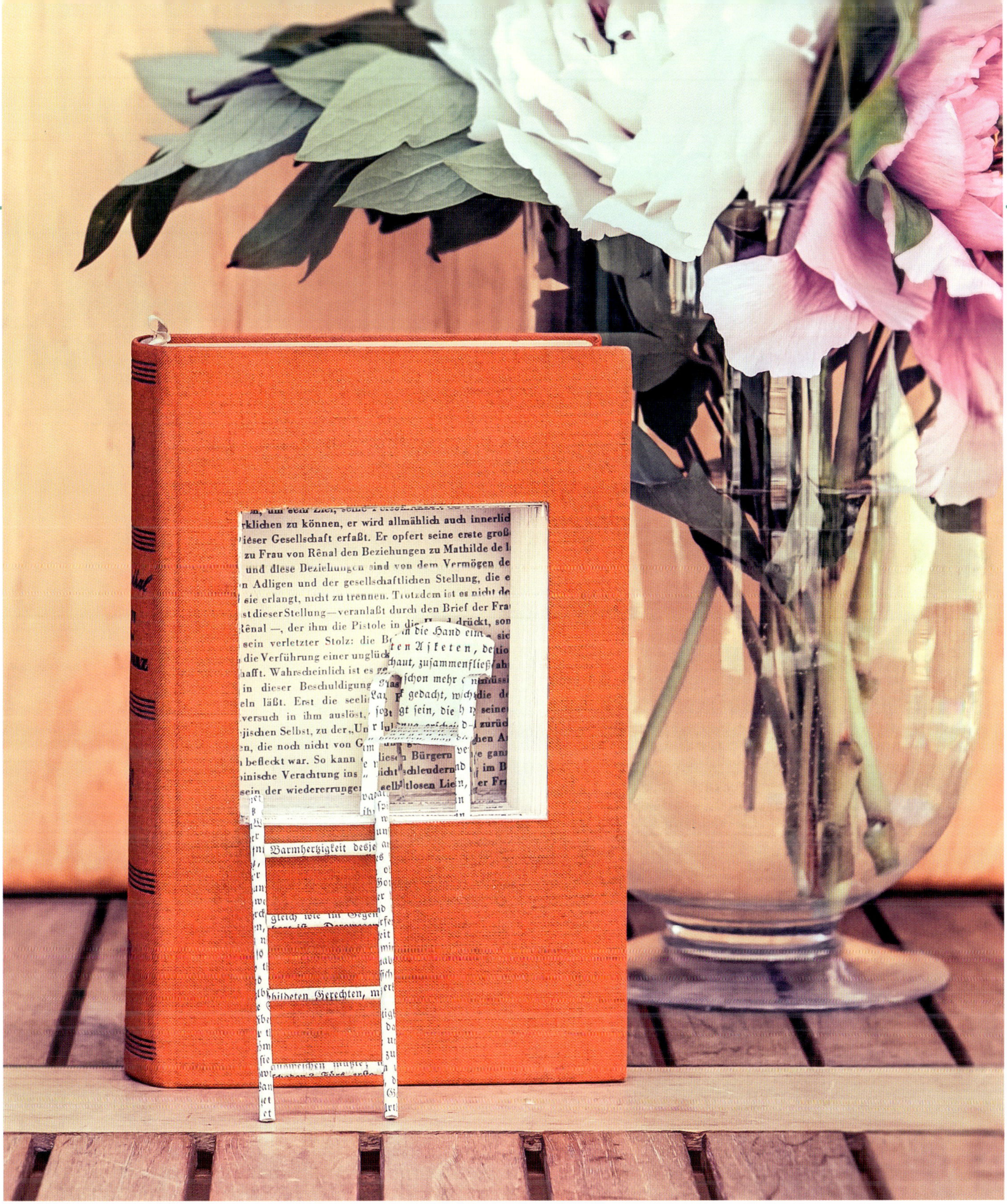
rklichen zu können, er wird allmählich auch innerlic
Dieser Gesellschaft erfaßt. Er opfert seine erste groß
zu Frau von Rênal den Beziehungen zu Mathilde de l
und diese Beziehungen sind von dem Vermögen de
n Adligen und der gesellschaftlichen Stellung, die e
sie erlangt, nicht zu trennen.
Barmherzigkeit
bildeten Gerechten

Schritt für Schritt

So gehen Sie vor:

1 Den Buchdeckel bearbeiten

a) Aus Pappe eine quadratische Schablone anfertigen. Die Seitenlänge ergibt sich aus der Breite des Buches abzüglich 2 cm Rand auf jeder Seite.

b) Die Schablone nach Wunsch auf dem Buchdeckel ausrichten und die Kontur nachzeichnen. Die Hartpappe unter den Buchdeckel schieben und mit dem Cuttermesser unter Zuhilfenahme des Lineals das eingezeichnete Quadrat aus dem Buchdeckel ausschneiden.

1

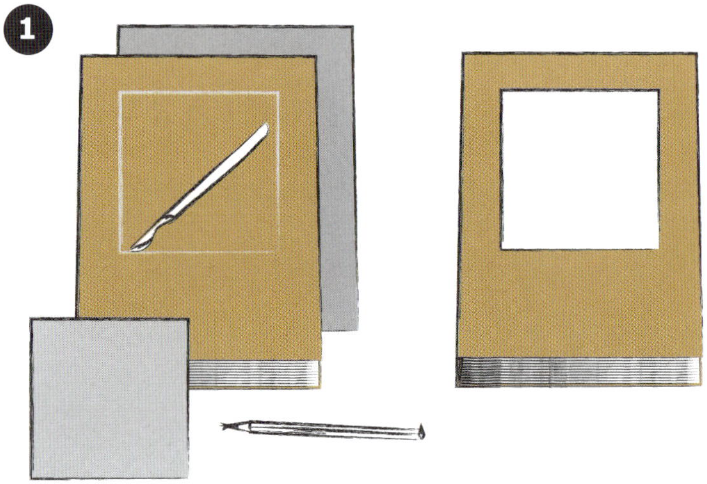

2 Das Buch aushöhlen

a) Ein Stück Pappe exakt auf die Maße der Buchseite zuschneiden. Zur Bindung hin 1 cm abschneiden. Die Pappe unter den Buchdeckel schieben, bündig zu den Kanten des Vorsatzpapiers ausrichten und den Buchdeckel schließen. Das Quadrat mit Bleistift nachzeichnen und mit dem Skalpell ausschneiden.

b) Mithilfe dieser Lochschablone das Quadrat Seite für Seite mit Bleistift vorzeichnen und ausschneiden. Die Hartpappe jeweils als Schneideunterlage zwischen die Seiten legen. Die letzte Textseite intakt lassen!

2

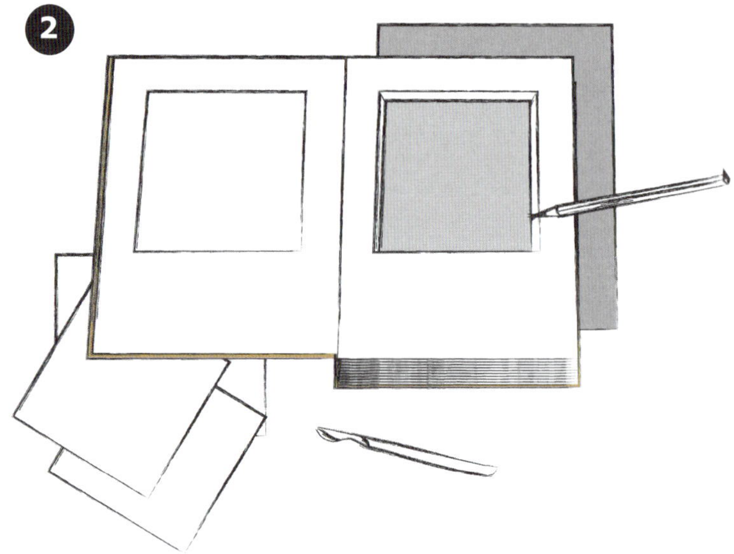

TIPP

Wird der Buchschnitt nach dem Aushöhlen mit Kleister bestrichen und das Buch zum Trocknen gepresst, blättern die Seiten nicht mehr auf.

3

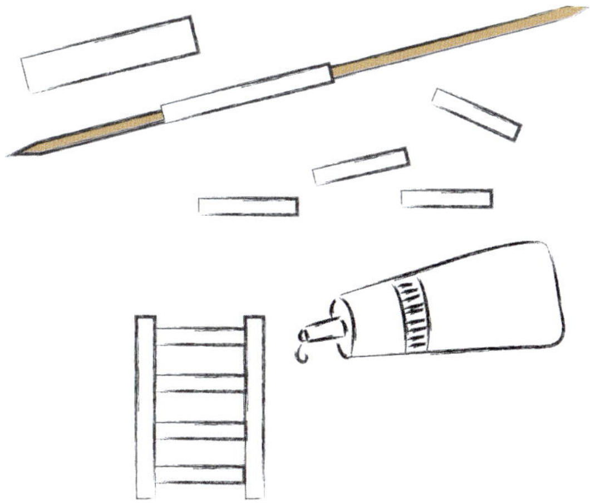

Eine Leiter bauen

a) Aus einer Buchseite 2 jeweils 4 cm breite Streifen für die Holme der Leiter zuschneiden. Die Länge ergibt sich aus dem Abstand zwischen der Unterkante des Quadrats und der Buchunterkante plus ca. 25 Prozent. Aus einer weiteren Buchseite 4 cm breite Streifen für die Sprossen zuschneiden. Anzahl und Länge auf die Länge der Holme abstimmen.

b) Alle Streifen über dem Schaschlikspieß aufrollen, zusammenkleben und zu einer Leiter zusammensetzen.

TIPP Schieben Sie einige winzige Papierschnipsel in die aufgerollten Leitersprossen, dann lassen sie sich einfacher ankleben.

4

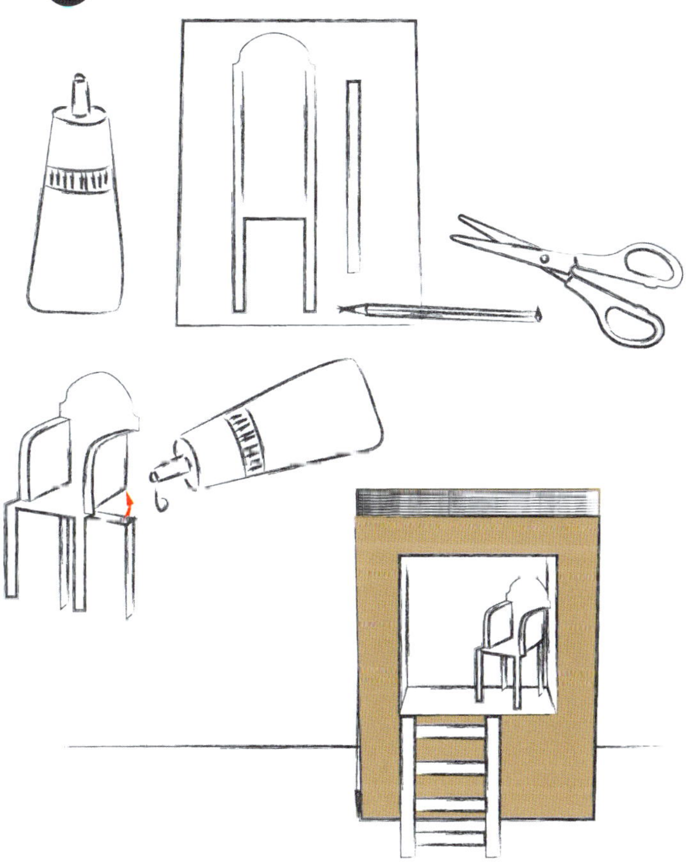

Einen Sessel bauen

2 oder 3 Buchseiten aufeinanderkleben und gut trocknen lassen. Das Motiv (Sesselkorpus und Hinterbeine) von der Kopiervorlage auf die Seiten übertragen, ausschneiden und an den markierten Stellen mit dem Skalpell einritzen. Den Sessel an den gepunkteten Linien in Form knicken und die Hinterbeine unter die Sitzfläche kleben. Achten Sie darauf, dass der Sessel frei stehen kann.

Vogelkäfig

Ein Vogelkäfig mit Papagei ist sehr dekorativ. Statt eines Vogels können Sie auch Schmetterlinge oder Pflanzen in den Käfig setzen.

Das brauchen Sie:

Materialien

- 1 altes Buch (Hardcover)
- 1 farbige Abbildung eines Vogels auf einem Ast, z. B. aus einem Lexikon
- 1 Abbildung eines fliegenden Raben
- Buchseiten aus festem Papier
- Kopiervorlage von Seite 143
- festes Papier oder dünne Pappe
- Klebstoff

Hilfsmittel

- Skalpell und Cutter, evtl. Schere
- Metallllineal
- Schneideunterlage und Hartpappe
- Bleistift

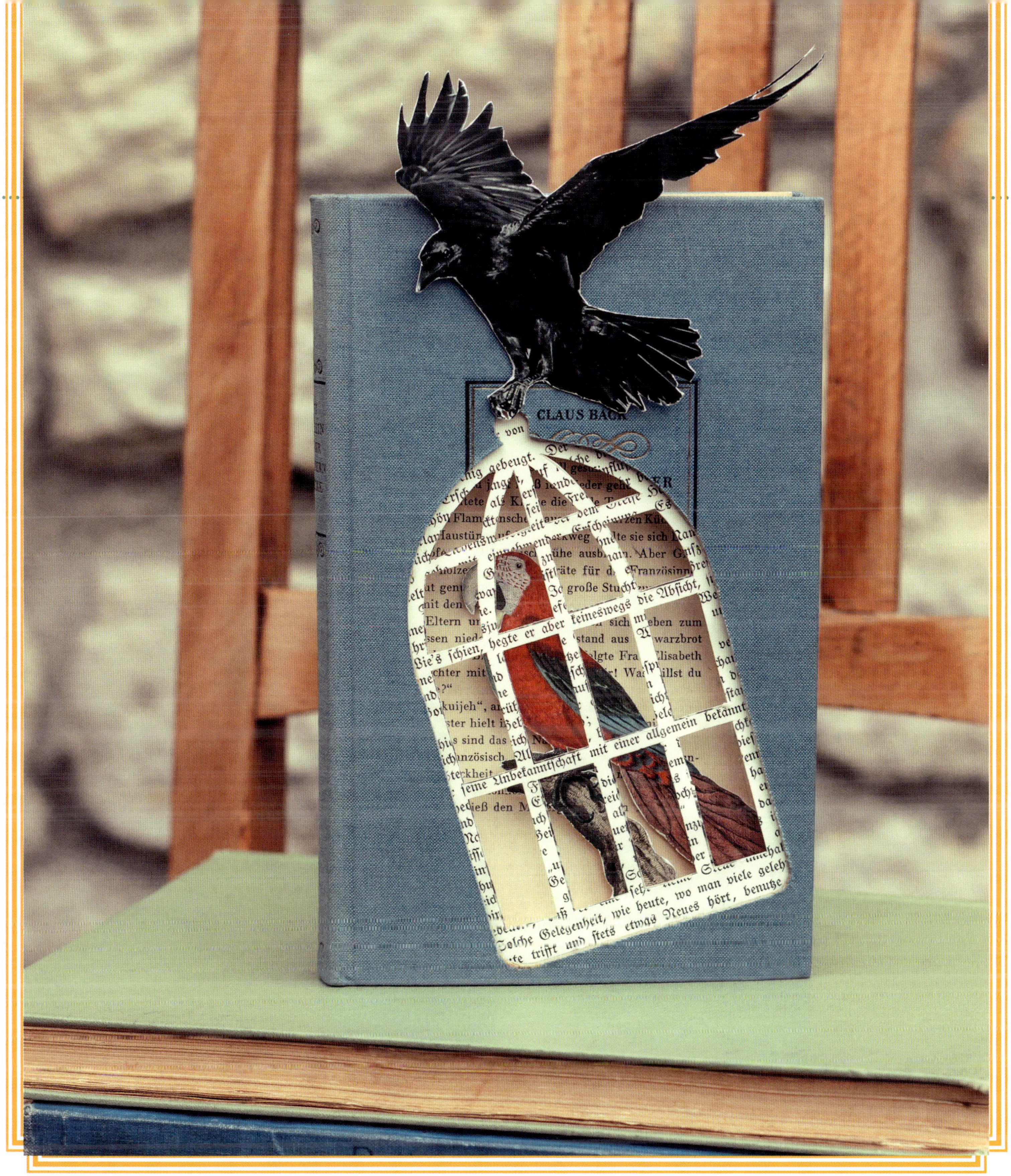

Schritt für Schritt

So gehen Sie vor:

1 Eine Schablone anfertigen

Das Vogelkäfigmotiv auf festes Papier oder dünne Pappe übertragen und mit dem Skalpell ausschneiden.

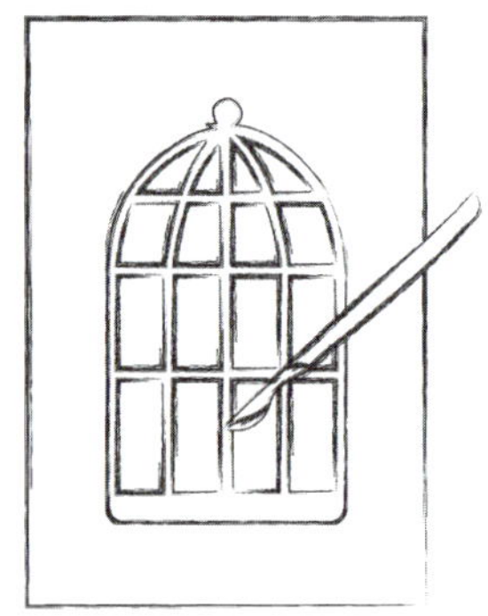

2 Den Buchdeckel bearbeiten

a) Die Außenkontur des Vogelkäfigs mit dem Bleistift auf den Buchdeckel übertragen. Damit der Rand später nicht einreißt, müssen Sie zwischen Käfig und Buchkanten mindestens 2 cm Abstand lassen.

b) Die Hartpappe zwischen Buchdeckel und Vorsatzpapier schieben und mit dem Cuttermesser den Vogelkäfig ausschneiden. An den geraden Kanten können Sie das Lineal zu Hilfe nehmen, die Rundungen müssen Sie vorsichtig freihändig zuschneiden.

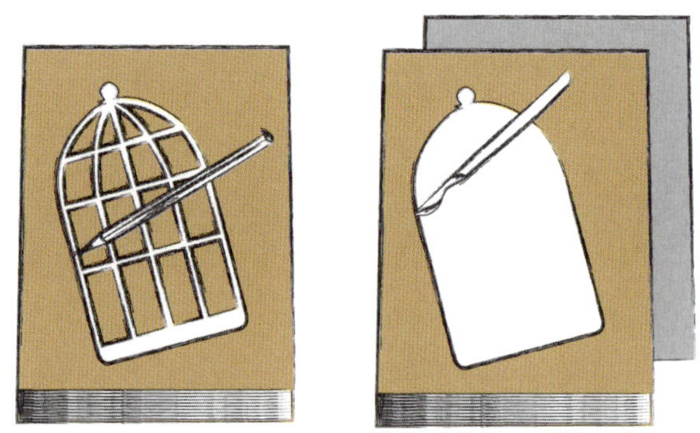

3 Den Vogelkäfig ausschneiden

a) Das Vorsatzpapier und die erste Seite vollflächig miteinander verkleben. Eine komplett bedruckte Seite auswählen, ausschneiden und so auf das Vorsatzpapier kleben, dass die Zeilen parallel zum Käfigboden im Buchdeckel verlaufen. Alle Überstände abschneiden und den Klebstoff trocknen lassen.

b) Den Buchdeckel zuklappen und die Kontur des Käfigs mit einem Bleistift vorsichtig auf die aufgeklebte Seite übertragen. Die Hartpappe als Schneidunterlage unter die verklebten Seiten schieben. Die Schablone passgenau auf die Kontur des Käfigs legen und das Käfiggitter mit dem Skalpell ausschneiden.

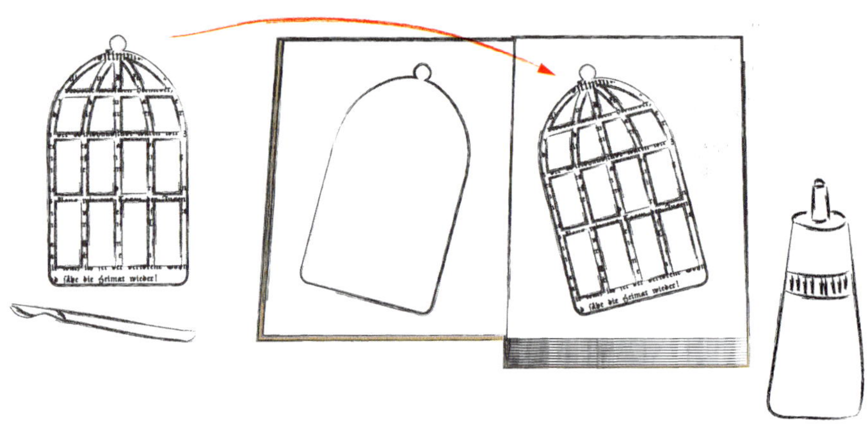

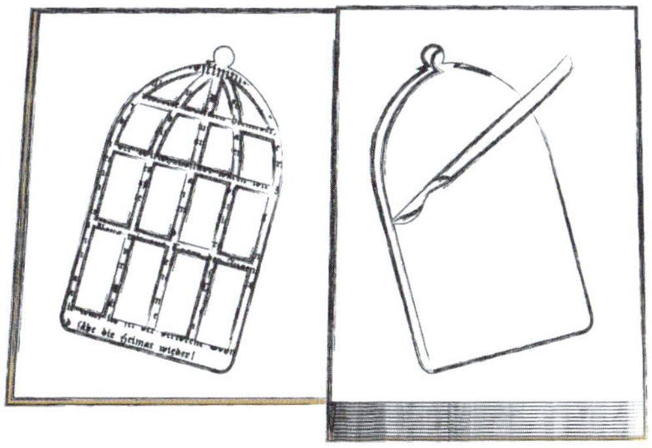

4 Das Buch aushöhlen

Zunächst eine zweite Schablone anfertigen: Die bereits fertige Schablone auf ein Blatt festes Papier oder dünne Pappe legen, an den Außenkanten 2–5 mm zugeben und den Vogelkäfig entlang dieser Konturen ausschneiden. Das Buch mithilfe dieser Schablone Seite für Seite bis zu einer Tiefe von etwa 1 cm mit dem Skalpell aushöhlen.

TIPP Mit etwas Übung und Geschick können Sie jeweils etwa 5 Seiten auf einmal zuschneiden.

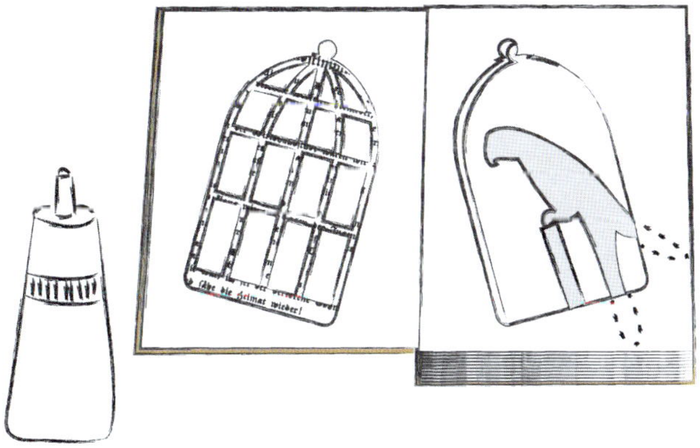

5 Den Vogel in den Käfig setzen

Aus einen illustrierten Buch einen Vogel in passender Größe auswählen und die Seite auf eine Buchseite aus festem Papier kleben. Den Vogel ausschneiden – dabei unten eine Klebefläche stehen lassen –, in das ausgehöhlte Buch schieben und positionieren. Den Vogel etwa in halber Tiefe des Käfigs am unteren Ende zwischen zwei Buchseiten kleben und eventuelle Überstände abschneiden.

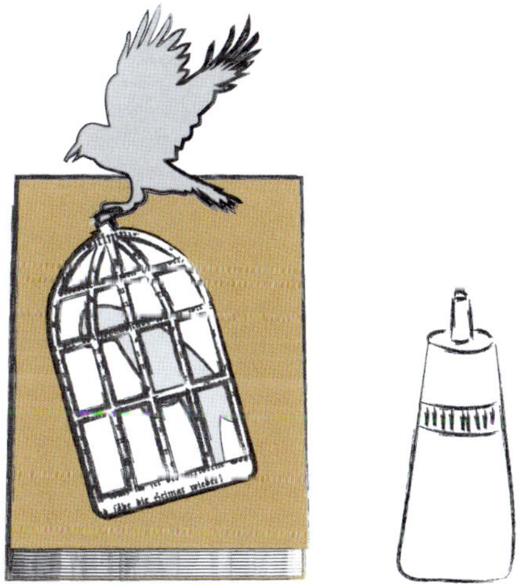

6 Den fliegenden Raben hinzufügen

Einen fliegenden Raben oder einen anderen Vogel in passender Größe mit einer Buchseite aus festem Papier verstärken, ausschneiden und auf den Buchdeckel kleben. (Für den Raben gibt es auf Seite 143 auch eine Kopiervorlage.)

Inspirationen

Für den Schmetterlingskasten musste das Buch zur Hälfte ausgehöhlt werden. Die Schmetterlinge, die aus einem alten Lexikon stammen, wurden jeweils auf eine Stecknadel gespießt, die in den verbliebenen Buchseiten steckt.

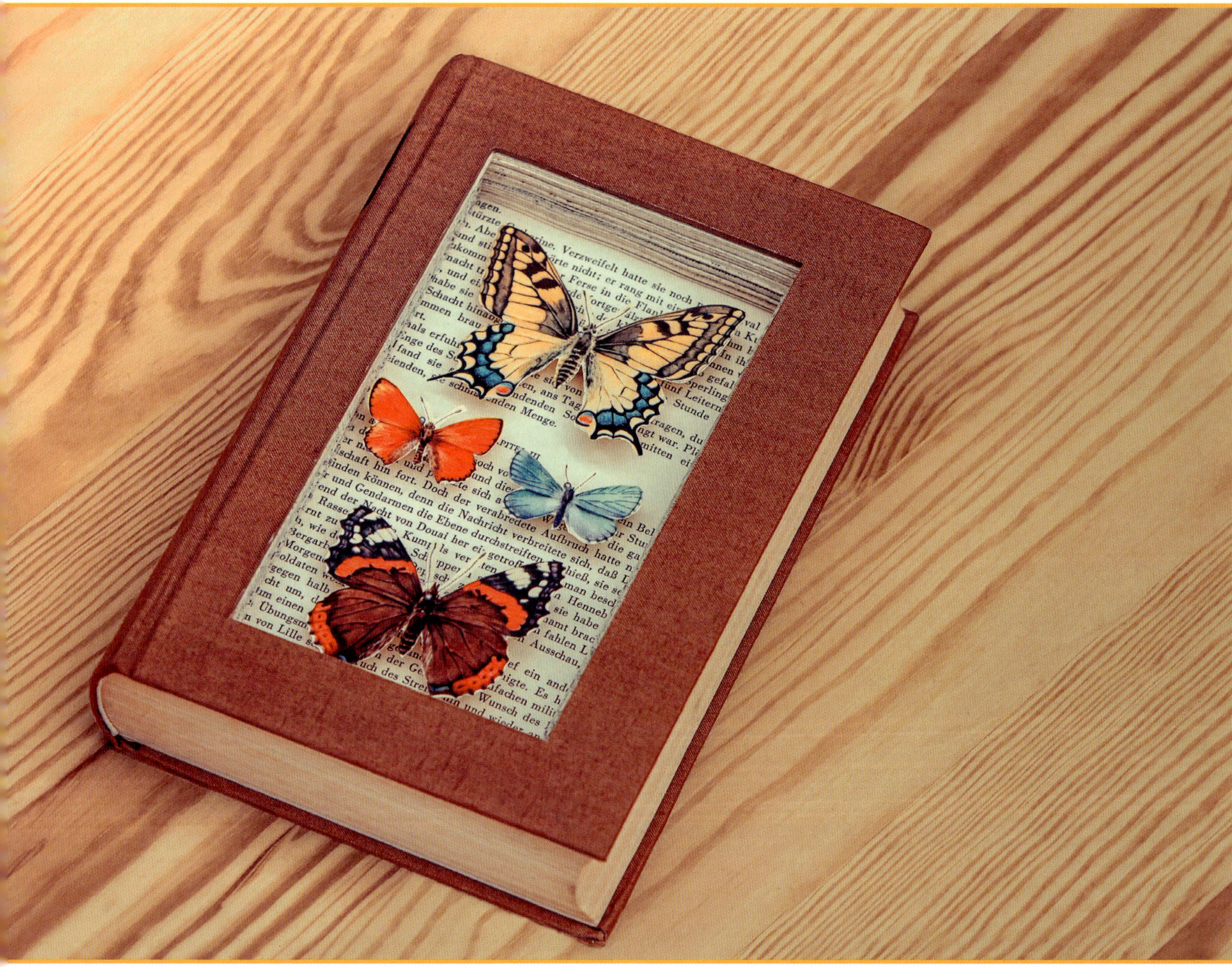

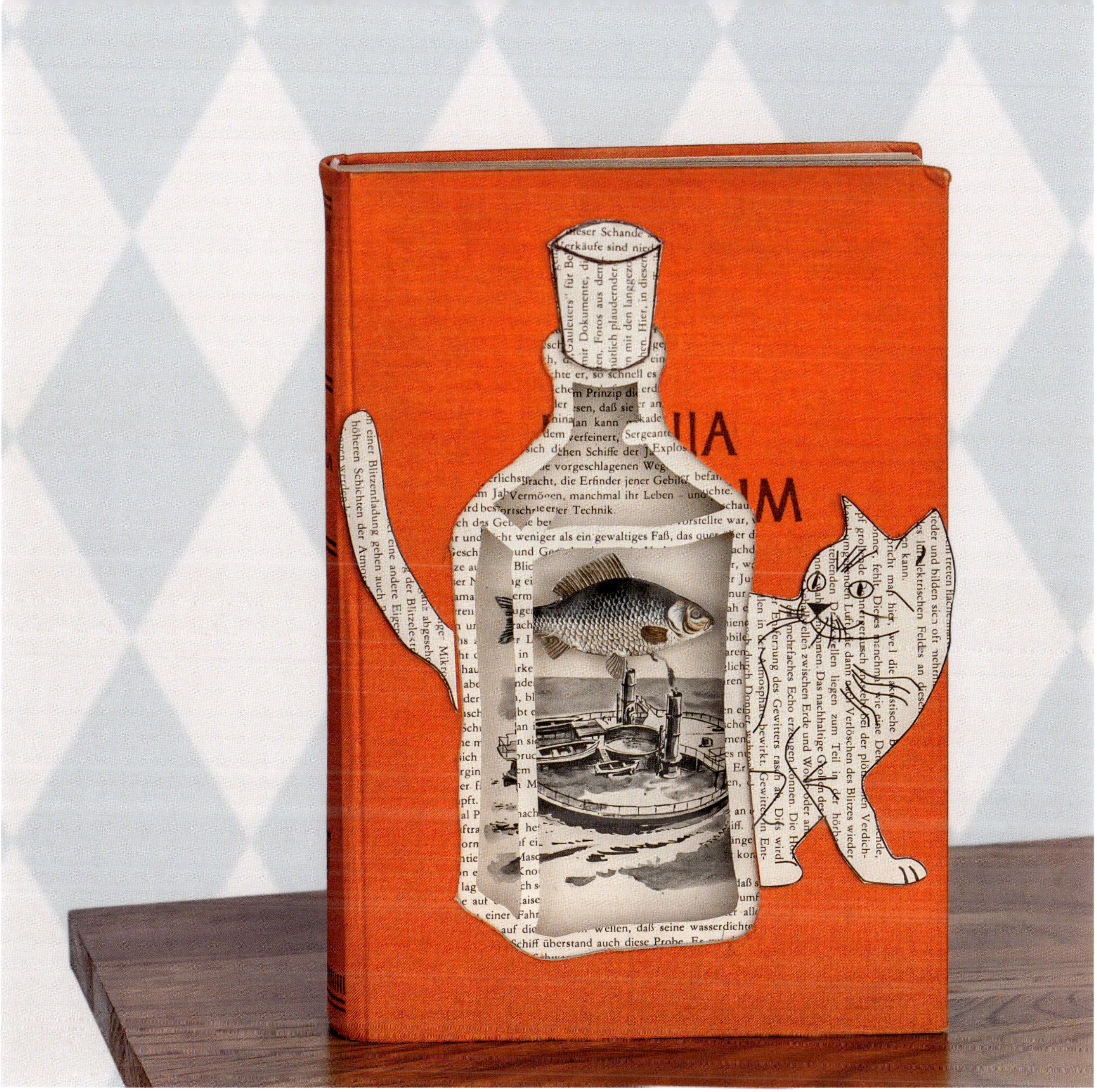

Für die Flasche samt Korken gibt es, ebenso wie für die Katze, die direkt auf eine Buchseite übertragen wird, Kopiervorlagen auf Seite 148. Der Fisch stammt aus einem alten Lexikon.

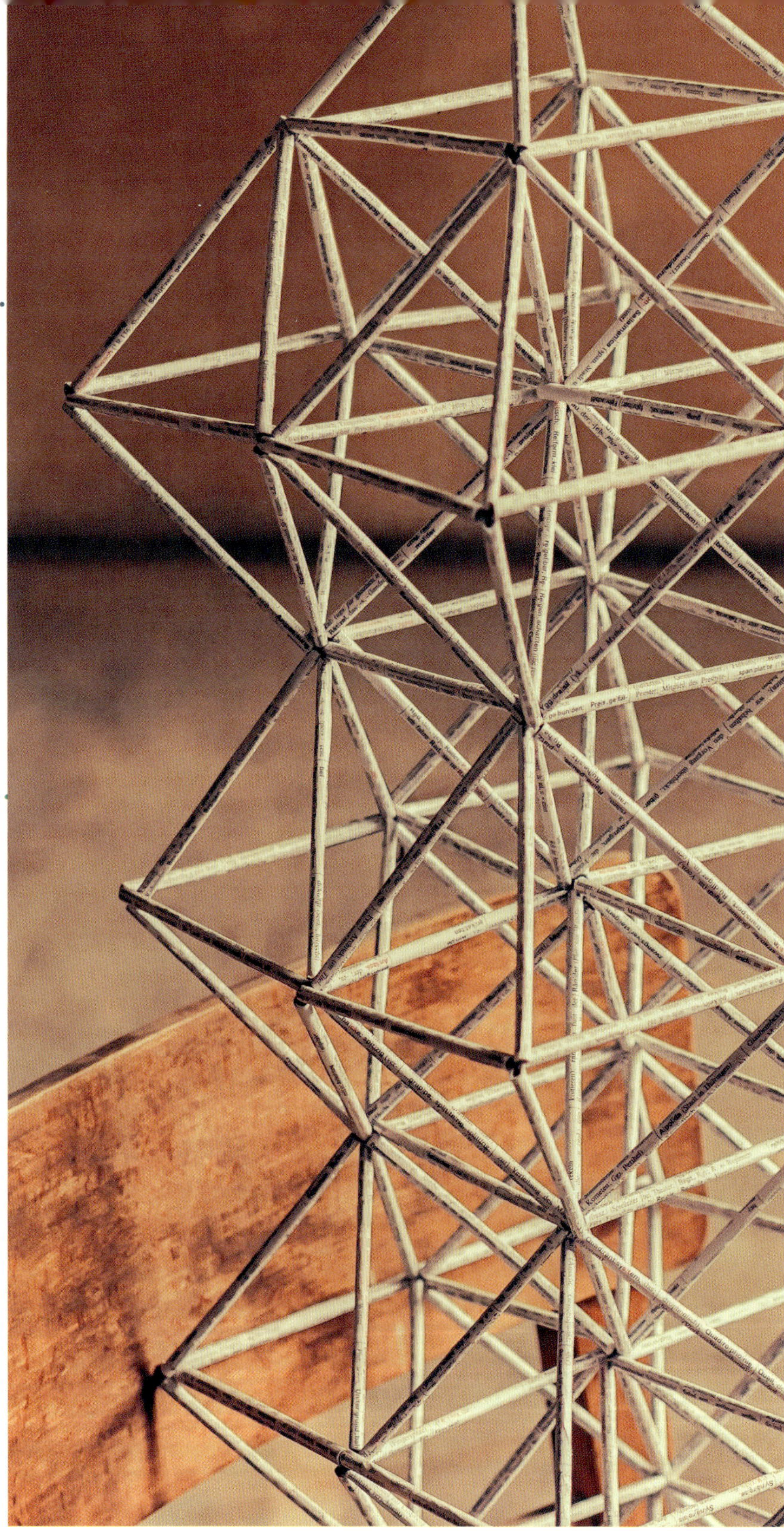

Buchseiten-Himmelis

Kapitel 2

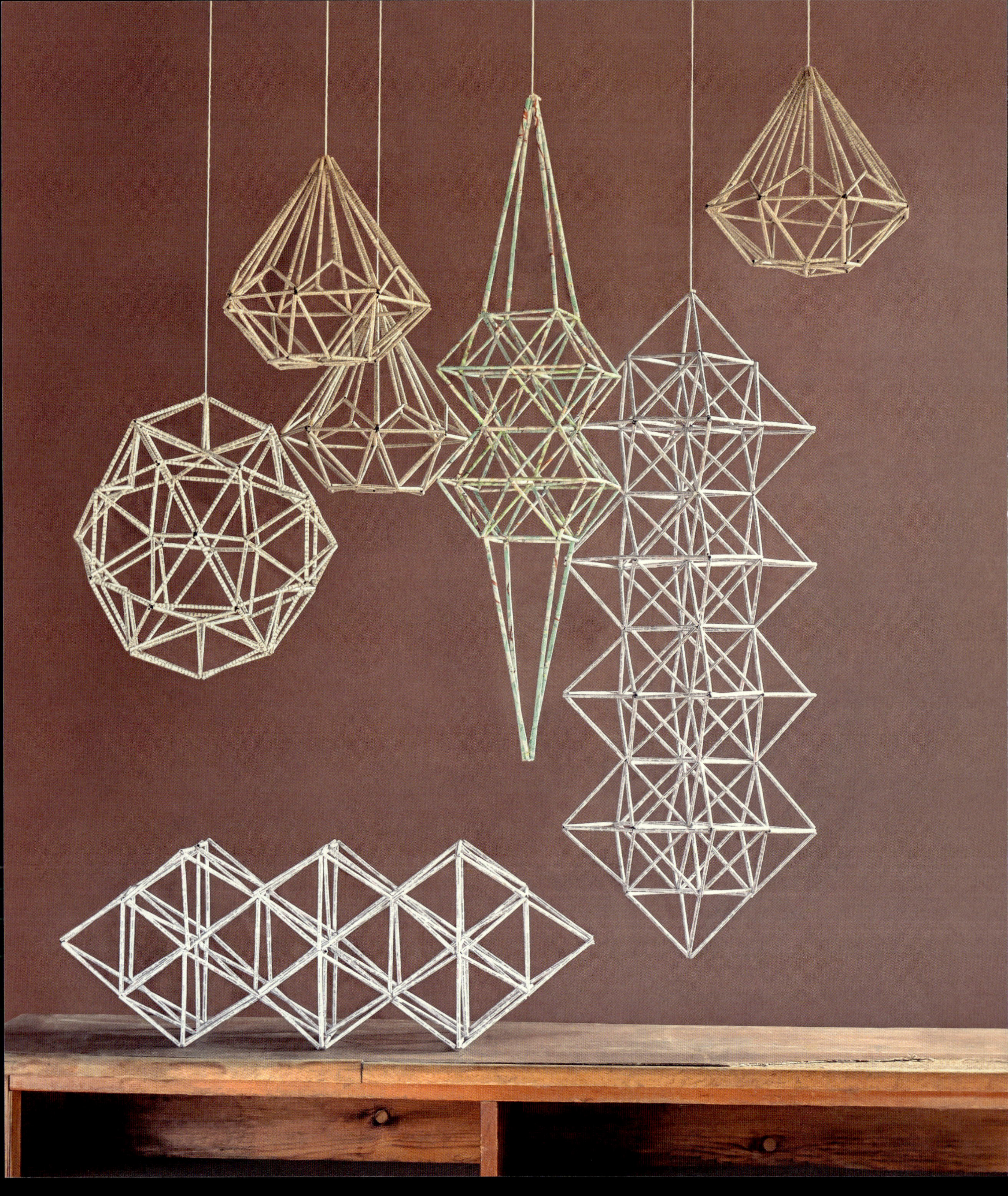

Buchseiten-Himmelis

Vor ein paar Jahren bin ich durch Estland gereist. Unterwegs stieß ich zufällig auf eine Ausstellung in einer alten Scheune: Sie hing voller geometrischer Skulpturen aus Stroh, die bei jedem Luftzug sanft hin und her schaukelten. Ich war fasziniert.

Das Himmeli – dessen Ursprung vermutlich in Finnland liegt – hat in einigen Ländern Skandinaviens und des Baltikums eine lange Tradition. Auch heute noch werden die aufwendigen, riesigen Kronen ähnelnden Skulpturen im Herbst aus Roggenstroh gefertigt und zur Wintersonnenwende im Haus aufgehängt. Dort bleiben sie bis zum Frühjahr. Man sagt, dass sie Glück und Erfolg anziehen. Vor allem moderne Künstler interpretieren die traditionellen Formen gerne auf neue Art und Weise. Die ursprünglichen Modelle sind relativ schlicht, doch der Fantasie sind keinerlei Grenzen gesetzt.

Ich erinnerte mich, dass wir schon als Kinder kleine, einfache Himmelis aus Trinkhalmen auffädelten: Wir nannten sie „Unruhen“ und hängten sie über den Fernsehapparat, weil sie sich dort dank der aufsteigenden Wärme bewegten. Als ich die Himmelis wiederentdeckte, ging mir das Auffädeln bald wieder gut von der Hand, und das Ausprobieren neuer Formen machte viel Spaß. Meine Himmelis wurden immer komplexer. Bei jedem Windhauch zeigten sie sich von einer anderen Seite und verliehen meiner Fantasie Flügel.

Himmeli-Technik

Himmelis sind an sich schon beeindruckend schön. Um ihnen zusätzlichen Zauber zu verleihen, beschloss ich, als Ausgangsmaterial keine Strohhalme, sondern Halme aus Buchseiten zu verwenden. Sie sind leicht herzustellen, und die verschiedenen Papierarten, Druckbilder und Typen lassen sich gut als Gestaltungselemente nutzen.
Auch die Entwicklung aufwendiger Himmelis ist nicht schwierig, wenn man das Konstruktionsprinzip erst einmal verstanden hat. Hier ein paar grundlegende Hinweise.

Auf die Vorbereitung kommt es an

Papierauswahl

Im Prinzip eignet sich Papier jedweder Qualität zur Herstellung der Halme. Je dünner und geschmeidiger das Papier ist, desto leichter lässt es sich rollen. Verwenden Sie pro Skulptur möglichst immer Papier von gleicher Stärke und Qualität.

Klebstoff

Halten Sie sowohl einen schnell trocknenden als auch einen langsam trocknenden Klebstoff griffbereit. Welcher sich im Einzelfall besser eignet, hängt vom Papier ab – am besten wickeln Sie einen Halm zur Probe auf.

Garn

Sie benötigen reißfestes, aber möglichst dünnes weißes oder schwarzes Garn, damit keine unschönen Knotengeschwülste entstehen. Besondere Effekte lassen sich mit farbigem Garn erzielen.
Die benötigte Menge können Sie Pi mal Daumen ganz einfach ermitteln:
Länge der Halme × Anzahl der Halme + die Hälfte des ermittelten Produkts.

Nadeln

Für das Auffädeln benötigen Sie eine bewegliche Nadel, die länger ist als der längste Buchseitenhalm. Aus dünnem Draht können Sie Nadeln leicht selbst herstellen. Um die Nadeln glatt zu ziehen, streifen Sie sie am besten über einen Messerrücken. Dann biegen Sie eine Ende mithilfe einer Bastelzange zu einer Öse. Die Öse muss so klein sein, dass sie sich leicht durch die Papierhalme schieben lässt.

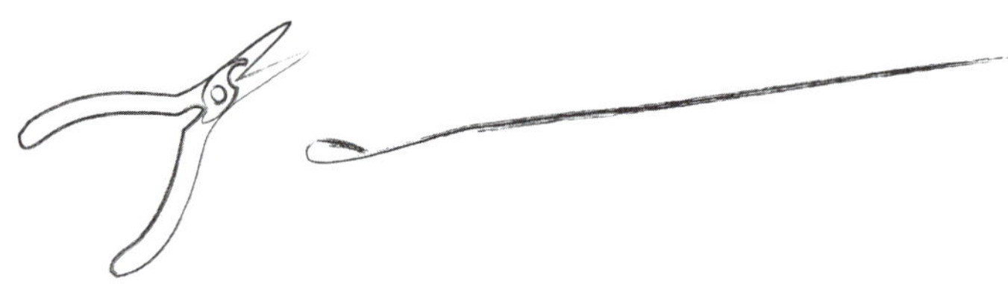

TIPP Fertigen Sie ein paar Nadeln in unterschiedlichen Längen an, um kürzere und längere Halme bequem auffädeln zu können.

Rundstab

Das Papier wird um einen Stab herum zu Halmen geformt. Am besten eignen sich Rundhölzer mit rauer Oberfläche, an denen das Papier nicht abgleitet.
In den meisten Fällen genügt ein Schaschlikspieß. Damit lassen sich Buchseitenhalme herstellen, die ungefähr so lang und so dick wie Strohhalme sind. Längere Stäbe mit unterschiedlichen Durchmessern sind im Bastelladen oder im Baumarkt erhältlich.
Für die Herstellung sehr filigraner Halme können Sie auch einen rauen Draht verwenden – der Innendurchmesser ist dann aber so gering, dass Sie zum Auffädeln eine sehr dünne Nähnadel benötigen.

Jetzt kann es losgehen!

Papierhalme herstellen

Materialien

- alte Buchseiten
- Klebstoff
- Altpapier als Unterlage beim Kleben

Hilfsmittel

- Schere
- Skalpell, Schneideunterlage, Metalllineal
- eventuell Papierschneidemaschine
- Bleistift
- Schaschlikspieß / Zahnstocher / Rundholz

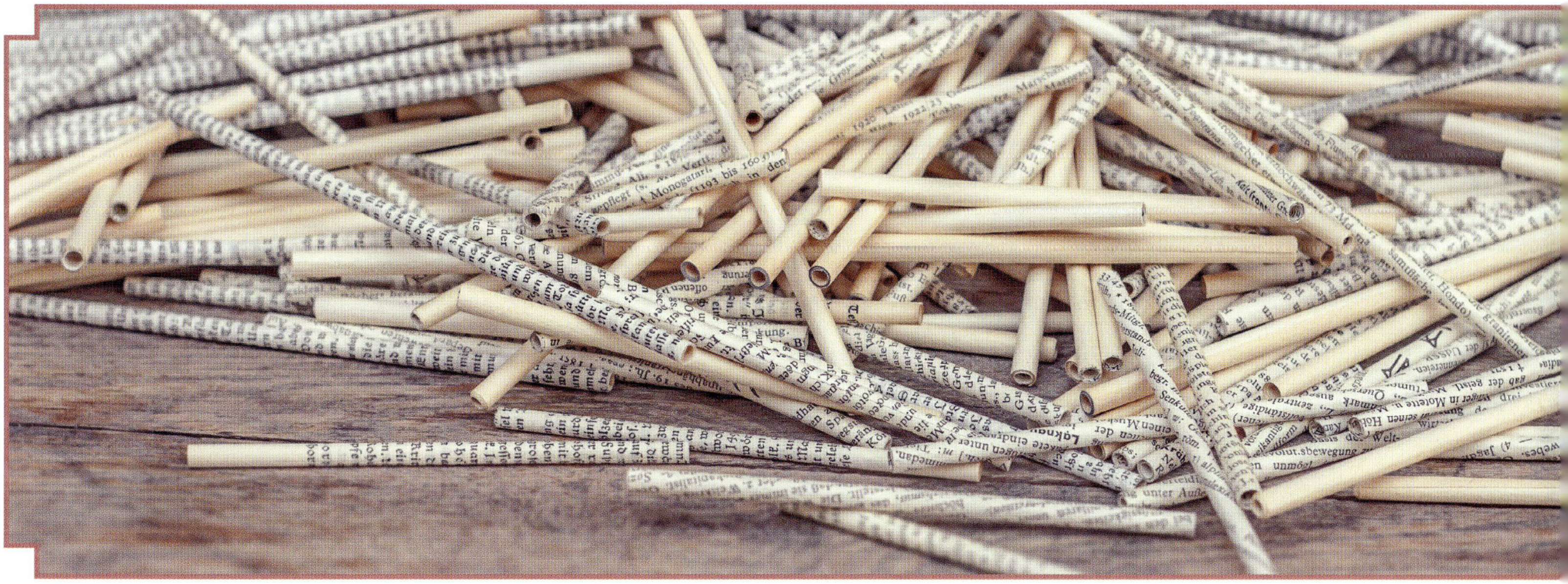

1. Die Buchseiten vorsichtig vom Buchrücken lösen. Wie viele Seiten Sie brauchen, hängt von der Anzahl und Länge der für das jeweilige Objekt benötigten Halme ab. Aber auch optische Kriterien spielen eine Rolle: Sie können das Papier möglichst ökonomisch zuschneiden und das Aussehen der Halme dem Zufall überlassen. Doch vielleicht möchten Sie ja auch ausschließlich komplett bedruckte oder nur (fast) unbedruckte Seitenabschnitte verwenden.

TIPP Bei der Auswahl sollten Sie bedenken, dass von den Papierstreifen letztlich nur 1,5–2 cm sichtbar bleiben. Der Rest wird eingerollt.

2. Papierrechtecke in der gewünschten Größe zuschneiden. Die Breite der Rechtecke ergibt sich aus der Länge der Halme. Wievielmal die Streifen aufgerollt werden müssen, hängt jeweils von der Papierstärke ab. Zur Überprüfung der Stabilität sollten Sie einen Probehalm anfertigen. In den Anleitungen sind jeweils exakte Längenmaße angegeben, die jedoch lediglich als Anhaltspunkte dienen können.

TIPP Mit dem Skalpell oder einer Papierschneidemaschine lässt sich das Papier exakter zuschneiden als mit der Schere.

3. Die Papierrechtecke zu Halmen rollen. Es wird immer von der Breitseite aus gearbeitet, d.h., diese zeigt beim Aufrollen zu Ihnen. Wickeln Sie das Papier eng um den Rundstab. Die Seitenkanten müssen exakt parallel liegen. Zum Schluss auf die obere Kante gleichmäßig schnell trocknenden Klebstoff auftragen und den Halm fertig aufrollen. Den Rundstab herausziehen.

Sehr lange Halme lassen sich nicht dünn genug aufrollen: Um den Durchmesser an den Spitzen zu verkleinern, können Sie in diesem Fall zwei kurze, schmalere Halme in beide Öffnungen schieben und mit Klebstoff fixieren – allerdings erst, wenn der Faden durchgefädelt ist, sonst wird das Ein- und Ausstechen der Nadel schwierig.

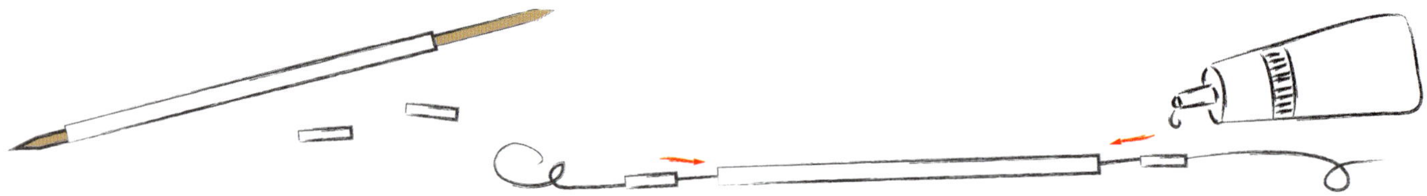

TIPP Sträubt sich das Papier gegen das Aufrollen, können Sie es schon nach der ersten „Runde“ mit Klebstoff fixieren. Verwenden Sie hierfür einen langsam trocknenden Klebstoff, sodass sich die einzelnen Lagen noch eine Zeit lang gegeneinander verschieben lassen.

Buchseitenhalme auffädeln

Beim Auffädeln sind – abgesehen von den Angaben in der jeweiligen Anleitung – einige Grundregeln zu beachten.

1. Der Faden darf nie zu lang sein, sonst verheddert er sich. Optimal ist eine Länge zwischen 50 und 100 cm. Geht der Faden zu Ende, knoten Sie ein neues Stück an. Achten Sie dabei darauf, dass der Knoten stabil ist und beim Auffädeln in einem Papierhalm verschwindet.

2. Kreuzen sich die Fäden, müssen sie zur Stabilisierung der Verbindungsstelle gut miteinander verschlungen werden. In vielen Fällen empfiehlt sich ein Knoten.

TIPP Die Verbindungsstellen gelingen oft besser, wenn die Nadel vorher abgezogen wird.

3. Im Idealfall werden alle Halme mit einem Faden aufgefädelt. Doch meist ist dies nicht möglich. Deshalb ist es wichtig, Fadenenden und Fadenanfänge zu verziehen. Dafür werden sie gut miteinander verknotet und mit der Nadel durch einen angrenzenden Halm gezogen. Überstehende Fadenenden können anschließend bündig abgeschnitten werden.

Beschädigte Halme ersetzen

Trotz größter Vorsicht kann es vorkommen, dass der ein oder andere Halm knickt. Die betroffene Stelle sieht dann nicht mehr schön aus, und oft verliert das Himmeli sogar seine Stabilität.
Doch keine Sorge – einzelne Halme lassen sich meist relativ einfach austauschen. Dazu den betroffenen Halm vorsichtig auftrennen und entfernen. Den Faden in der Mitte durchschneiden und an beiden Enden durch Anknoten weiterer Fäden verlängern. Die eine Verlängerung verknoten und verziehen. Auf die zweite Verlängerung einen neuen Halm auffädeln, den Faden verknoten und in einen anderen Halm verziehen.

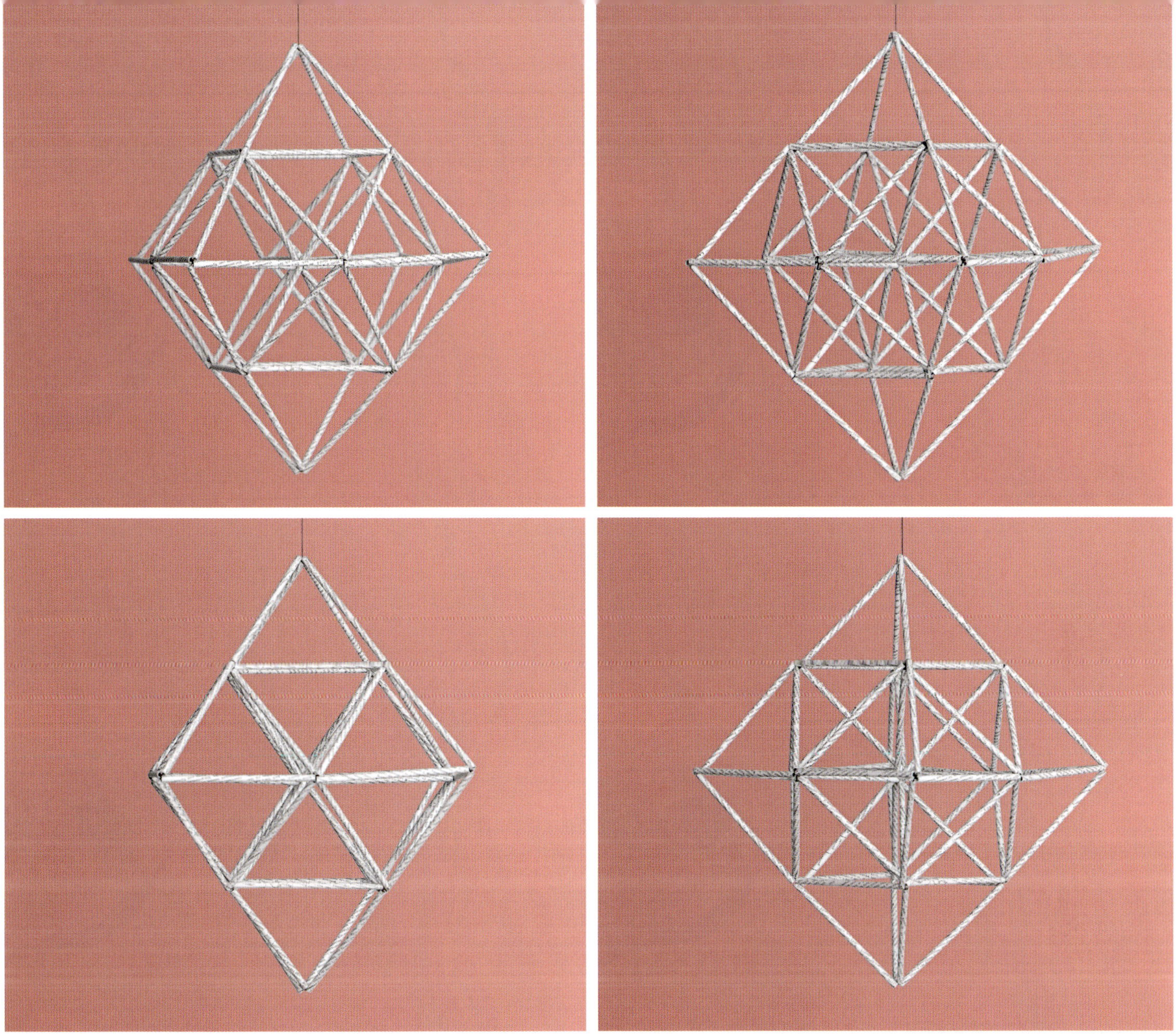

Buchseiten-Himmelis sind ständig in Bewegung und überraschen immer wieder mit neuen Ansichten.

TIPP Der Chirurgenknoten gilt als besonders haltbar. So wird er gemacht:

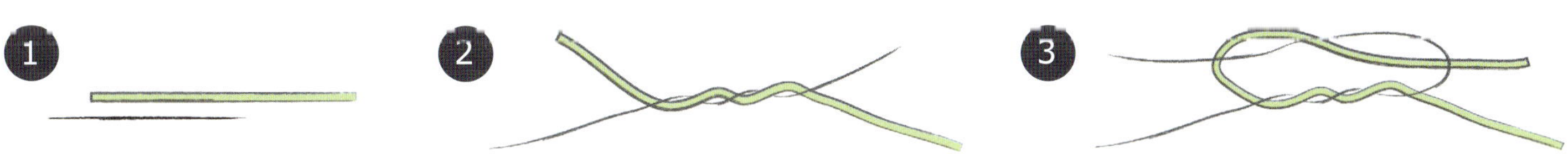

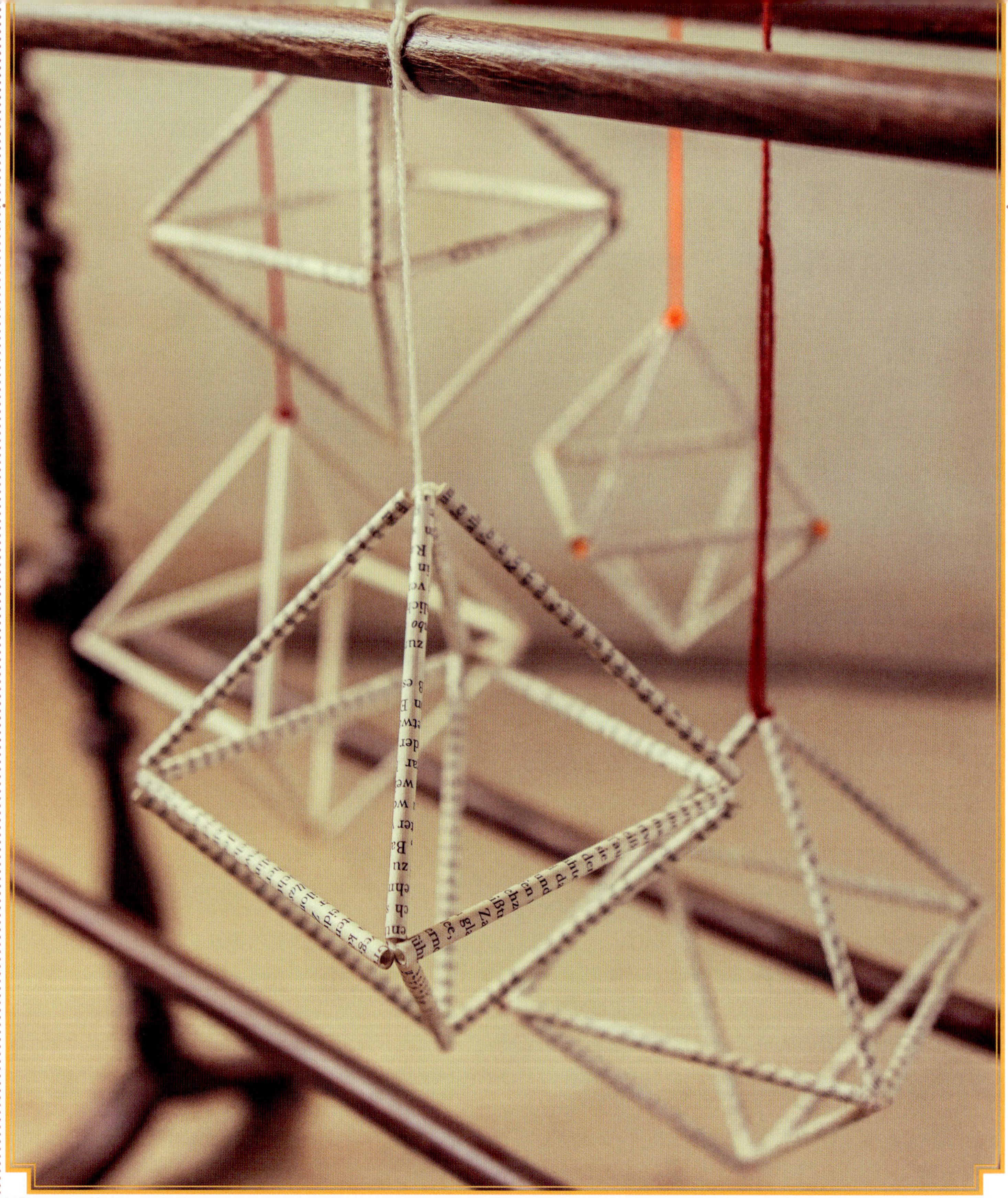

Himmeli-Ornamente

Diese schlichten geometrischen Ornamente bilden die Grundlage für die aufwendigsten Himmelis. Sie sind ganz einfach herzustellen und werden seit ein paar Jahren auch bei uns gerne als Weihnachtsschmuck verwendet.

Ornament A

Höhe: 11 cm, Kantenlänge: 7,5 cm

Das Himmeli-Ornament besteht aus 12 Papierhalmen à 7,5 cm Länge.

Das brauchen Sie:

Materialien

- alte Buchseiten
- Klebstoff

Hilfsmittel

- Schere
- Skalpell, Schneideunterlage, Metalllineal
- Bleistift
- Schaschlikspieß
- ca. 15 cm lange Nadel
- Garn

Die Papieralme herstellen

Aus den Buchseiten 12 Rechtecke à 7,5 × 8 cm zuschneiden. Aus den Rechtecken 7,5 cm lange Papierhalme herstellen, wie auf Seite 41 / 42 beschrieben.

Das Objekt hat die Form eines Oktaeders. Es besitzt

- 8 gleichseitige Dreiecke als Flächen,
- 12 gleich lange Kanten,
- 6 Ecken, an denen jeweils vier Flächen zusammentreffen.

Schritt für Schritt

So gehen Sie vor:

Ornament A

a) 4 Halme auf einen Faden fädeln und so weit aufschieben, dass das Fadenende nur noch etwa 15 cm übersteht. Die beiden Fadenenden festziehen und gut verknoten, sodass ein Quadrat entsteht.

b) 2 weitere Halme auffädeln. Den Faden um die gegenüberliegende Spitze des Quadrats (auf der Zeichnung unten) schlingen und festknoten. Nochmals 2 Halme auffädeln, den Faden erneut um die gegenüberliegende Spitze des Quadrats (auf der Zeichnung oben) führen und festknoten.

c) Den Faden durch einen beliebigen Halm zur Mitte des Quadrats führen. Einen Halm auffädeln, zur benachbarten Spitze führen und den Faden verknoten. Dies noch dreimal wiederholen, bis das mittlere Quadrat geschlossen ist.

d) Den Faden durch einen beliebigen Halm wieder nach oben führen und mit dem kurzen Ende zu einer Schlaufe verknoten.

a

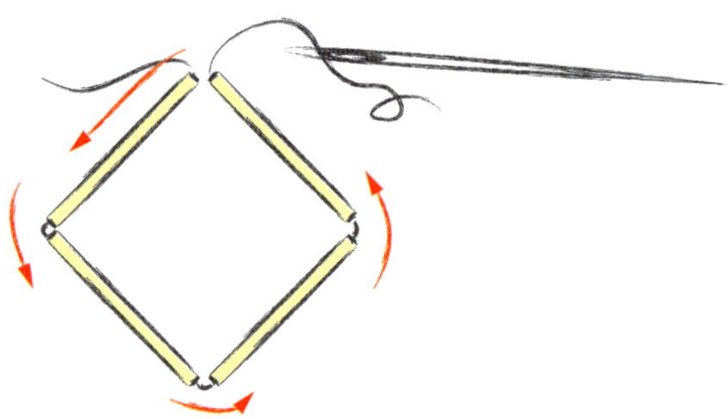

b

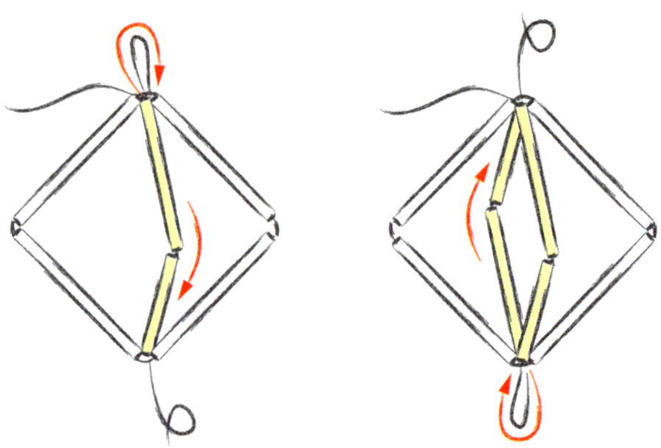

c

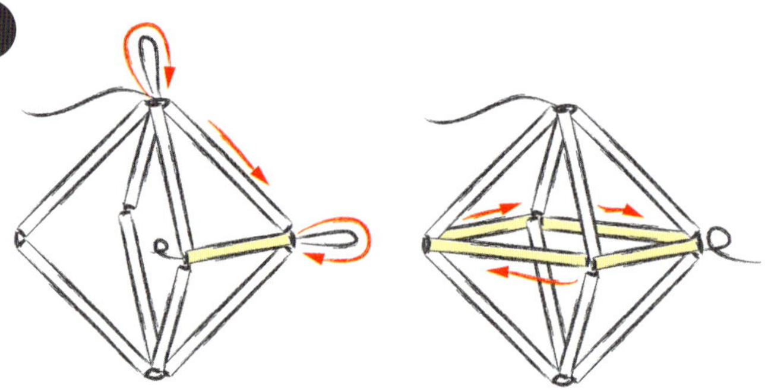

d

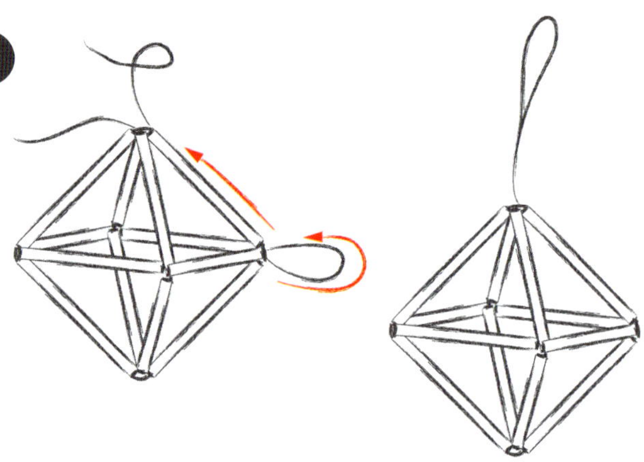

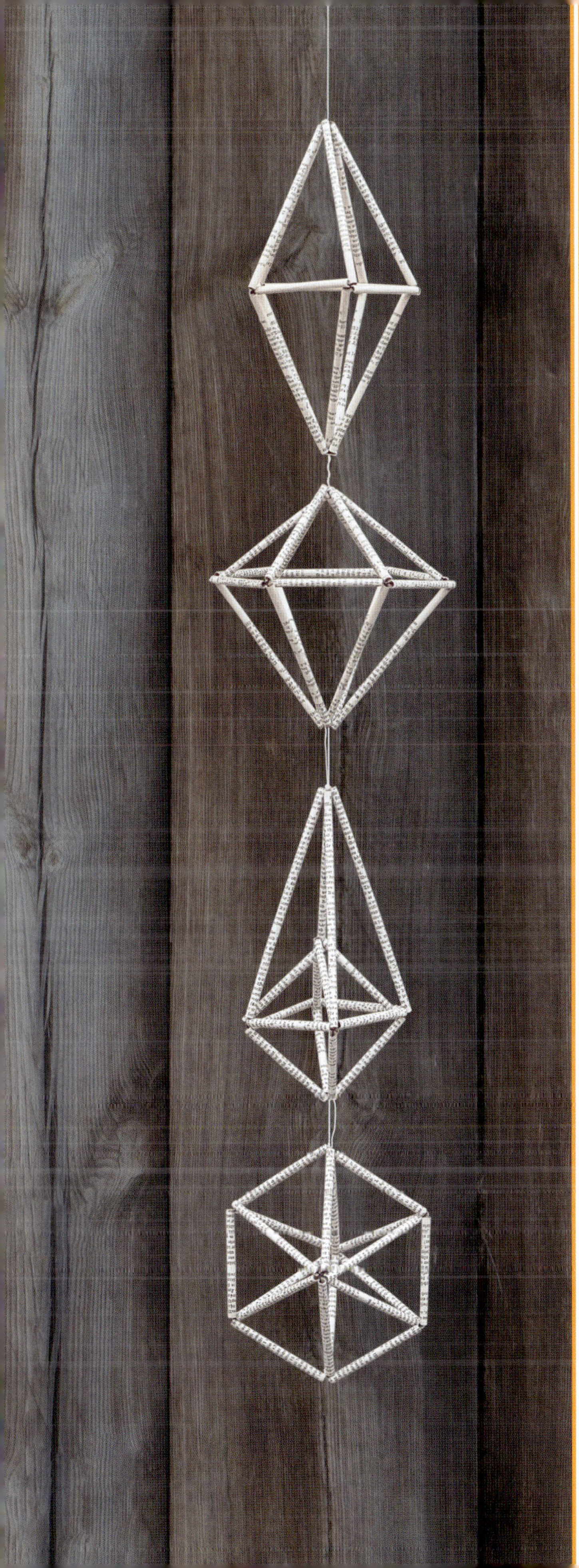

Ornament B

2

Höhe: 17 cm, Kantenlänge des mittleren Quadrats: 9 cm
Das Objekt besteht aus 15 Halmen: 10 Halmen à 9 cm Länge, 5 Halmen à 5 cm Länge.

Ornament C

3

Höhe: 12 cm, Durchmesser: 12 cm
Das Objekt besteht aus 18 Halmen: 6 Halmen à 9 cm Länge, 6 Halmen à 7 cm Länge, 6 Halmen à 5,5 cm Länge.

Ornament D

4

Höhe: 16 cm, Kantenlänge des mittleren Quadrats: 5,5 cm
Das Ornament besteht aus 16 Halmen: 4 Halmen à 16 cm Länge, 12 Halmen à 5,5 cm Länge.

Ornament E

5

Höhe: 12 cm, Durchmesser: 10,5 cm
Das Objekt besteht aus 18 Halmen: 12 Halmen à 6,5 cm Länge, 6 Halmen à 5,5 cm Länge.

TIPP

Durch das Auffädeln längerer oder kürzerer Halme und weiterer Quadrate oder Rauten können Sie die Grundform (Ornament A) beliebig verändern. Probieren Sie eigene Varianten aus!

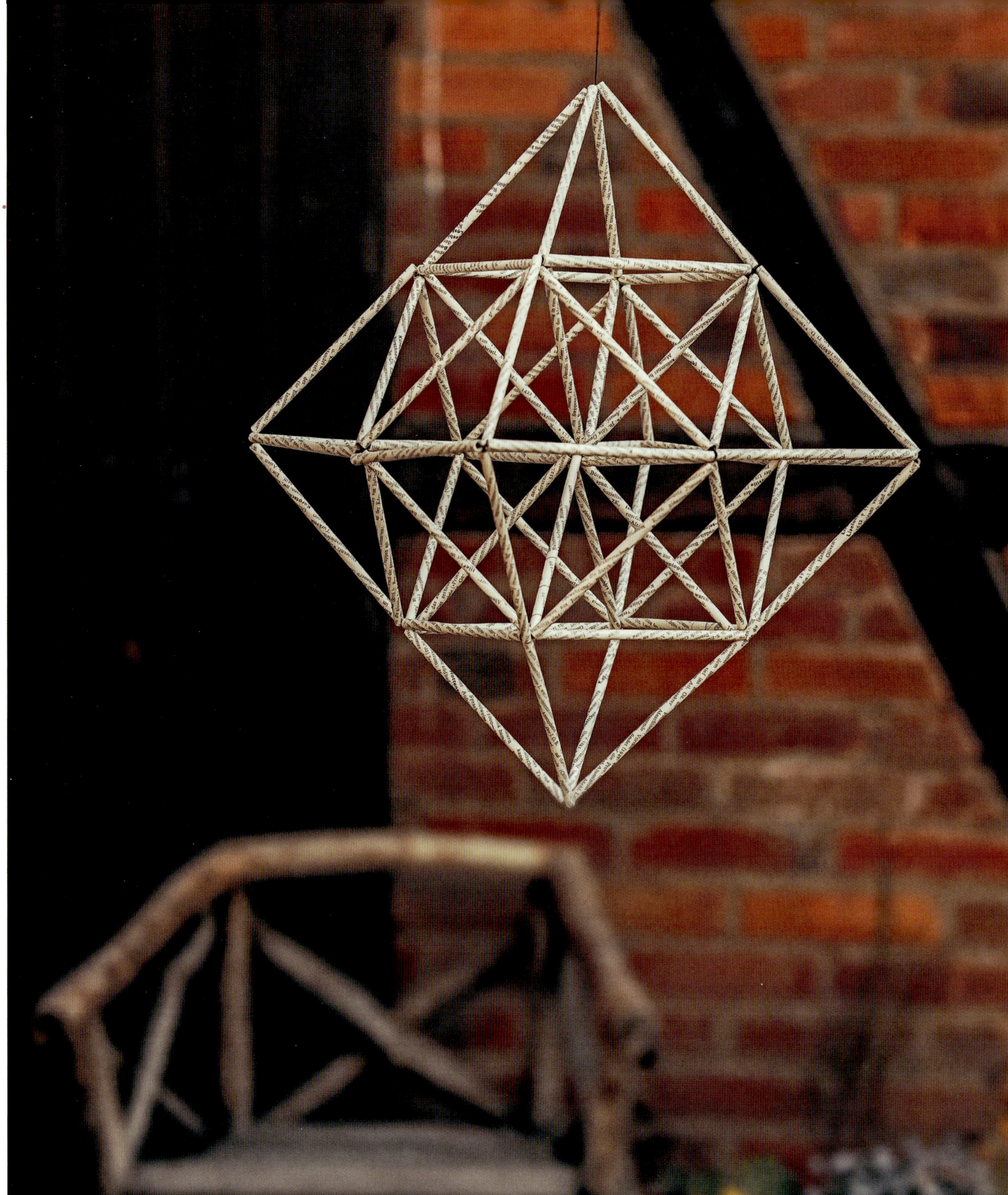

Oktaeder-Gitter

Auch wenn es kompliziert aussieht – dieses Objekt ist kinderleicht herzustellen. Es besteht aus einer Vielzahl miteinander verbundener kleiner Oktaeder. Besonders eindrucksvoll wirken Oktaeder-Gitter, wenn Sie mehrere, unterschiedlich große Exemplare zusammen aufhängen.

Höhe: 30 cm, Durchmesser: 30 cm

Das Oktaeder-Gitter besteht aus 60 Halmen à 10 cm Länge.

Das brauchen Sie:

Materialien

- alte Buchseiten für 60 Halme
- Klebstoff

Hilfsmittel

- Schere
- Skalpell, Schneideunterlage, Metalllineal
- Bleistift
- Schaschlikspieß
- ca. 15 cm lange Nadel
- Garn

Die Papierhalme herstellen

Aus den Buchseiten 60 Rechtecke à 10 × 8 cm zuschneiden. Die Rechtecke zu 10 cm langen Papierhalmen aufwickeln, wie auf Seite 41 / 42 beschrieben.

TIPP Die größeren Objekte lassen sich oft einfacher auffädeln, wenn sie dabei frei von der Decke herabhängen.

Schritt für Schritt

So gehen Sie vor:

a) 2 Oktaeder nach der Anleitung auf Seite 46 auffädeln und so miteinander verknoten, dass sie untereinanderhängen. Bei jedem Oktaeder sollte mindestens ein Faden an einer Spitze des mittleren Quadrats enden.

b) 8 Halme bereitlegen. 2 Halme auf das Fadenende des oberen Oktaeders fädeln und an der nächsten Spitze so festknoten, dass sie ein Dreieck bilden. Das Ganze dreimal wiederholen, bis alle vier Seiten des Oktaeders mit einem Dreieck versehen sind.

c) 8 weitere Halme bereitlegen und Dreiecke an das untere Oktaeder anfügen, wie in Schritt b beschrieben.

d) Das obere Fadenende aufnehmen und zur Spitze eines der oberen Dreiecke führen. Diese Spitze mit der Spitze eines der unteren Dreiecke verknoten und einen weiteren Halm auffädeln. Den Halm zur Verbindungsstelle zwischen den beiden Oktaedern führen und die Fäden verknoten.

e) Einen neuen Halm auffädeln und zu den Spitzen der nächsten beiden einander gegenüberliegenden Dreiecke führen. Die Fäden sorgfältig miteinander verknoten.

f) Schritt d und e wiederholen, bis alle Dreieckpaare miteinander verbunden sind.

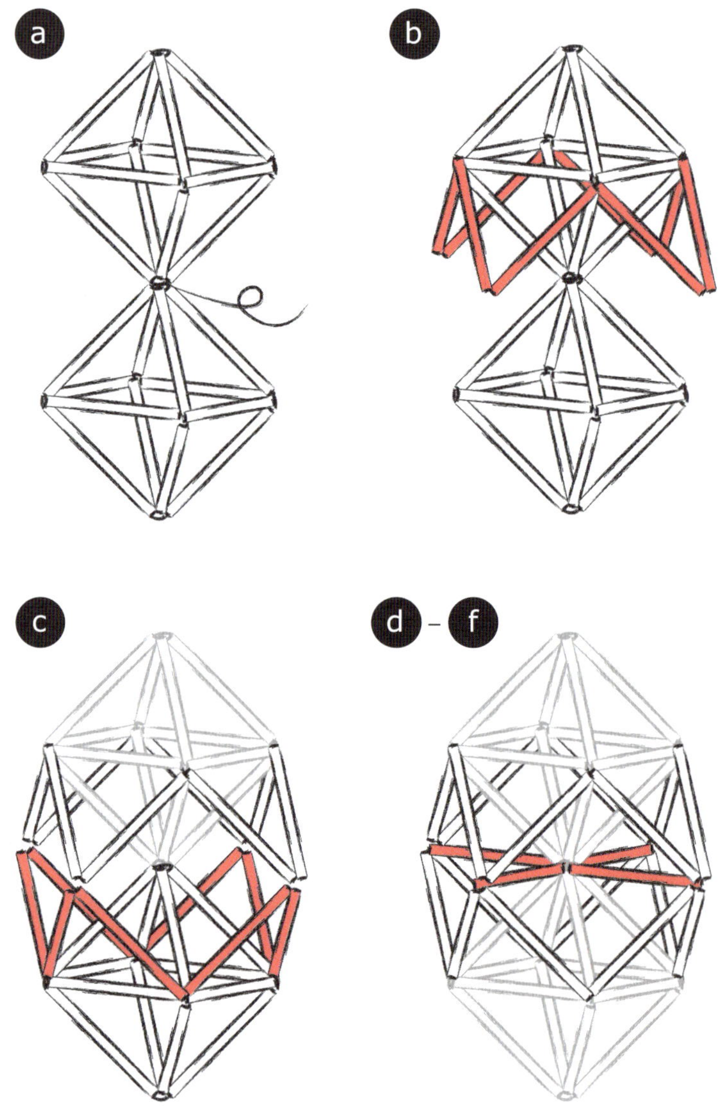

TIPP Es ist immer am besten, nur mit einem Faden zu arbeiten. Bei Bedarf können Sie ihn durch einen bereits aufgefädelten Halm hindurch zum nächsten Punkt ziehen. Dreifachbelegungen sollten Sie jedoch möglichst vermeiden und stattdessen lieber an einer Ecke einen neuen Faden anknoten und die kurzen Fadenenden verziehen.

g – h

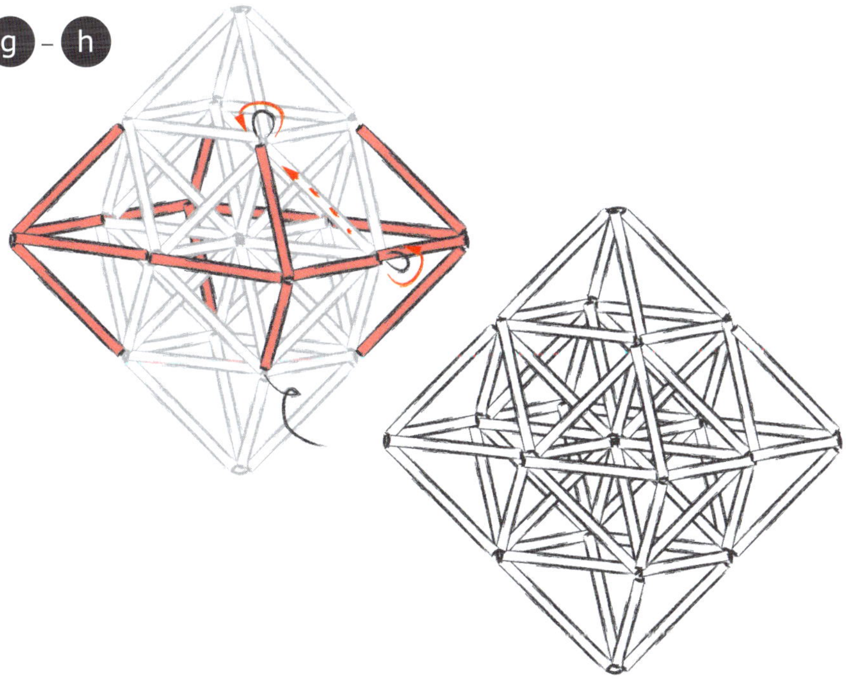

g) Zwei Halme auffädeln, den Faden um die Ecke zum Verbindungspunkt zwischen den beiden folgenden Dreiecken führen und dort anknoten. Den Faden nach oben durch den Schenkel des Dreiecks führen, verschlingen, einen neuen Halm auffädeln, nach unten führen und den Faden an der Eckverbindung anknoten. Einen weiteren Halm auffädeln, ganz nach unten zur Spitze des Dreiecks führen und den Faden dort verknoten. Den Faden durch den Schenkel des Dreiecks wieder nach oben führen und die nächste Ecke arbeiten.

h) Schritt g dreimal wiederholen. Das Ergebnis ist ein großes Oktaeder, das aus 6 kleineren Oktaedern besteht.

TIPP Wenn Sie eine weitere Ebene anfügen möchten, fädeln Sie noch ein kleines Oktaeder auf und knoten es an die untere Spitze des großen Oktaeders. Es entspricht dem unteren Oktaeder aus Schritt a. Hiervon ausgehend die Schritte b–h wiederholen.

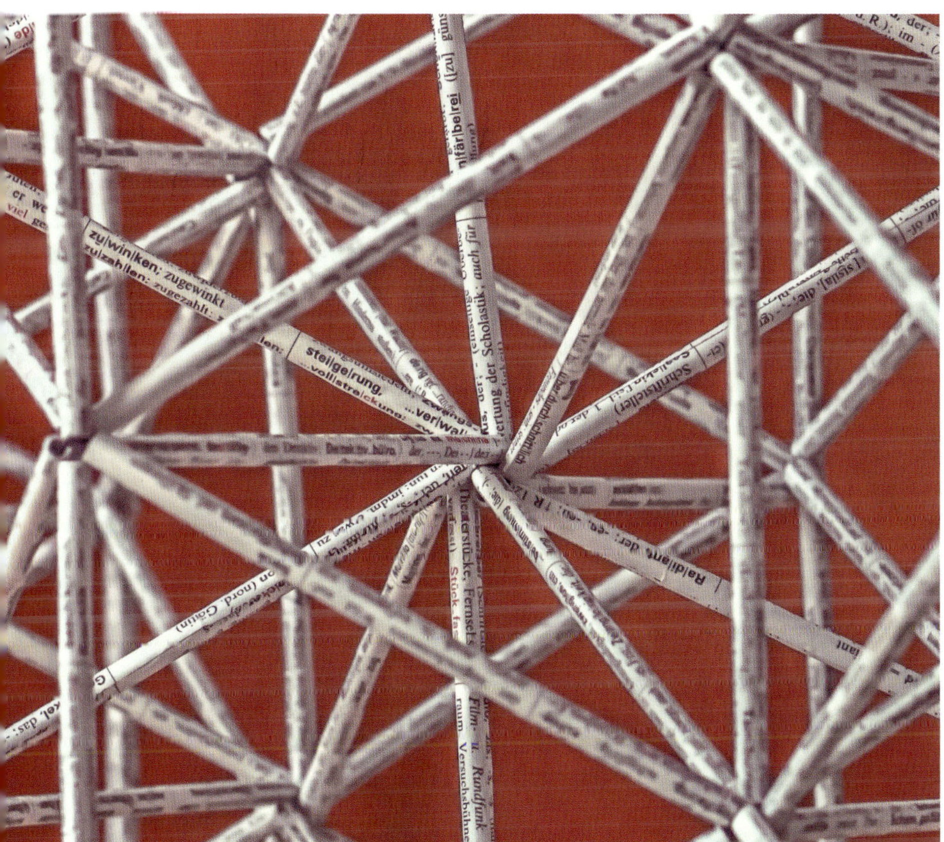

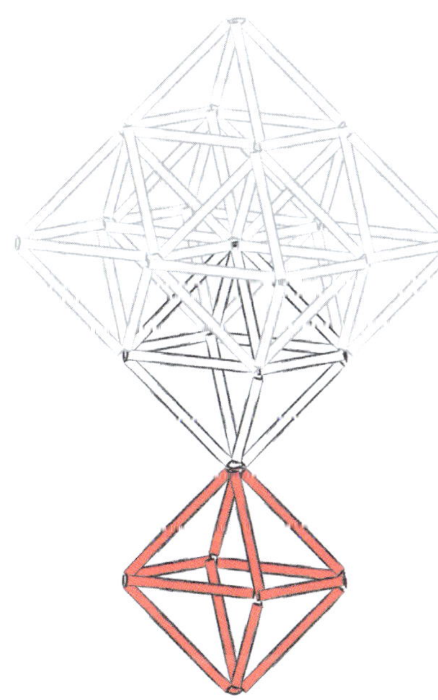

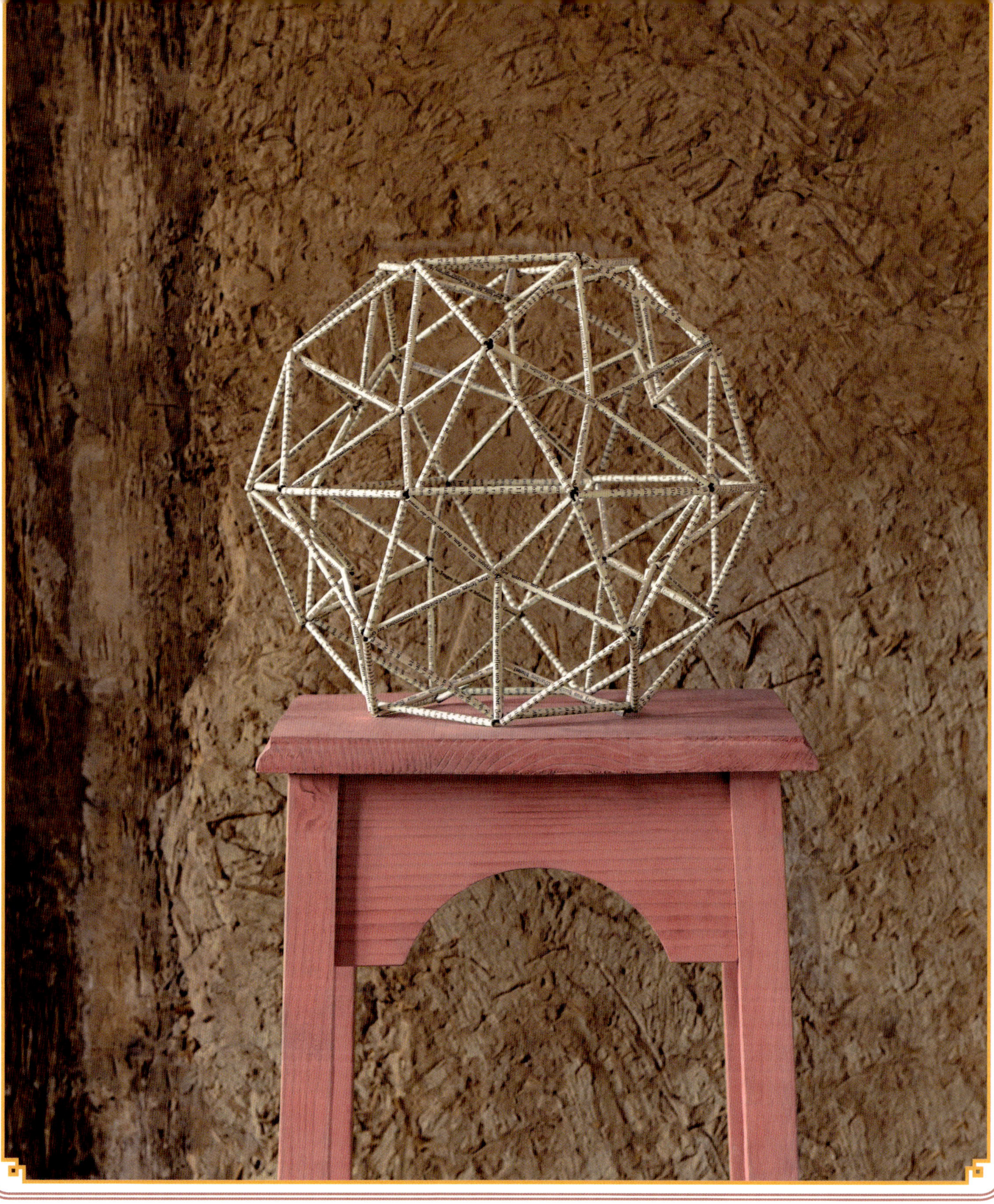

Kugelförmiges Himmeli

Durchmesser: 96 cm

Kugelförmige Himmelis sind relativ komplex, aber erstaunlich stabil.

Das brauchen Sie:

Materialien

- alte Buchseiten
- Klebstoff

Hilfsmittel

- Schere
- Skalpell, Schneideunterlage, Metalllineal
- Bleistift
- Schaschlikspieß
- ca. 15 cm lange Nadel
- Garn

Die Papierhalme herstellen

Das kugelförmige Himmeli besteht aus 120 Halmen in zwei Längen. Aus den Buchseiten 60 Rechtecke à 8 × 6 cm und 60 Rechtecke à 9 × 6 cm zuschneiden. Die Rechtecke zu 8 und 9 cm langen Papierhalmen rollen, wie auf Seite 41 / 42 beschrieben.

Besonders interessant wirkt das Himmeli, wenn Sie die Hälfte der Halme quer zum Schriftverlauf und die andere Hälfte längs zum Schriftverlauf aufrollen. Beim Zuschneiden und Aufrollen auf die richtige Ausrichtung achten!

TIPP

Ältere Bücher haben oft dickeres Papier, sodass Sie die Rechtecke, wie hier, relativ kurz zuschneiden können. Bei dünnerem Papier ist mehr Länge erforderlich – wie viel, müssen Sie ausprobieren.

Schritt für Schritt

So gehen Sie vor:

Die Einzelelemente anfertigen

a) Etwa 1,30 m Garn in die Nadel einfädeln und die ersten 3 Halme in der Reihenfolge 8 – 9 – 8 cm auffädeln. Das Fadenende so weit überstehen lassen, dass es gut verzogen werden kann.

b) Die Halme zu einem Dreieck schließen, die Fäden festziehen und die Enden sorgfältig verknoten. Achten Sie darauf, dass der Knoten nicht zu dick wird.

c) Die Nadel mit dem Faden durch den rechten Schenkel des Dreiecks zurückführen und den Knoten vorsichtig in den Halm hineinziehen. Einen 9 cm langen, dann einen 8 cm langen Halm auffädeln. Den Faden gut festziehen, um die Spitze des Dreiecks schlingen, verknoten und durch den letzten Halm wieder zurückführen.

d) Schritt c noch dreimal wiederholen. Zum Schluss einen 9 cm langen Halm auffädeln, das Fünfeck schließen, den Faden sorgfältig verknoten und verziehen.

Das erste von 12 Elementen ist fertig. Sie müssen also noch 11 weitere anfertigen. Bei 2 Elementen das Fadenende nicht verziehen – es wird gleich noch gebraucht.

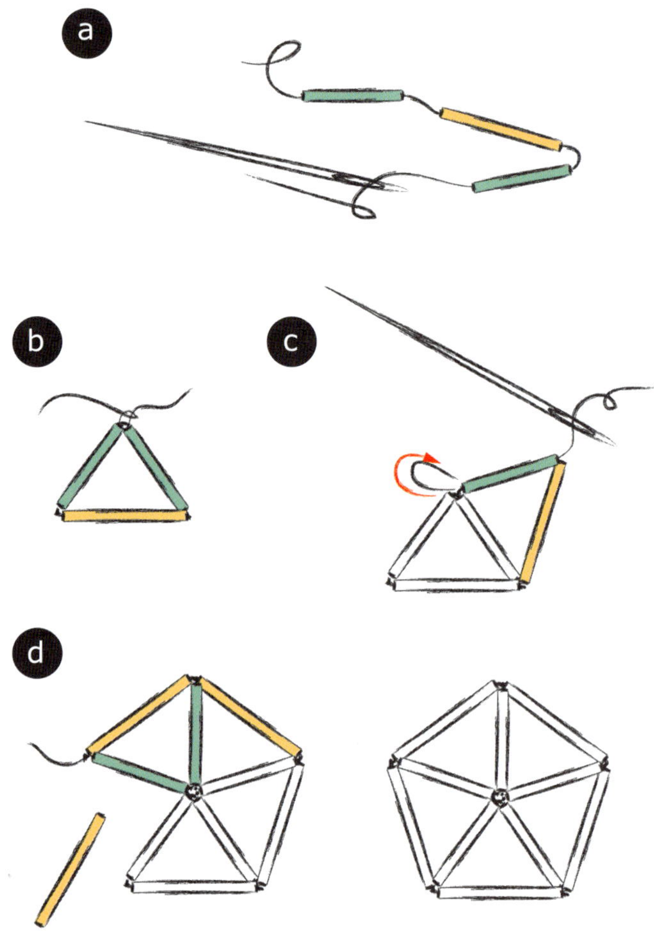

TIPP

Für einen schönen Knoten die Fäden zuvor mehrfach über Kreuz verschlingen.

a – b

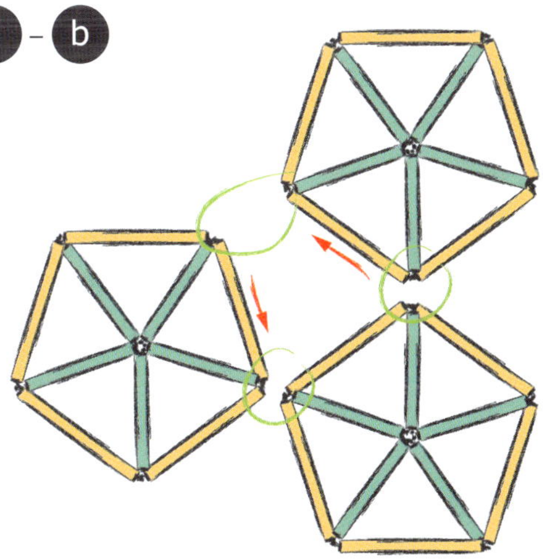

Die Schalen anfertigen

Aus je 6 Elementen zwei Schalen formen. Die Spitzen der Fünfecke zeigen jeweils nach innen.

a) Das heraushängende Fadenende eines Elements mit einem zweiten Faden verlängern und diesen an eine beliebige Spitze eines anderen Elements knoten.

b) Den Faden durch den äußeren Halm ziehen und an eine beliebige Spitze eines weiteren Elements knoten.

c) Den Faden durch den äußeren Halm ziehen und an die Spitze links neben dem Verknüpfungspunkt des ersten Elements knoten, sodass sich ein Dreieck bildet.

d) Den Faden durch den anliegenden Halm zur nächsten Spitze ziehen und ein weiteres Element anknoten.

d

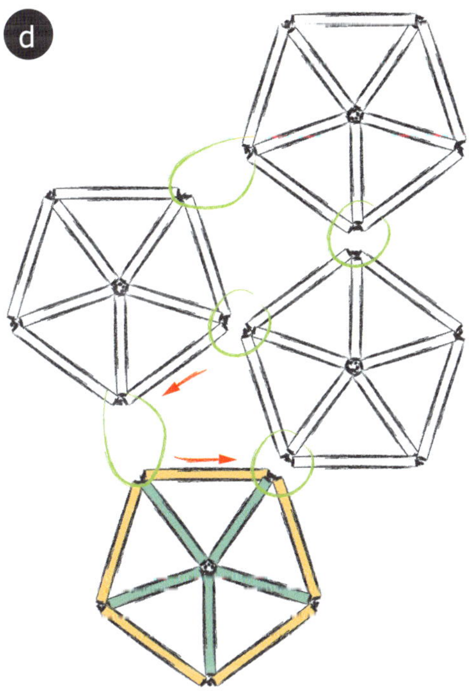

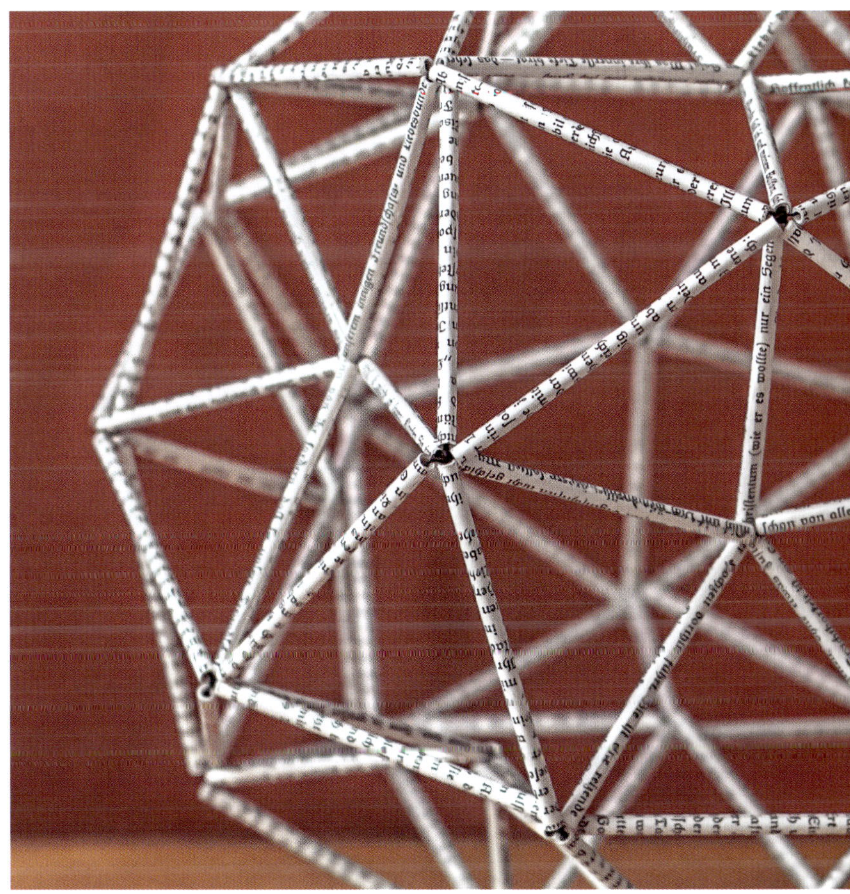

e) Schritt d noch zweimal wiederholen, bis 5 Elemente sich ringförmig um ein Mittelelement legen. Den Faden nach dem letzten Knoten verziehen. Die erste Schale ist fertig.

f) Die zweite Schale genauso arbeiten. Das Fadenende diesmal nicht verziehen – damit wird weitergearbeitet.

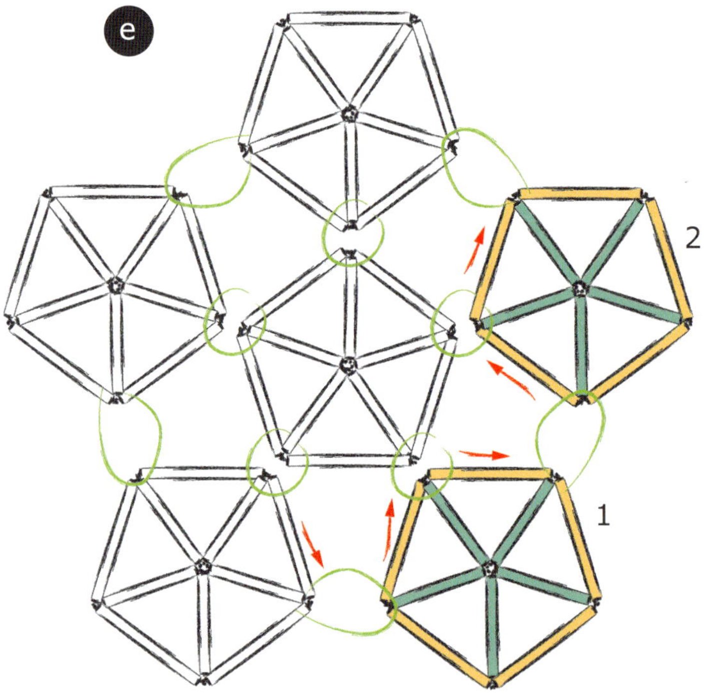

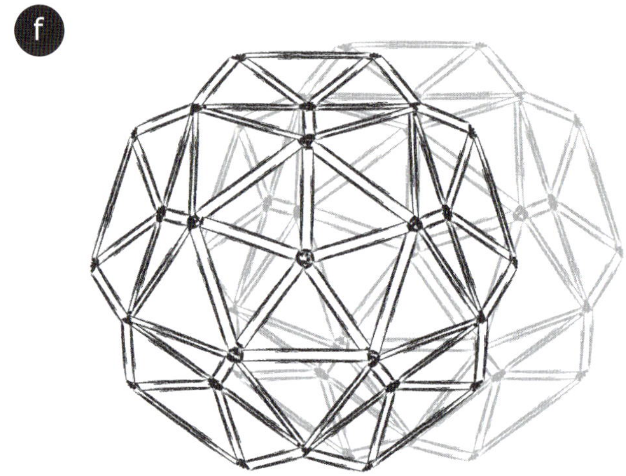

3 Die Kugel bilden

Zum Schluss beide Schalen zu einer Kugel verbinden. Dafür die Spitzen der Elemente miteinander verknoten, sodass sich zwischen ihnen Dreiecke bilden. Den Faden nach dem letzten Knoten verziehen.

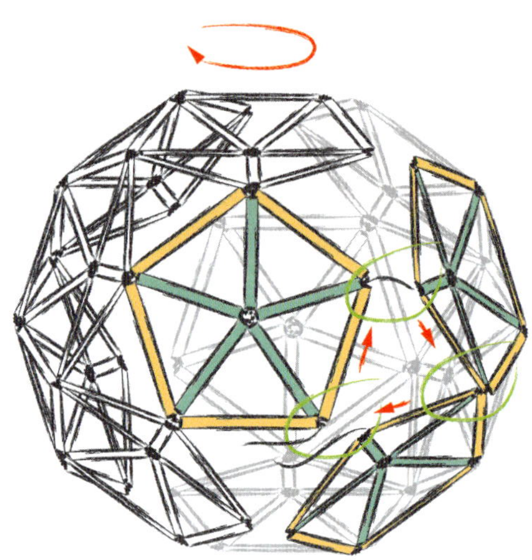

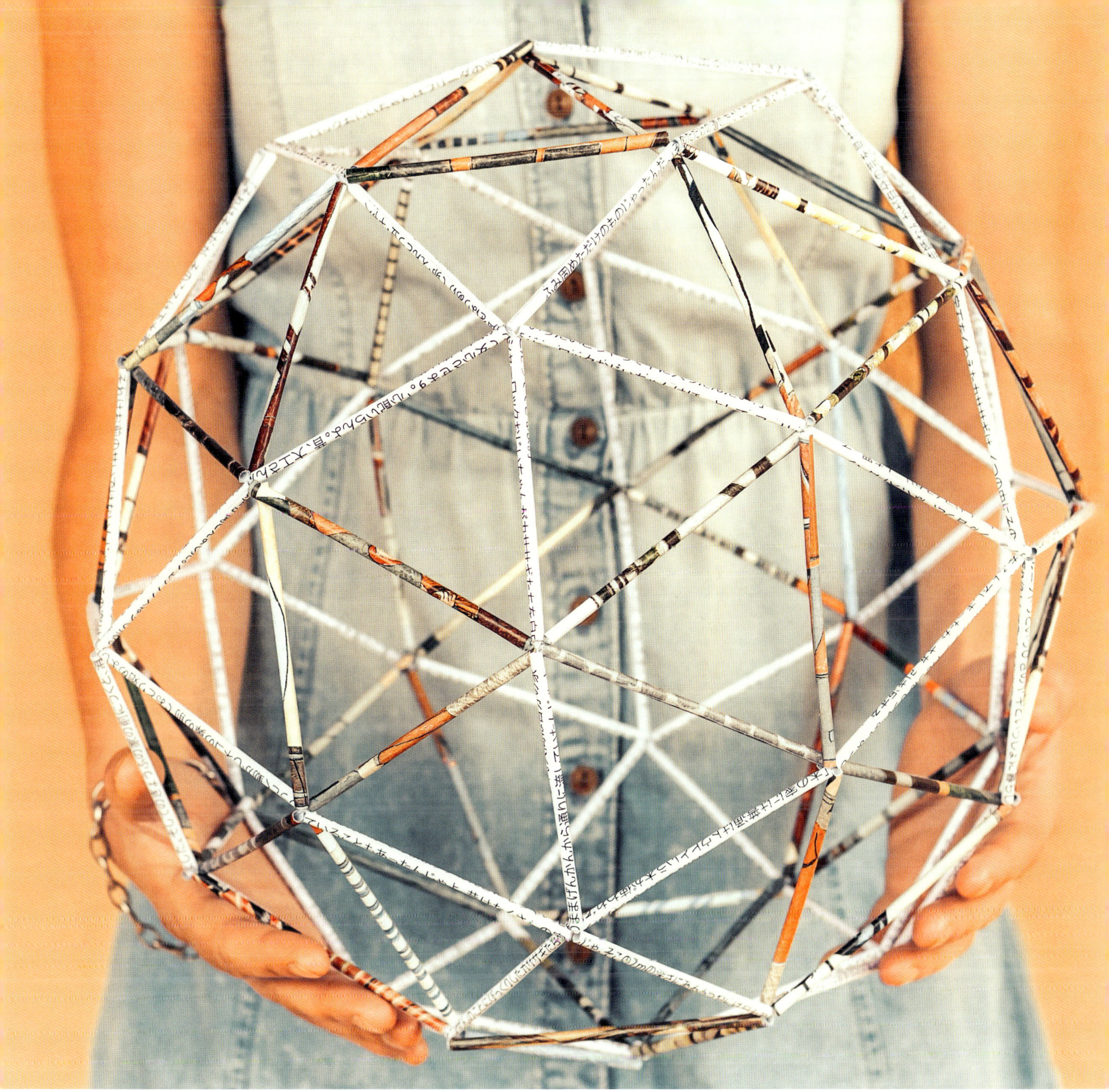

Die Spitzen der 12 Fünfecke können statt nach innen auch nach außen gerichtet sein.

Sternförmiges Himmeli

Durchmesser: 96 cm

Wenn Sie auf ein kugelförmiges Himmeli mit nach innen gerichteten Spitzen pyramidenförmige Elemente aufsetzen, erhalten Sie einen Stern.

Das brauchen Sie:

Materialien

- alte Buchseiten
- Klebstoff

Hilfsmittel

- Schere
- Skalpell, Schneideunterlage, Metalllineal
- Bleistift
- Schaschlikstab
- ca. 15 cm lange Nadel
- Garn

Die Papierhalme herstellen

Das Himmeli besteht aus 180 Halmen in zwei unterschiedlichen Längen. Aus den Buchseiten 120 Rechtecke à 9 × 7,5 cm und 60 Rechtecke à 10 × 7,5 cm zuschneiden.

Die Rechtecke zu 9 und 10 cm langen Halmen rollen, wie auf Seite 41 / 42 beschrieben.

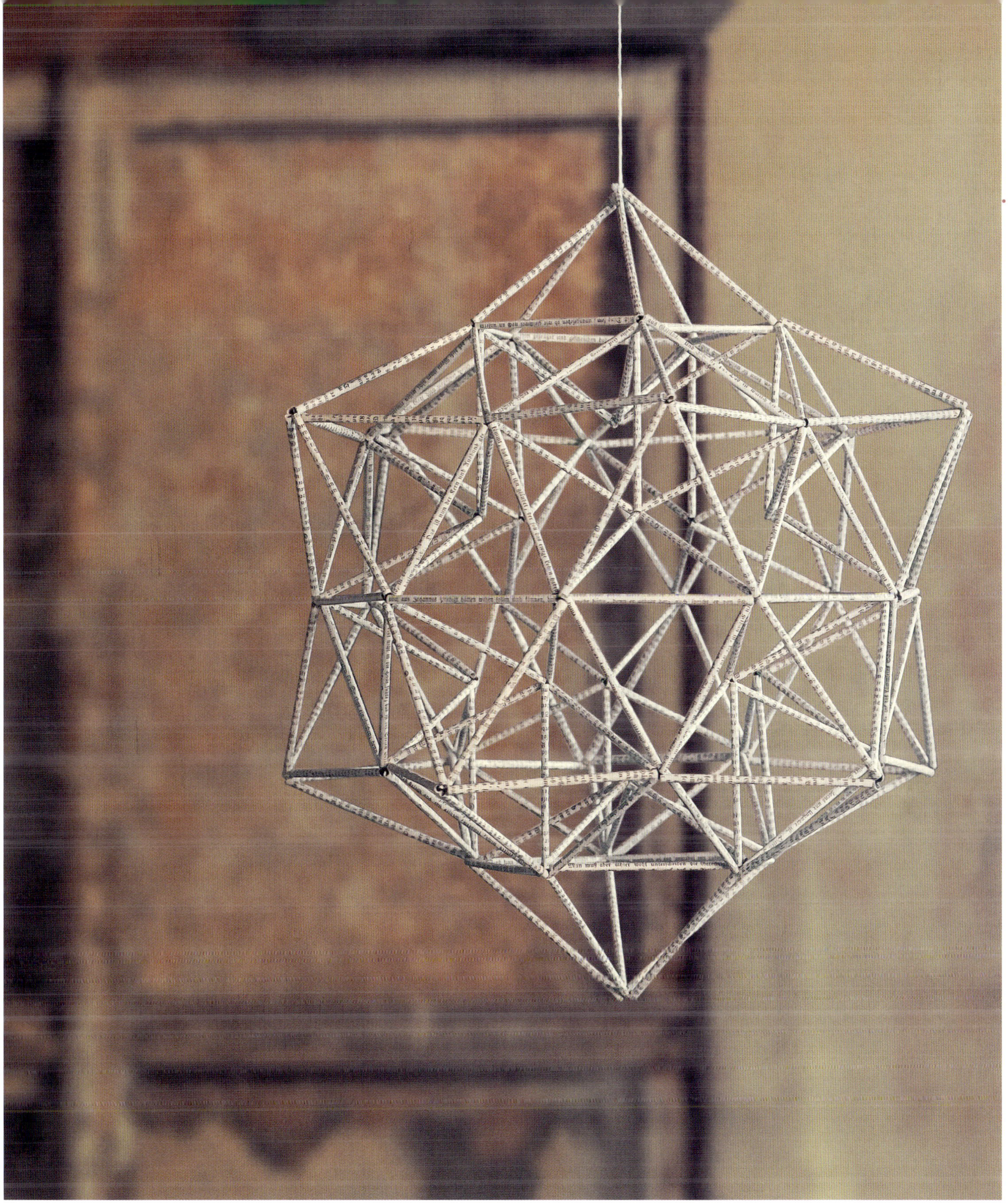

Schritt für Schritt

So gehen Sie vor:

1 Das kugelförmige Himmeli anfertigen

Aus den 9 cm langen Halmen ein kugelförmiges Himmeli nach der Anleitung ab Seite 53 anfertigen. Da alle Halme gleich lang sind, reichen die Spitzen tiefer ins Innere der Kugel.

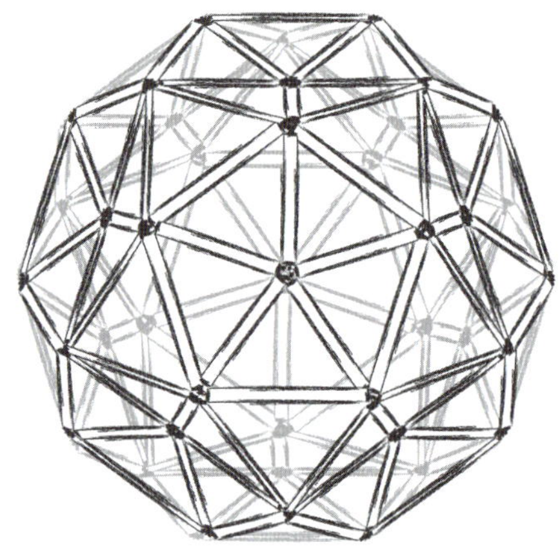

2 Die Pyramiden ansetzen

Aus den 10 cm langen Halmen die Pyramiden aufbauen.

a) Den Faden zwischen zwei beliebigen Elementen des kugelförmigen Himmelis anknoten. 2 Halme auffädeln und am Ende eines der anliegenden Halme anknoten, sodass ein Dreieck entsteht.

b) Den Faden durch den anliegenden Halm ziehen. Den nächsten Halm auffädeln und an der Verbindungsstelle der beiden zuvor aufgefädelten Halme anknoten. Den Faden durch den letzten Halm wieder zurückziehen.

a

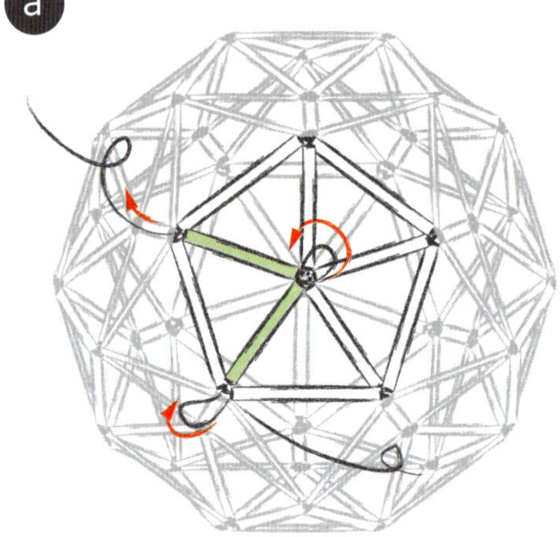

b

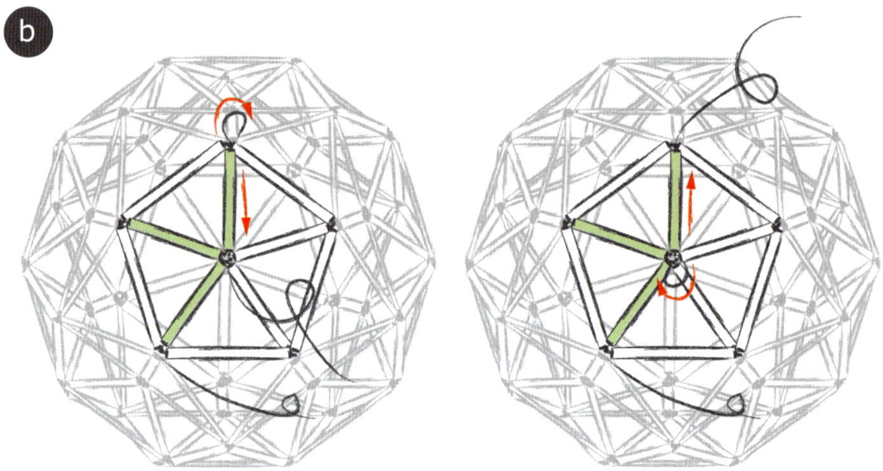

c) Schritt b noch zweimal wiederholen. Die erste Pyramide ist nun fertig.

c

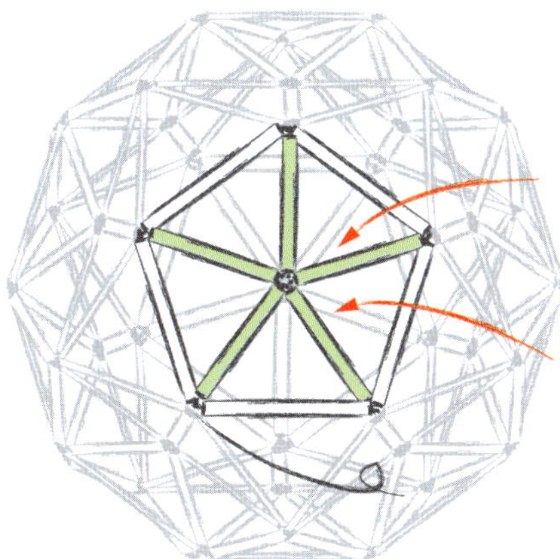

d) Die restlichen 11 Pyramiden auf die gleiche Weise arbeiten.

d

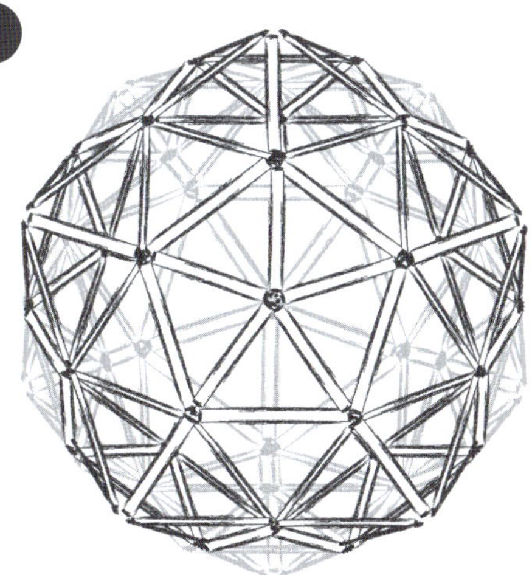

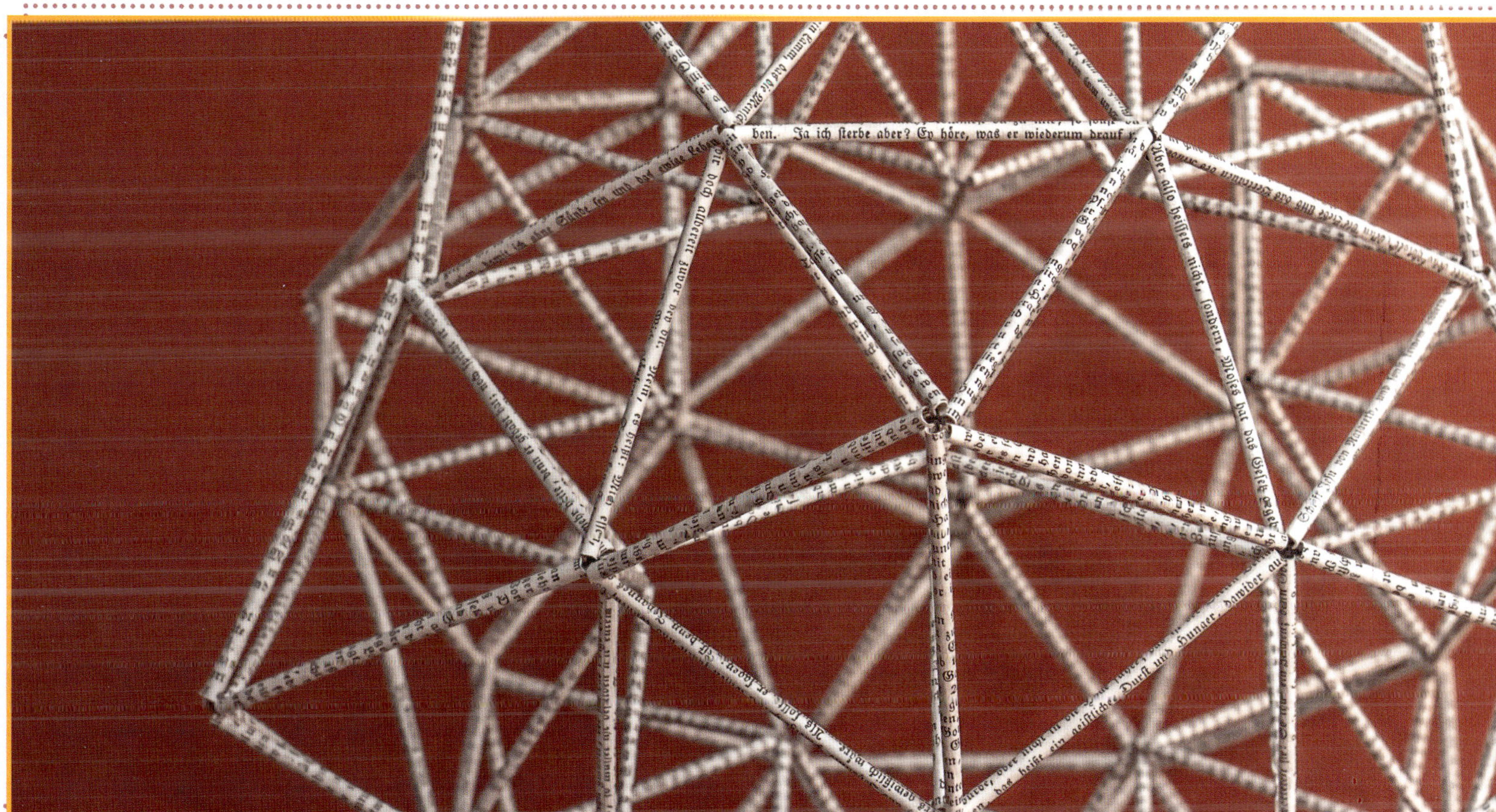

Diamant

Höhe: 20 cm, Durchmesser: 19 cm

Geschliffene Diamanten sind ganz besondere Schmuckstücke. Dass sie nicht nur an Fingern echte Hingucker sind, beweist das Himmeli in Diamantform.

Das brauchen Sie:

Materialien

- alte Buchseiten
- Klebstoff

Hilfsmittel

- Schere
- Skalpell, Schneideunterlage, Metalllineal
- Bleistift
- Schaschlikspieß
- 2 Nadeln: 1 × ca. 23 cm, 1 × ca. 15 cm
- Garn

Die Papierhalme herstellen

Die passend zugeschnittenen Rechtecke zu Halmen rollen, wie auf Seite 41 / 42 beschrieben. Diese sollten, abgestimmt auf die Größe und Form des Diamanten, sehr filigran und dennoch stabil sein.

Der Diamant besteht aus insgesamt 72 Halmen unterschiedlicher Länge:

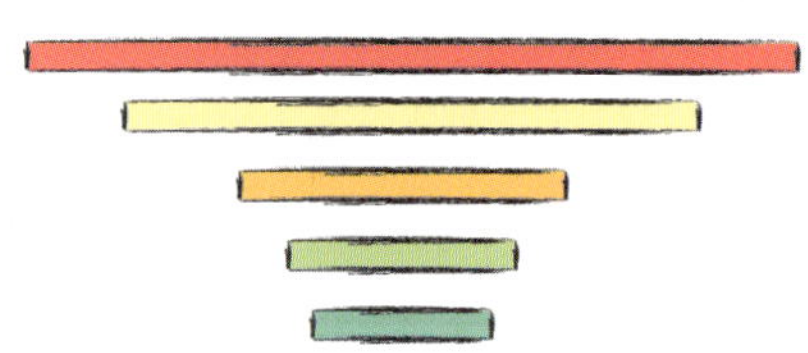

8 Halme à 16,5 × 7 cm
8 Halme à 12,5 × 7 cm
24 Halme à 7 × 7 cm
24 Halme à 5 × 7 cm
8 Halme à 4 × 7 cm

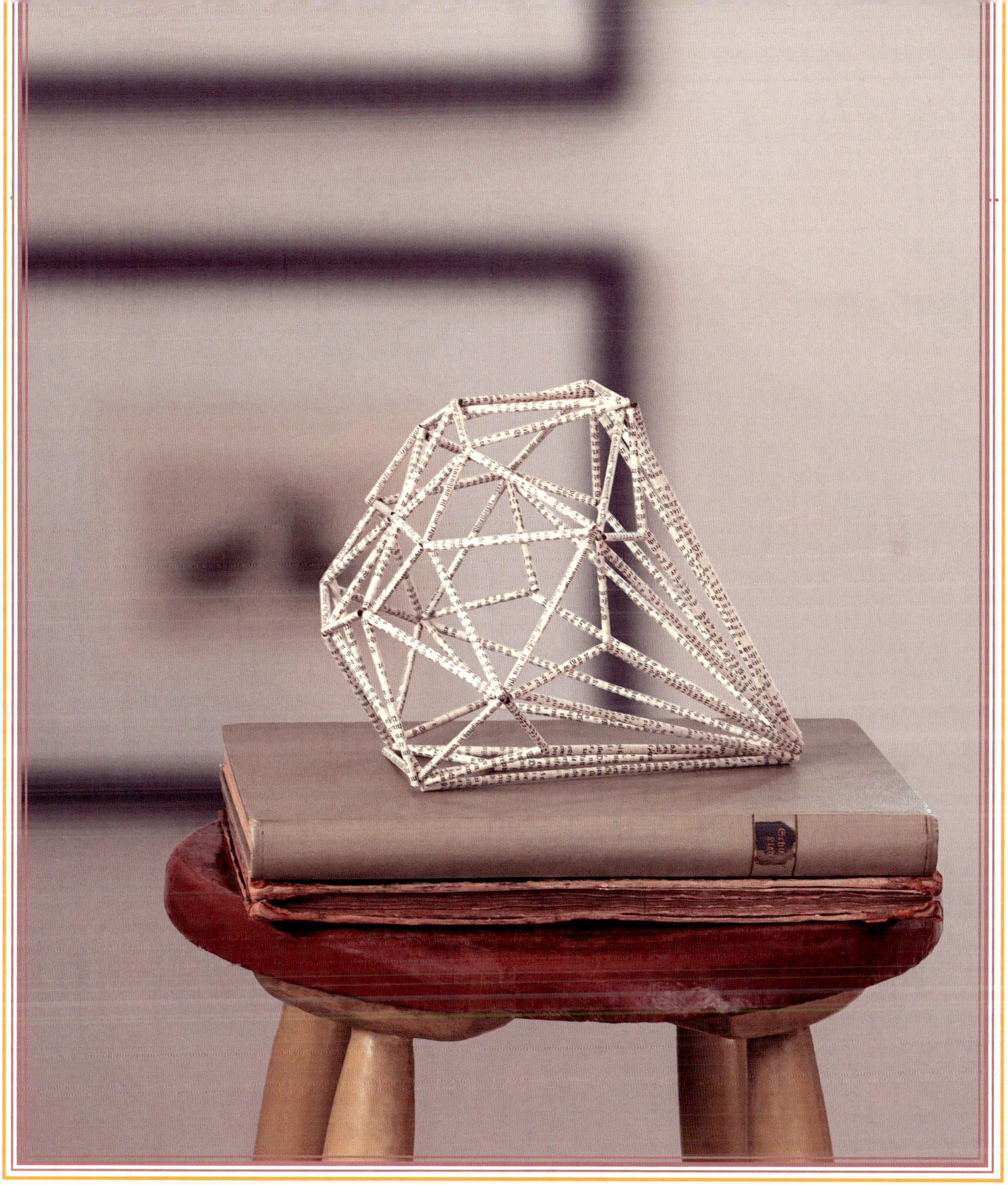

Schritt für Schritt

So gehen Sie vor:

Den Kegel anfertigen

a) 3 Halme in der Reihenfolge 16,5 – 12,5 – 5 cm auffädeln. Das Fadenende so weit überstehen lassen, dass es gut verzogen werden kann.

b) Die beiden Fadenenden festziehen und sorgfältig verknoten. Die Halme bilden jetzt ein Dreieck.

c) Einen 7 cm langen Halm, dann einen 5 cm langen Halm auffädeln.

d) Den Faden festziehen und an der Verbindungsstelle zwischen den beiden kürzeren Halmen festknoten.

e) Das erste Element ist fertig. Um zum Ausgangspunkt für das zweite Element zu gelangen, den Faden durch den gerade angeknoteten 5 cm langen Halm zurückfädeln.

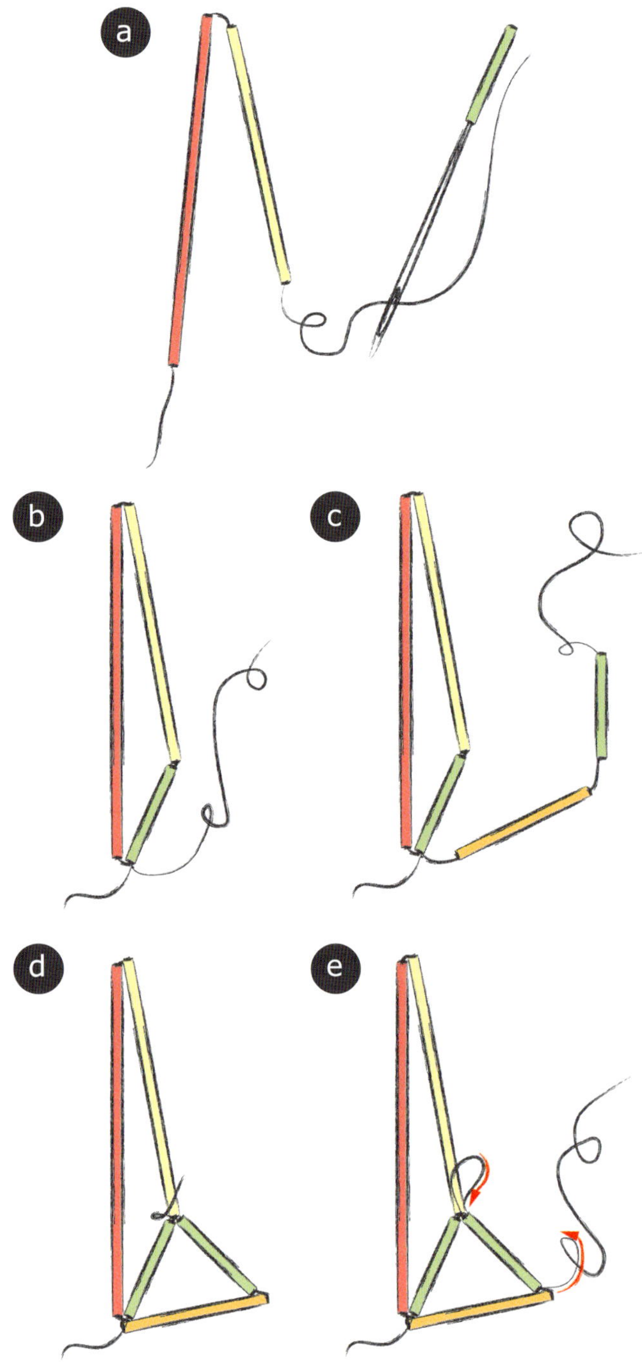

TIPP

Die Knoten sollten möglichst wenig auffallen. Sie gelingen besser, wenn die Nadel vorher abgezogen wird.

f

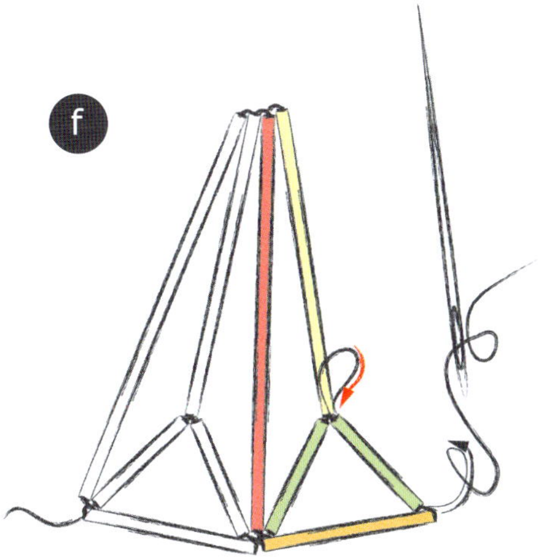

f) Einen 16,5 cm langen Halm auffädeln und den Faden an der oberen Spitze des Elements festknoten. 2 Halme in der Reihenfolge 12,5 – 5 cm auffädeln. Die Schritte c und d wiederholen.

g) Schritt f noch sechsmal wiederholen, bis insgesamt 8 Elemente miteinander verbunden sind. Die Elemente flach auf den Tisch legen.

h) Beide Fadenenden verknoten. Dabei entsteht ein Kegel, der den Diamanten schon erahnen lässt. Das kurze Fadenende in einen anliegenden Papierhalm verziehen, das lange Fadenende einfach hängen lassen.

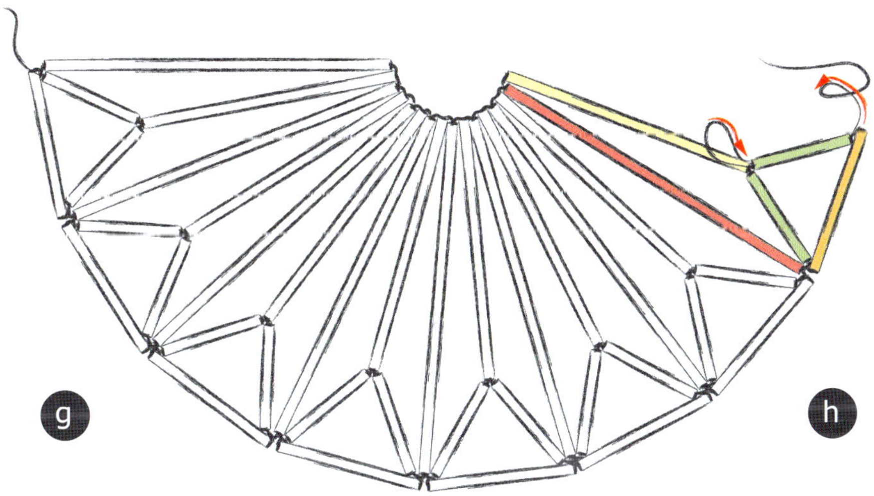

g

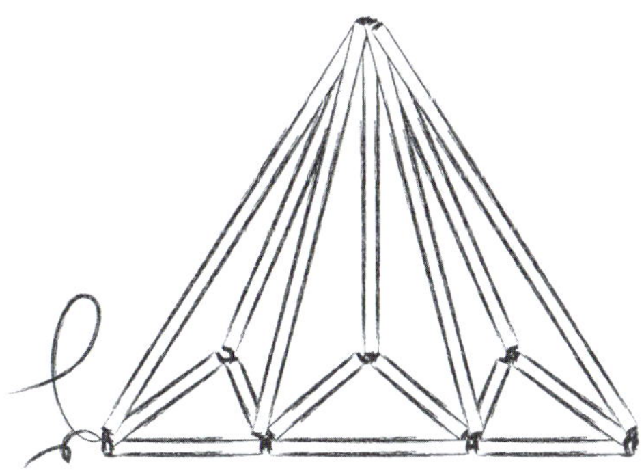

h

a

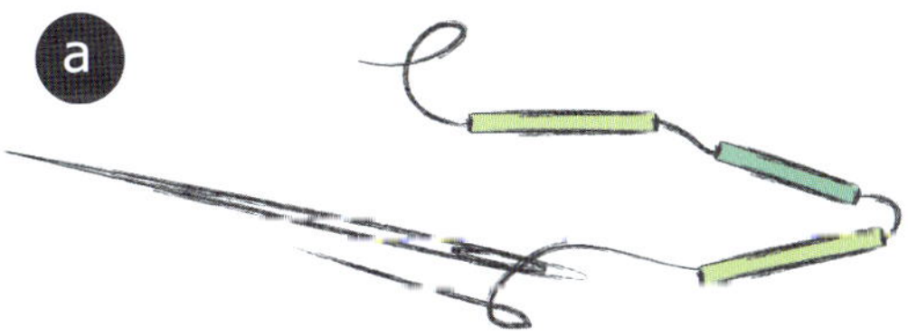

Den Boden herstellen

a) 3 Halme in der Reihenfolge 5 – 4 – 5 cm auffädeln. Die Fadenenden festziehen und sorgfältig verknoten. Das erste Element ist fertig.

b

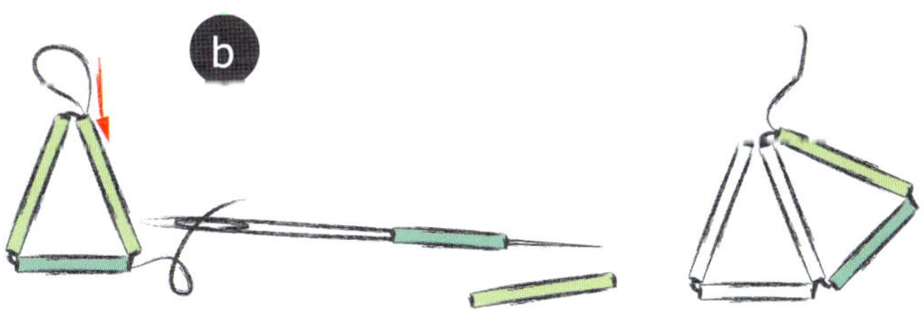

b) Um zum Ausgangspunkt für das zweite Element zu gelangen, den Faden durch einen der beiden längeren Halme zurückführen. Nun 2 Halme in der Reihenfolge 4 – 5 cm auffädeln und den Faden um die Spitze schlingen, sodass ein zweites Dreieck entsteht.

c) Schritt b noch sechsmal wiederholen. Zum Schluss den letzten kürzeren Halm auffädeln und den Faden an der gegenüberliegenden Ecke anknoten. Sie erhalten eine kreisförmige Scheibe aus 8 Dreiecken. Ein Fadenende hängen lassen. Das andere Fadenende in die Mitte verziehen.

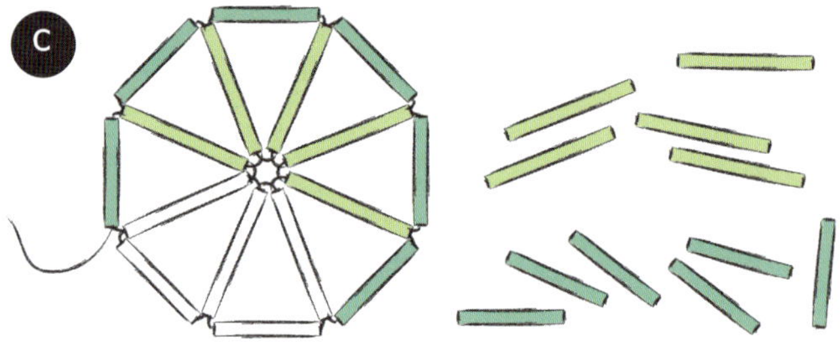

3 Den Diamanten aufbauen

a) Kegel und Boden mit 7 cm langen Halmen verbinden, sodass die Diamantform entsteht. Dafür mit dem Fadenende des Bodens weiterarbeiten. Einen Halm auffädeln, den Faden festziehen und an einer Spitze des Kegels anknoten.

b) Einen weiteren Halm auffädeln und mit der nächsten Spitze des Bodens verbinden. Auf diese Weise fortfahren, bis Boden und Kegel komplett miteinander verbunden sind. Alle Fadenenden verknoten und in anliegende Halme verziehen.

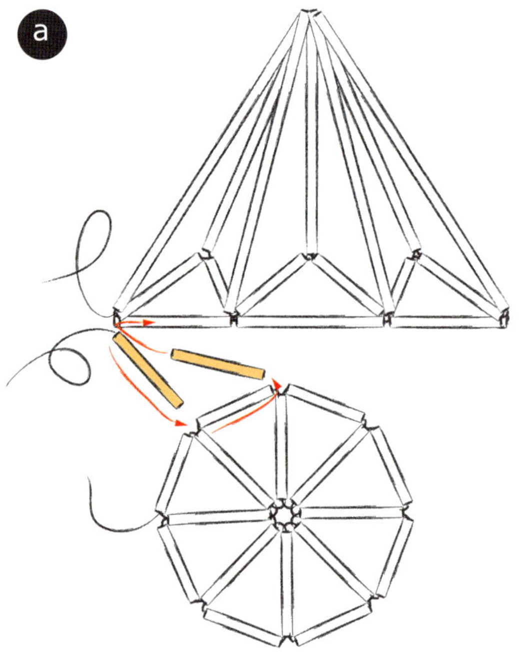

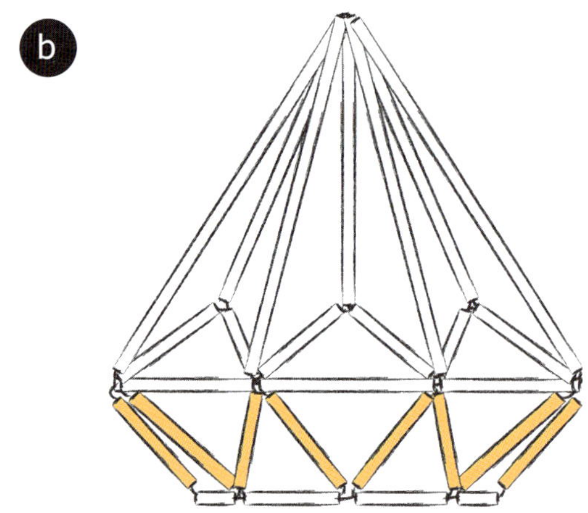

TIPP Wenn das Fadenende, mit dem Sie arbeiten, zu kurz ist, knoten Sie einen weiteren Faden an. Achten Sie darauf, dass der Knoten stabil ist und beim Auffädeln in einem Papierhalm verschwindet.

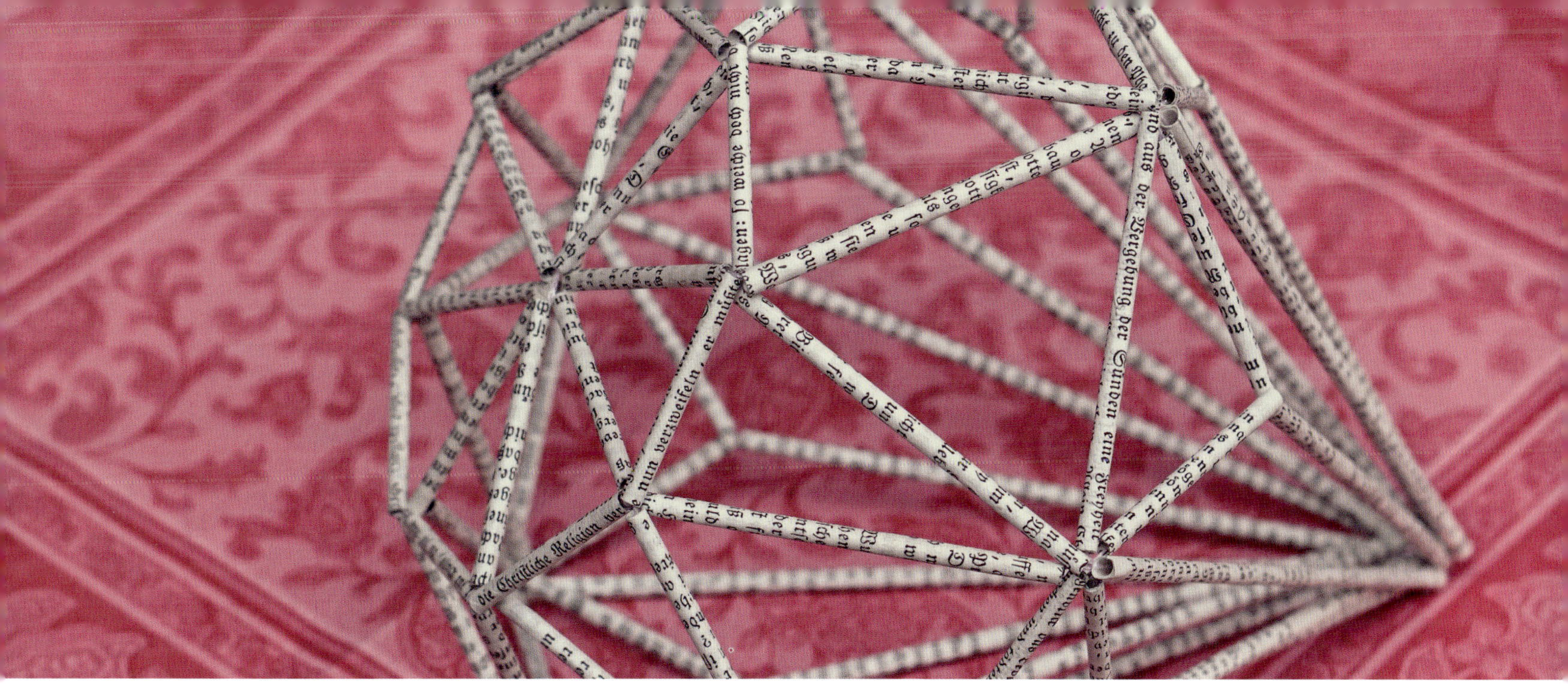

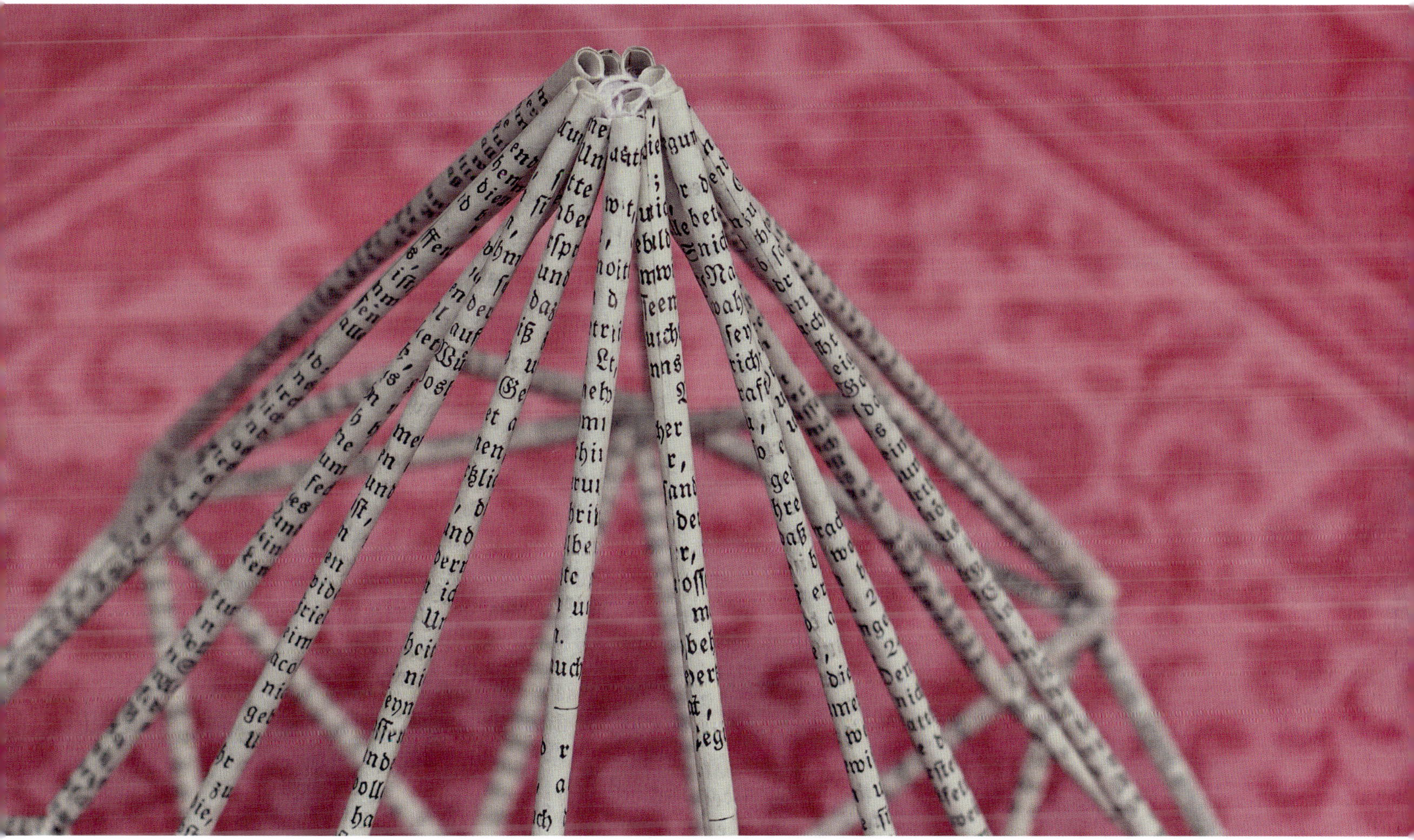

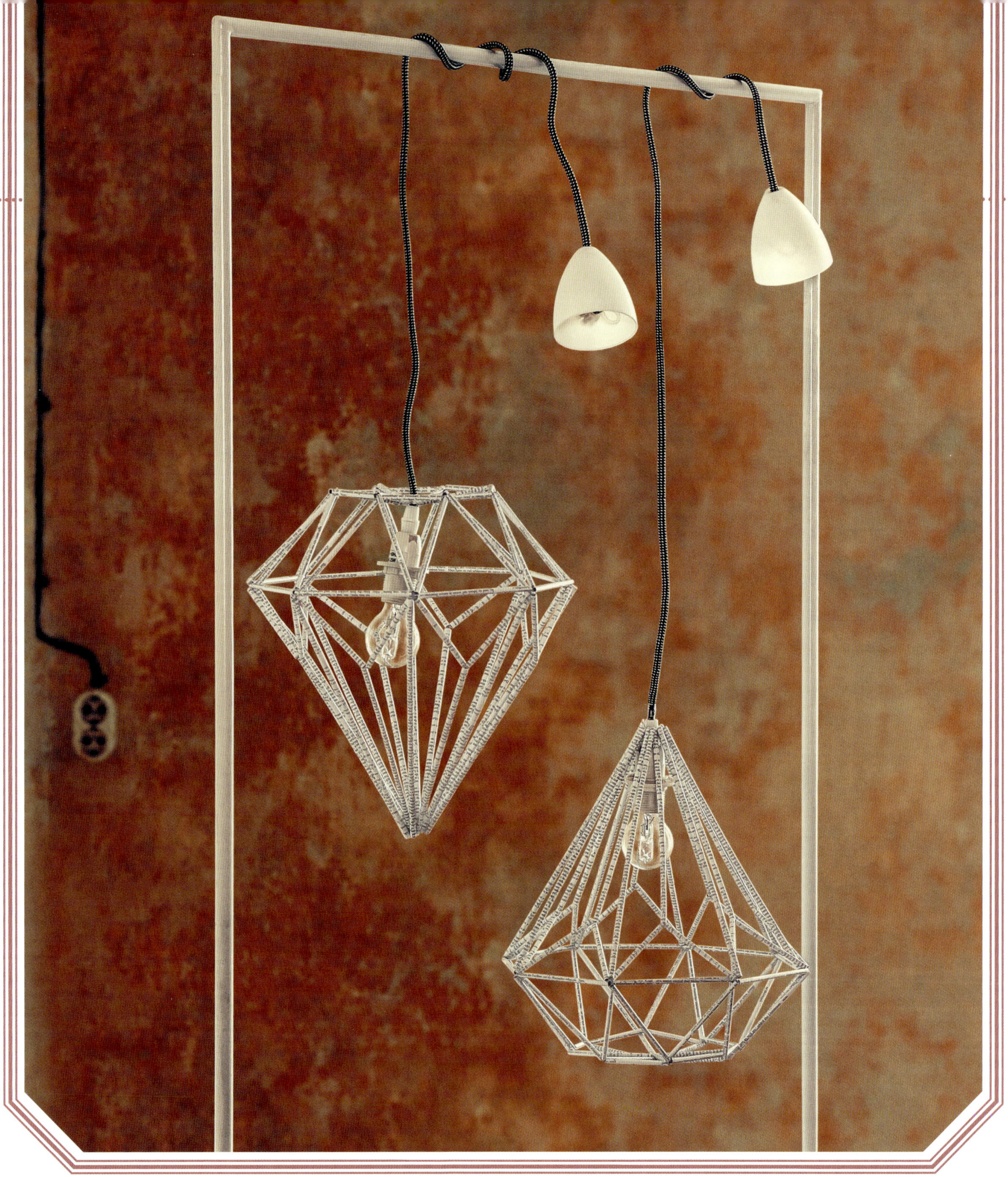

Diamantförmiger Lampenschirm

Ein diamantförmiger Lampenschirm wird alle Augen auf sich ziehen. Folgen Sie der Anleitung ab Seite 64.

Die Papierhalme herstellen

Um als Lampenschirm dienen zu können, muss der Diamant etwas vergrößert werden. Die Wirkung ist besonders harmonisch, wenn die Schrift auf allen Halmen gleicher Länge in dieselbe Richtung verläuft.
Schneiden Sie aus den Buchseiten Rechtecke in folgenden Größen zu:

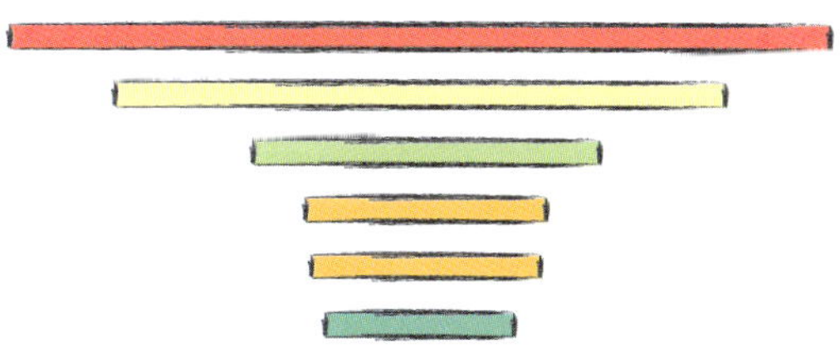

8 Halme à 23,5 × 8 cm
8 Halme à 17,5 × 8 cm
24 Halme à 10 × 8 cm
16 Halme à 7,5 × 8 cm
8 Halme à 7 × 8 cm
8 Halm à 5,5 × 8 cm

Die Lampenfassung – je nach gewünschter Aufhängung – vor dem Schließen des Kegels oder des Bodens einfügen. Normalerweise muss sie ab und zu herausgenommen werden, um das Leuchtmittel zu wechseln. Um den Diamanten dabei nicht zu zerstören, können Sie den Kegel bzw. den Boden mit einem eigenen Faden schließen, der separat aufgeschnitten werden kann.

TIPP

Damit der Lampenschirm stabil genug wird, müssen Sie die einzelnen Halme möglichst eng aufrollen und fest auffädeln.

Inspirationen

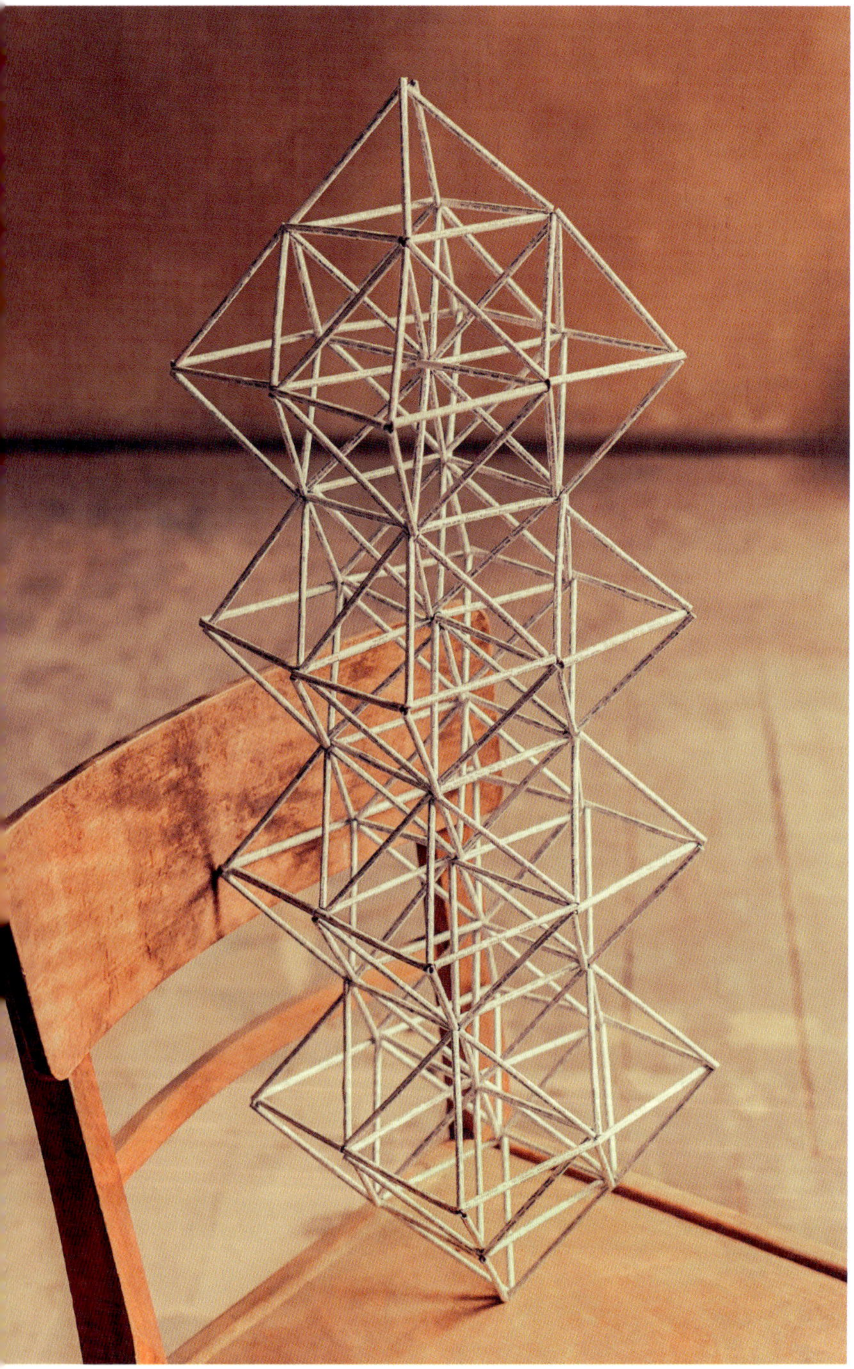

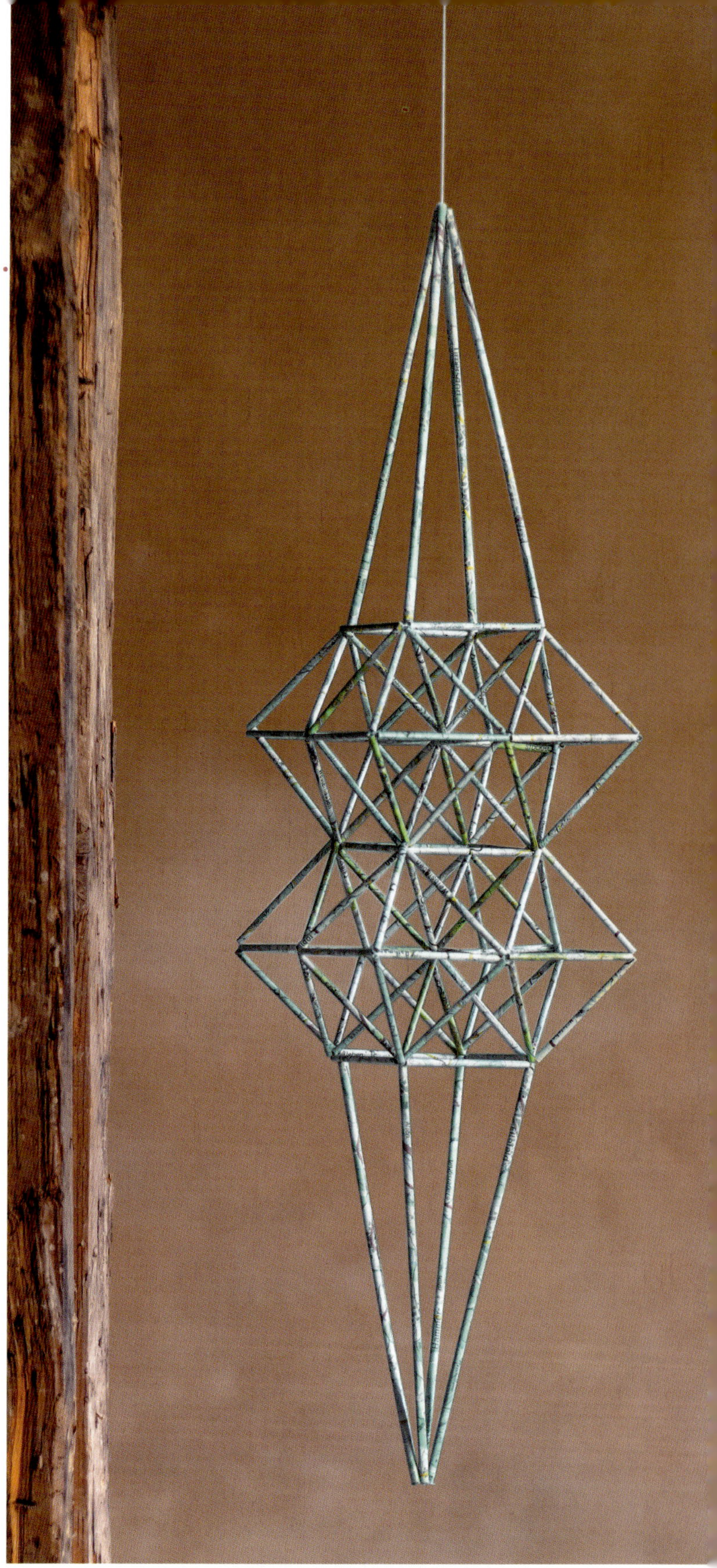

Alle drei Himmelis auf dieser Doppelseite basieren auf dem Oktaeder-Gitter von Seite 49–51.

Bei dem Objekt ganz links wurden an das Oktaeder-Gitter noch zwei Ebenen angebaut. Ich habe dafür Seiten eines nicht mehr aktuellen Dudens verwendet. Rot markierte Begriffe (mit denen im Duden Änderungen von Schreibweisen gemäß der Rechtschreibreform hervorgehoben sind) setzen auf dem ansonsten schwarz bedruckten Papier lebhafte Akzente. Deshalb habe ich beim Schneiden und Rollen der Papierhalme darauf geachtet, möglichst viele rote Schriftzeichen mit einzubeziehen.

Für das Objekt links, das aus einem alten Schulatlas entstanden ist, wurde an das Oktaeder-Gitter eine zusätzliche Ebene angefügt. Außerdem habe ich die Länge der Halme für die obere und die untere Pyramide fast verdreifacht.

Für das rechte Objekt habe ich das Oktaeder-Gitter verbreitert. Ein paar lose herabhängende Oktaeder (siehe Seite 46/47) lockern das Objekt etwas auf. Das rote Garn, mit dem ich die Halme aufgefädelt habe, blitzt an manchen Stellen durch.

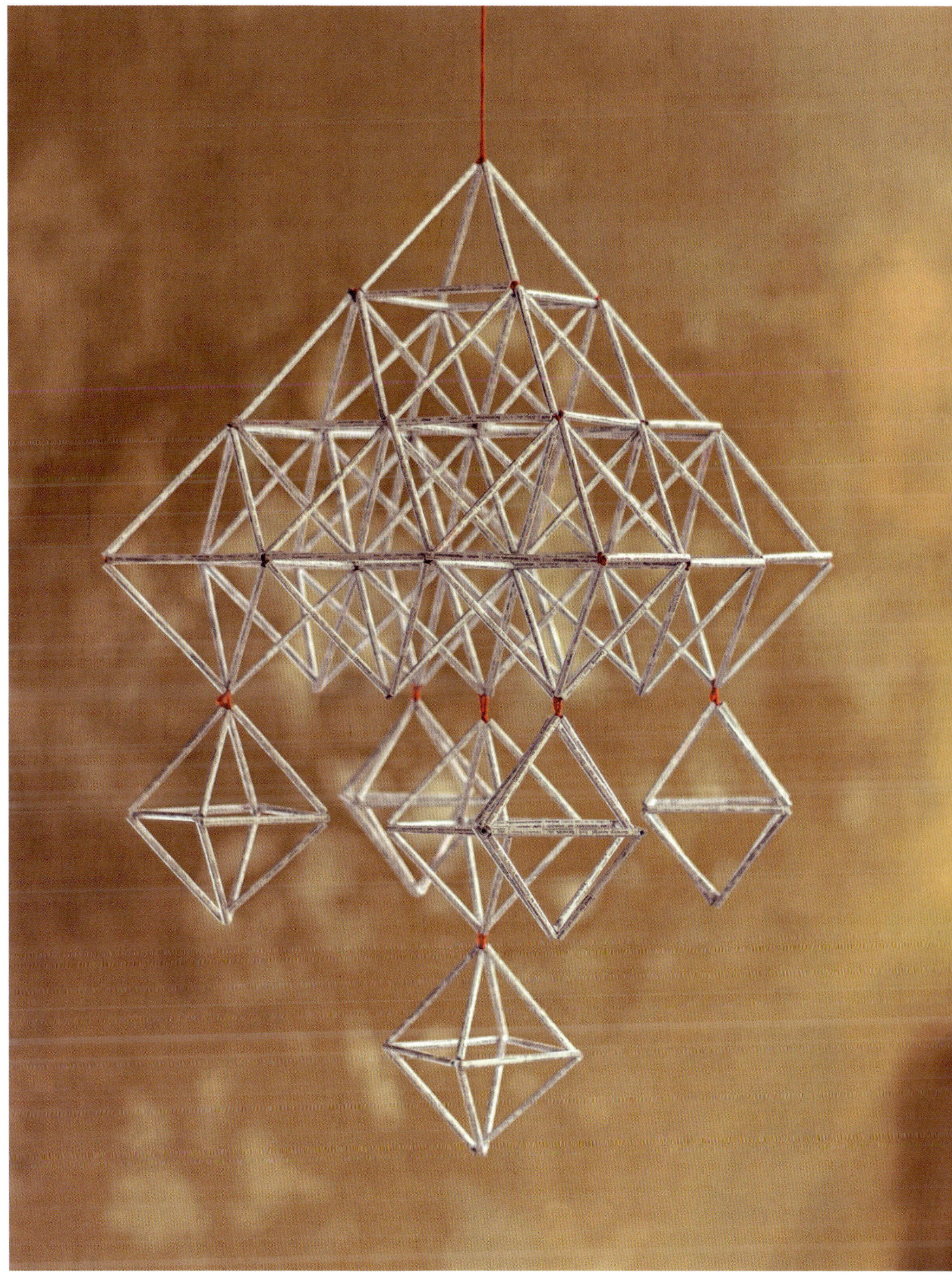

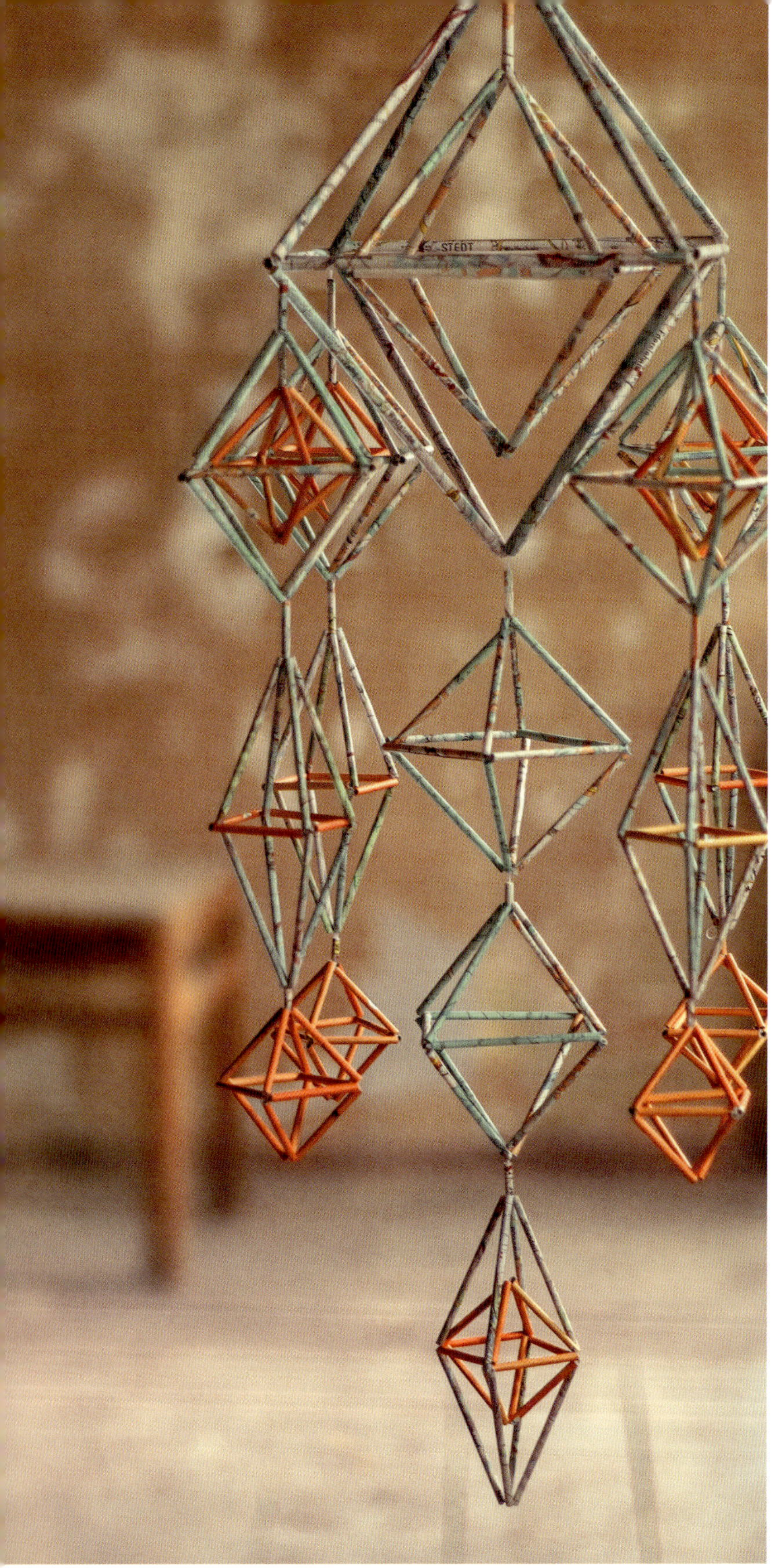

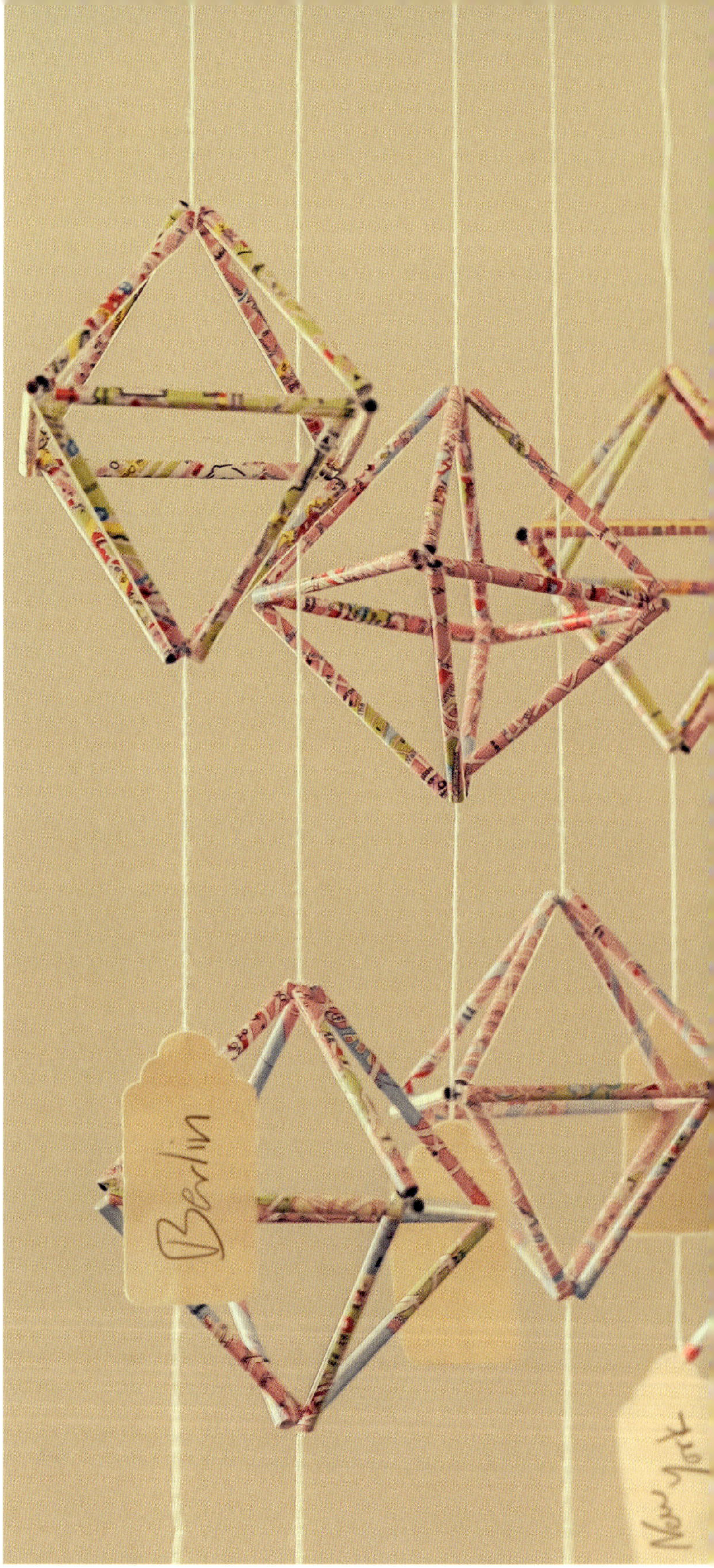
Berlin
New York

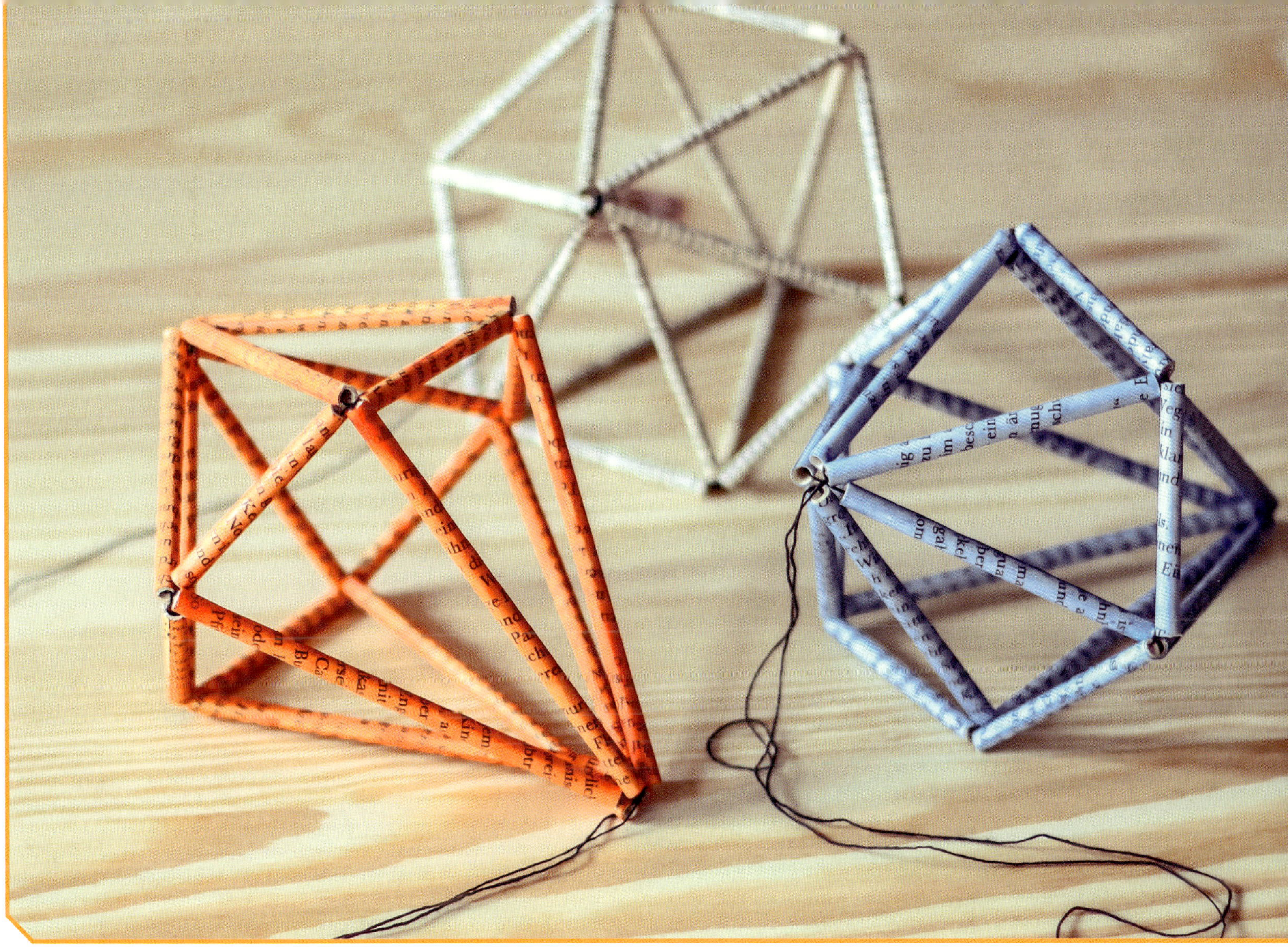

Für das Himmeli ganz links habe ich eine Landkarte aus den 1960er-Jahren verwendet. Einige Halme habe ich so aufgewickelt, dass ein orangefarbener Rand von ca. 1,5 cm sichtbar blieb. Zusätzlich habe ich mit verschiedenen Himmeli-Größen und -Formen gespielt, die auf Seite 46/47 beschrieben sind.

Die Himmelis links sind aus einem alten Reiseführer entstanden. Die Stadtpläne reichten jeweils immer gerade für ein Oktaeder. Die Namen der Städte habe ich auf kleine Anhänger geschrieben, die ich aus den Seitenrändern eines Buches ausgeschnitten habe.

TIPP

Für die bunten Himmeli-Anhänger auf dieser Seite habe ich die Buchseiten vor dem Aufrollen mit Wasserfarben angemalt und trocknen lassen. Wird die Farbe gut verdünnt, bleibt die Textstruktur sichtbar.

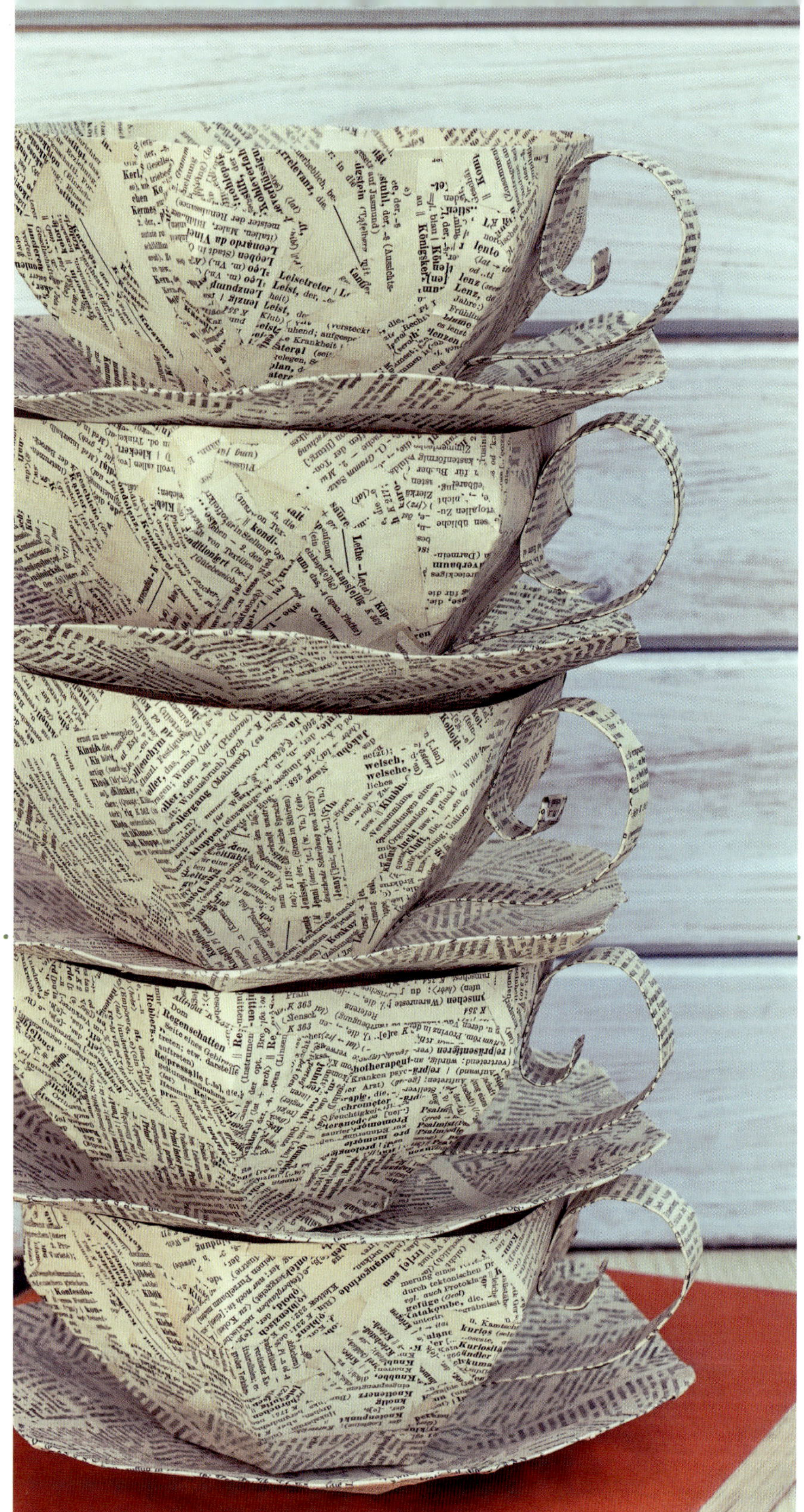

3

Papierporzellan

Kapitel

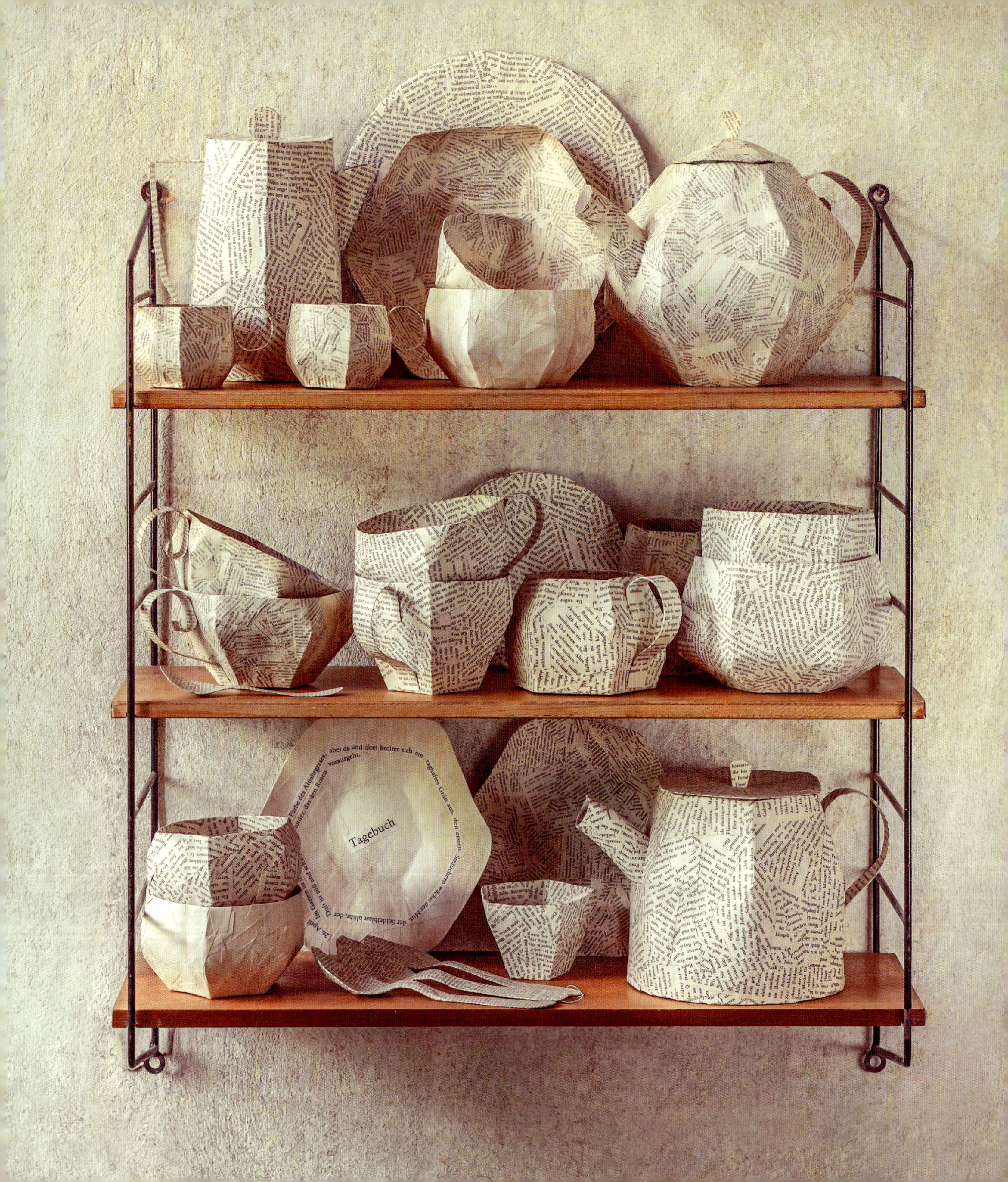
Tagebuch
Farbe des Altjahrgrases, aber da und dort breitet sich ein zaghaftes Grün aus, den ersten Sträuchern wächst der Mut, der Seidelblast blüht, der
26. April
Im Garten ist
Duft ist süß und
under, das den Rosen vorausgeht.

Papierporzellan

Vor ein paar Jahren bekam ich eine chinesische Teetasse geschenkt. Das Porzellan war so dünn und zart wie Papier. Und schon war die Idee des Papierporzellans geboren.

Die Geschichte des Papiers führt uns zurück ins alte China. Die Kunst der Papierherstellung wurde zum ersten Mal im Jahr 105 n. Chr. erwähnt. Schon damals diente Papier als Schriftträger. Mehrere Jahrhunderte lang gelang es den Chinesen, das Geheimnis der Papierherstellung zu hüten. Erst im 12. Jahrhundert fand das Papier den Weg nach Europa. Auch das Porzellan hat seinen Ursprung in China. Die ersten Porzellangegenstände entstanden dort im 7. Jahrhundert. Der venezianische Kaufmann Marco Polo, der China im 13. Jahrhundert bereiste, brachte das weiße Gold dann mit nach Hause.

Als ich meine erste Tasse anfertigte, kam ich ein drittes Mal mit dem Reich der Mitte in Berührung. Ihr gewünschtes fragiles Aussehen erreichte ich nur mit der für Chinesen so typischen Geduld:
Es galt, den richtigen Zeitpunkt für jeden neuen Schritt abzuwarten – und zu erkennen, wann er gekommen war.

Kaschier-Technik

Ich habe meine Porzellankollektion – Tassen, Teller, Kannen und Besteck – in Kaschiertechnik hergestellt. Dabei werden Papierschnipsel mit Kleister in mehreren Schichten übereinandergeklebt, bis eine stabile Struktur entstanden ist.
Bevor Sie sich an Ihr erstes Kunstwerk wagen, nehmen Sie sich etwas Zeit, um sich mit den Grundlagen der Kaschiertechnik vertraut zu machen.

Auf die Vorbereitung kommt es an

Papierauswahl

Buchseite ist nicht gleich Buchseite. Zum Kaschieren sollten Sie besonders saugfähiges und geschmeidiges Papier verwenden. Ich verlasse mich bei der Auswahl auf meinen haptischen Eindruck: Fassen sich die Buchseiten wie Stoff an, sind sie optimal. Auch das Volumen des Papiers spielt eine Rolle. Je dünner es ist, desto filigraner fällt das Ergebnis aus und umso besser lassen sich Details ausformen. Allerdings nimmt das Kaschieren auch mehr Zeit in Anspruch.

Klebeband

Verwenden Sie nach Möglichkeit Klebeband auf Papierbasis; es ist geschmeidig und legt sich willig in Form. Die beste Erfahrung habe ich mit japanischem Klebeband gemacht. Es lässt sich leicht verarbeiten und trägt nicht auf. Natürlich können Sie auch auf preiswertes Kreppband aus dem Baumarkt zurückgreifen.

Kleister

Kaschiert wird mit Kleister aus Zellulose, der im Bastelbedarf erhältlich ist. Stattdessen können Sie auch Tapetenkleister ohne klebkraftverstärkende Zusätze verwenden. Kleister ist normalerweise in Pulverform erhältlich und wird portionsweise mit Wasser angerührt. Seine Konsistenz kann jederzeit verändert werden. Zum Auftragen verwenden Sie am besten einen Pinsel. Kleister trocknet farblos. Flecken lassen sich mit kaltem Wasser auswaschen.

Schablone

Möchten Sie das gewünschte Objekt nicht frei von Hand formen, müssen Sie mit einer Vorlage bzw. Schablone arbeiten. Zu allen Objekten in diesem Kapitel gibt es Vorlagen im Anhang, die Sie durch Fotokopieren, Abpausen oder Einscannen auf festes Papier übertragen können. Die Anfertigung einer Schablone aus stabilem Karton ist dann ratsam, wenn Sie ein Objekt mehrfach herstellen möchten. Bei Bedarf können Sie die Vorlagen auf die gewünschte Größe vergrößern oder verkleinern.

TIPP

Kaschieren ist eine feuchte und klebrige Angelegenheit. Tragen Sie entsprechende Arbeitskleidung, und decken Sie Ihren Arbeitsplatz ab.

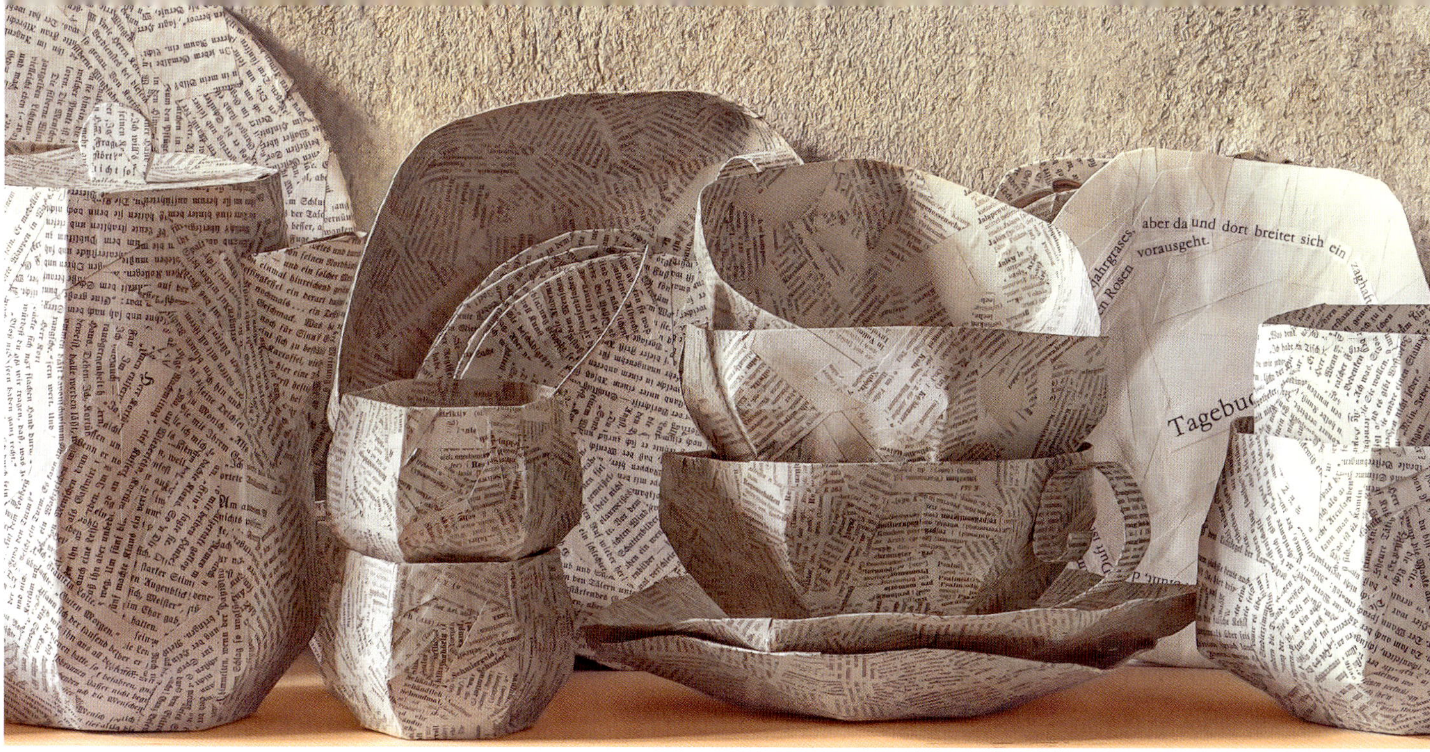

Jetzt kann es losgehen!

Die Grundform herstellen

Zum Kaschieren benötigen Sie eine Grundform in Gestalt des fertigen Objekts. Sie dient als Gerüst und sollte aus festerem Papier bestehen. Entweder wird sie durch direktes Übertragen der Vorlage auf das Papier oder mithilfe einer Schablone hergestellt, deren Konturen Sie mit einem Stift nachfahren. Ist die Grundform größer als das Trägerpapier, muss sie in Einzelteile zerlegt und anschließend mit Klebeband zusammengefügt werden.
Die Linien, die eingeschnitten werden müssen, markieren Sie am besten an beiden Enden durch zwei Einstiche mit einer Nadel und zeichnen sie dann mit dem Bleistift unter Zuhilfenahme eines Lineals ein.
Die Form wird nach Anleitung mit Klebeband zusammengefügt. Dabei immer sowohl die Innen- als auch die Außenfläche bekleben und den Rand mit einbeziehen.

TIPP Wenn Sie für die Grundform Papier mit einem Gewicht von mindestens 200g/m² verwenden, haben Sie später viel weniger Arbeit.

Schichten aufbauen

Auf die fertige Grundform werden Schichten klein gerissener oder geschnittener Papierschnipsel aufgeklebt. Deren Größe richtet sich nach der Größe des Objekts. Für die Teetassen habe ich ca. 6 × 6 cm große Papierquadrate zugeschnitten und meist noch einmal in Dreiecke zerteilt. Die Papierschnipsel vor dem Auftragen portionsweise mit Kleister einpinseln und ziehen lassen, bis das Papier gut durchfeuchtet ist. Auch die zu beklebende Fläche wird eingekleistert, sollte dabei aber nicht durchfeuchtet werden. Anschließend die Papierfetzen zügig aufkleben und mit leichtem Druck anreiben, bis alle Falten geglättet sind. Das geht im Großen und Ganzen recht einfach. Knifflig wird es lediglich an den Kanten, an besonders schmalen Stellen und an der Innenseite von spitzen Wölbungen. Bei Bedarf können Sie die Schnipsel einfach noch weiter zerkleinern.
Meist lassen sich dreieckige Papierschnipsel – die unter Umständen noch zusätzlich eingeschnitten werden – am besten verarbeiten. Wie viele Lagen Sie aufbringen müssen, ist von verschiedenen Faktoren abhängig, etwa der Dicke des Trägerpapiers, der Dicke der Buchseiten, der Größe des Objekts und der gewünschten Stabilität. Nicht

zuletzt spielen auch geschmackliche Vorlieben eine wichtige Rolle – so z.B. die Frage, ob das Ergebnis möglichst fragil oder eher rustikal wirken soll.

TIPP Falls ein Modell während der Bearbeitung durch das Eindringen von Feuchtigkeit „aus dem Leim zu gehen" droht, lasse ich es zwischendurch antrocknen, bis es wieder stabil ist.
Kleine Unregelmäßigkeiten sollten Sie nicht stören – im Gegenteil: Sie verleihen einem Gegenstand oft ganz besonderen Charme.

Der letzte Schliff

Ich mache mir schon bei der Papierauswahl Gedanken über das gewünschte Aussehen des fertigen Gegenstands und wähle die Buchseiten, die ich verwenden möchte, unter anderem nach dem Schriftbild aus. Schöne Überschriften oder ansprechende, kurze Textpassagen lege ich sofort zur Seite, ebenso wie besonders formschöne Schnipsel, die beim Zerkleinern der Buchseiten entstehen. Sie werden ganz zum Schluss sorgfältig und vorausschauend aufgebracht und verleihen den Gegenständen ihr endgültiges Aussehen. Streichen Sie jeden Schnipsel mit sanftem Druck so lange mit den Händen oder mit einem weichen Pinsel aus, bis er ganz glatt ist und gut klebt.

Trocknen lassen

Der Trocknungsprozess sollte, wenn möglich, nicht künstlich beschleunigt werden. Im Sommer lassen Sie die Objekte am besten an der frischen Luft im Halbschatten, im Winter drinnen bei normaler Raumtemperatur trocknen. Zugluft ist zu vermeiden.
Es empfiehlt sich, die Objekte auf ein Drahtgitter zu legen, damit sie von allen Seiten belüftet werden. Ist das nicht möglich, können Sie sich mit einer wasserfesten Unterlage (z. B. Küchenfolie) behelfen – allerdings verlängert sich so die Trockenzeit.
Während des Trocknungsprozesses sollte das Objekt immer wieder gewendet und auf Unregelmäßigkeiten (z. B. Blasenbildung) überprüft werden. Gegebenenfalls müssen Sie nacharbeiten. Da Kleister nur langsam trocknet, ist das meist kein Problem.

TIPP

Beim Bekleben und beim Trocknenlassen ist Geduld gefragt.

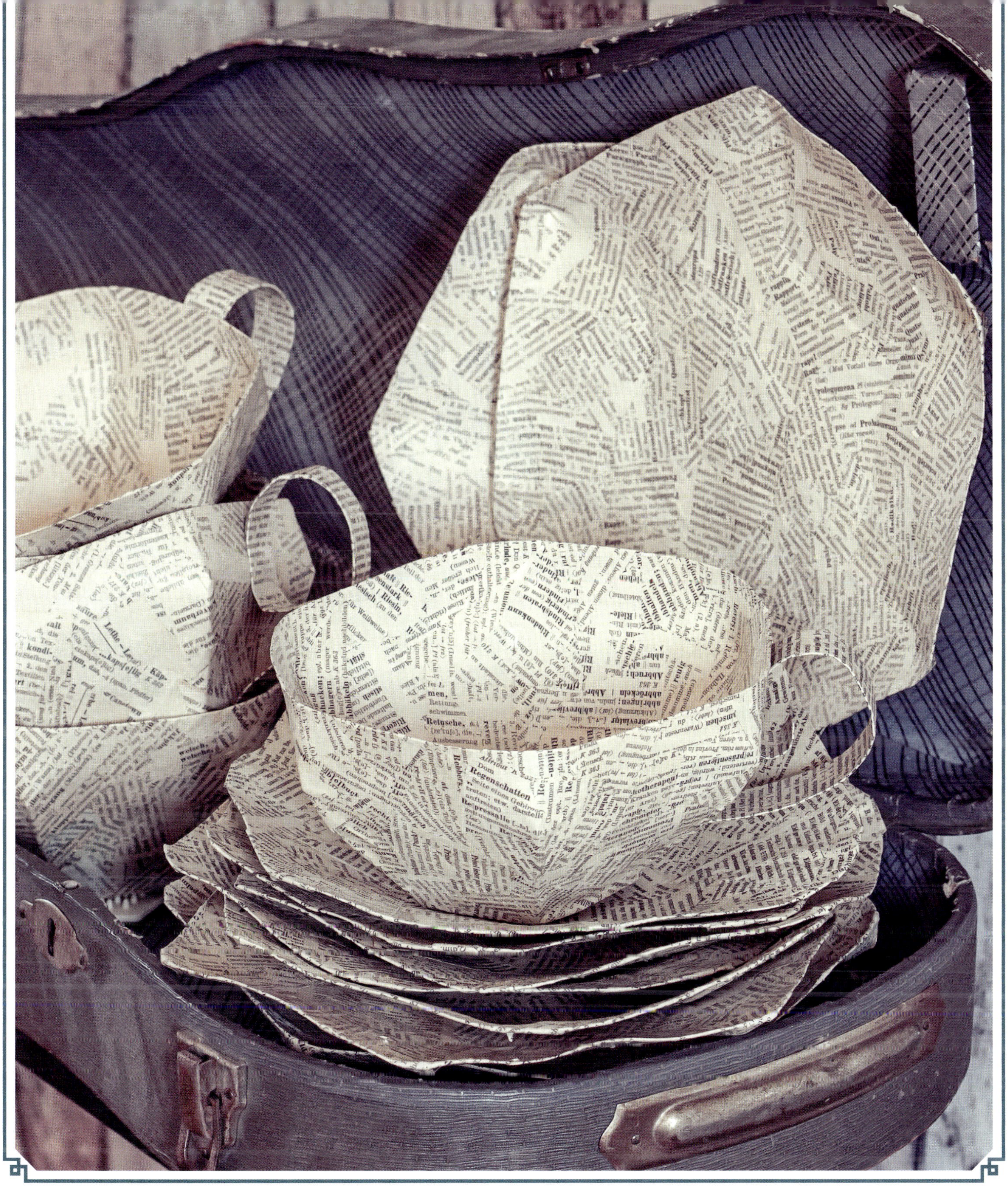

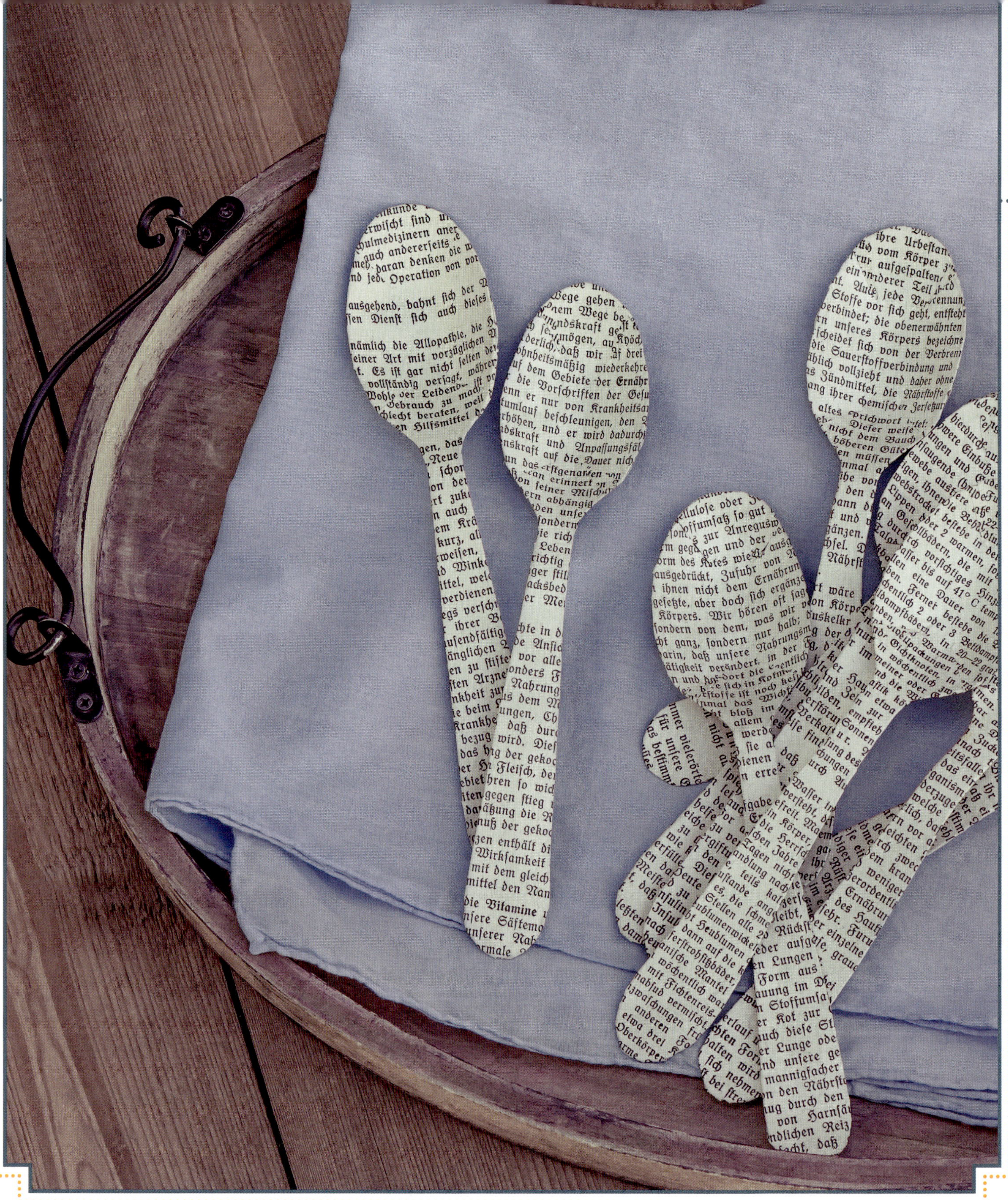

Löffel

Der Löffel ist der Ursprung unseres heutigen Bestecks. Seine Form ist der schöpfenden Hand nachempfunden. Ein Löffel besteht aus zwei Teilen – dem Stiel und der Laffe.
Im Mittelalter galten aufwendig verzierte Löffel als Prestigeobjekte und spielten sogar bei der Brautwerbung eine große Rolle. Kein Wunder, dass schon damals auf eine elegante, ausgewogene Grundform Wert gelegt wurde.

Kaffee- bzw. Teelöffel: 13,5 cm, Esslöffel: 19 cm

Diese schlichten Löffel sind relativ einfach herzustellen und deshalb als Einstieg in die Kunst der Papierporzellanherstellung gut geeignet.

Das brauchen Sie:

Materialien

- alte Buchseiten
- festes Papier oder dünner Paperback-Einband für die Grundformen
- Kopiervorlagen von Seite 152
- Klebstoff
- Kleister
- Klebeband
- Transparentpapier, z. B. Backpapier

Hilfsmittel

- Schere, evtl. Skalpell
- Bleistift
- Stopfnadel
- Pinsel
- Wasserglas
- wasserfeste Unterlage
- Putzlappen
- engmaschiger Draht oder Küchenfolie

Schritt für Schritt

So gehen Sie vor:

1 Die Grundform herstellen

Die Konturen des Löffels mithilfe der Vorlage oder einer Schablone auf festes Papier übertragen, den Löffel ausschneiden und an den Markierungen keilförmig einschneiden.

a) Um den Löffel in Form zu biegen, zunächst seine schmalste Stelle direkt am Übergang vom Stiel zu Laffe kurz über einen Bleistift ziehen. Die entstandene Wölbung durch vorsichtiges Umwickeln mit Klebeband fixieren.

b) Die Laffe ausformen. Dafür jeweils die Kanten der keilförmigen Einschnitte bündig aneinanderlegen und mit Klebeband fixieren. Die Breite der Einschnitte entscheidet über die Tiefe der Laffe.
Sind alle vier Einschnitte überklebt und hat die Laffe die gewünschte Form, können Sie die Kanten auf der Laffenunterseite zwischen Daumen und Zeigefinger geschmeidig kneten. Eventuelle Überstände am Rand vorsichtig abschneiden.

c) Zum Schluss den Übergang zwischen Stiel und Laffe von hinten mit einem längs aufgebrachten Streifen Klebeband stabilisieren.

a

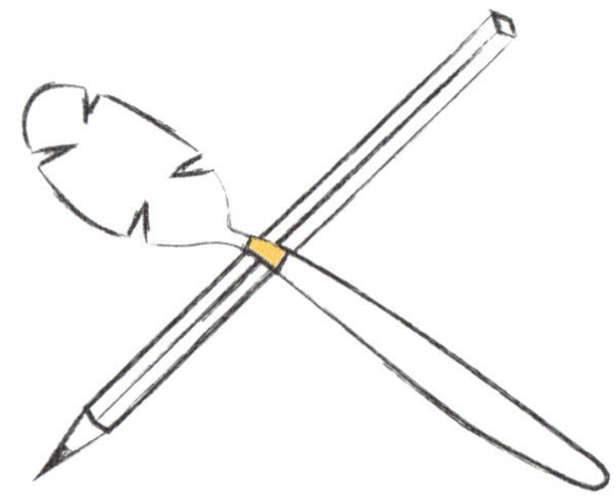

b

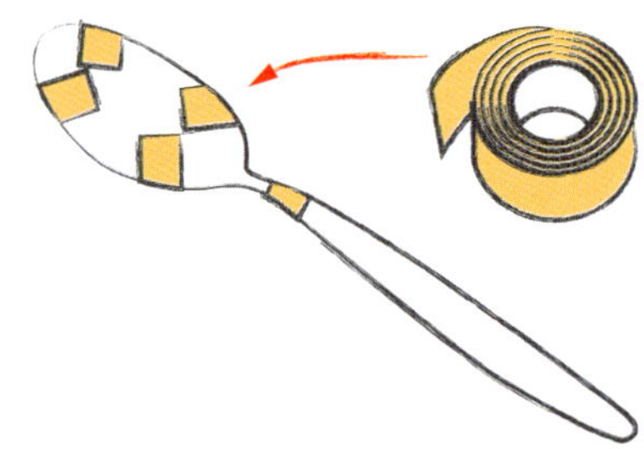

c

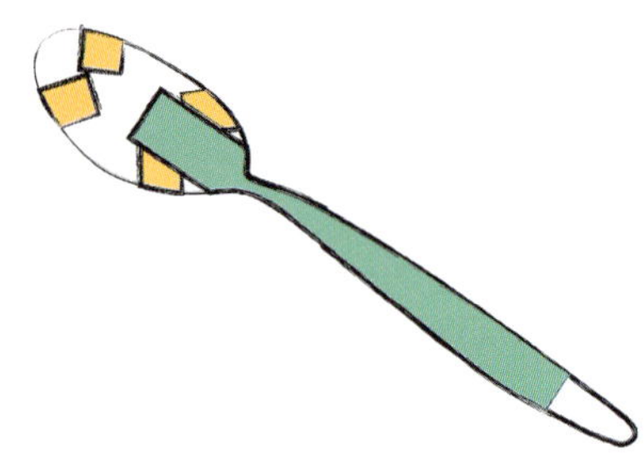

2 Den Löffel kaschieren

Die fertige Grundform mit Papierschnipseln kaschieren. Tragen Sie so viele Schichten auf, bis der Löffel in sich stabil ist.

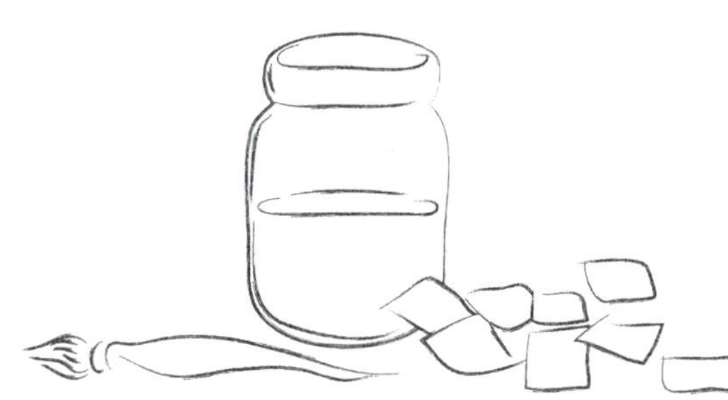

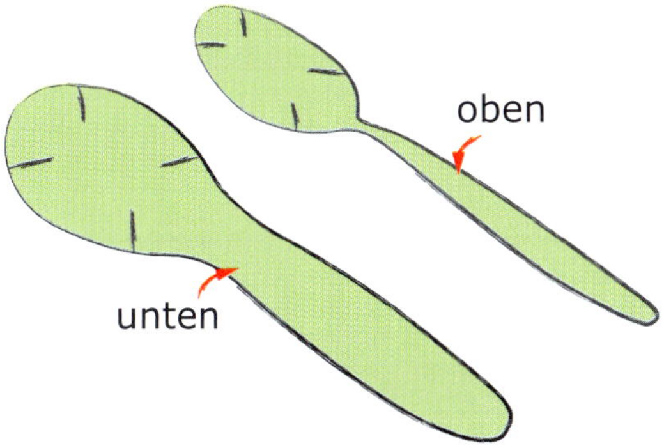

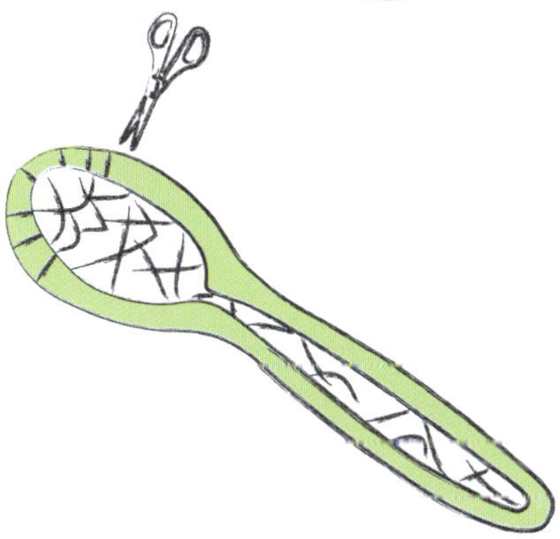

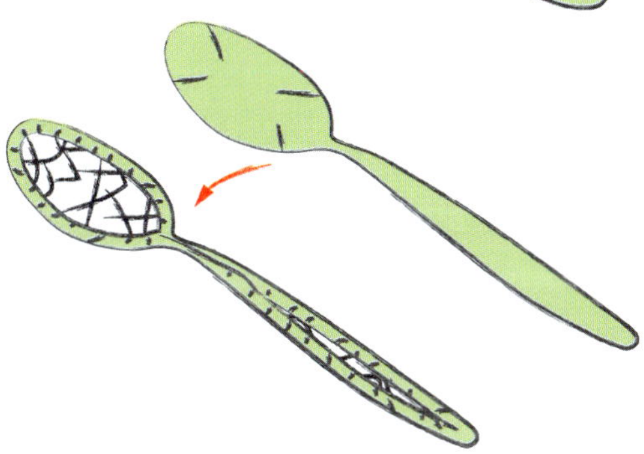

Der letzte Schliff 3

Beim Auftragen der letzten Schicht daran denken, dass sie dem Löffel sein „Gesicht“ verleiht.

TIPP Wenn Sie für den „Bezug“ ein geschlossenes Schriftbild wünschen, können Sie mit Ihrer Vorlage oder Schablone arbeiten. Eine Schablone aus Transparentpapier erleichtert das exakte Festlegen der Ausschnitte. Für die Oberseite des Löffels einen Bezug nach Schablone A mit einer Zugabe von 5–7 mm zuschneiden. Dabei die Keile nicht ausschneiden, sondern nur einschlitzen.
Den Bezug mit Kleister bestreichen und auf den Löffel setzen. Den Überstand rundherum in sehr kleinen Abständen bis an den Löffelrand einschneiden, um den Rand schlagen und auf der Rückseite festdrücken.
Danach einen Bezug nach Schablone A möglichst knapp ohne Keile zuschneiden und auf die Rückseite des Löffels kleben. Eventuelle Überstände mit der Schere korrigieren.

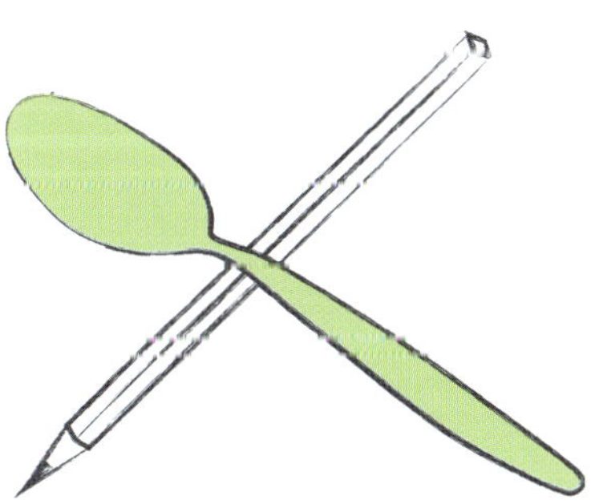

Trocknen lassen 4

Den fertigen Löffel langsam trocknen lassen. Zur Stabilisierung der Form unter den gewölbten Teil des Stiels am besten einen Stab (z. B. einen Bleistift) legen. Ist der Löffel vollständig getrocknet und ausgehärtet, kann er nach Belieben verwendet oder weiterbearbeitet werden.

Inspirationen

Löffel mit Steppnaht und „Halsband“ (3, 8, 9, 11)

Ein roter Faden zieht sich durch die weißen Buchseiten. Die großen Löffel habe ich unter die Nähmaschine gelegt, die kleinen mit Ahle und Stopfnadel bearbeitet. Für Stepparbeiten müssen die Löffel besonders dünn gearbeitet sein.

Löffel mit Stickmuster (2, 15)

Auf Papierporzellan lässt es sich wunderbar sticken. Hier habe ich die alte Technik der Fadengrafik ausprobiert. Verwenden Sie den Kochlöffel und die Stickvorlagen von Seite 151. Zum Sticken benötigen Sie farbigen Zwirn. Die Löcher müssen mit einer Ahle vorgestochen werden.

TIPP Ist das Trägerpapier für die größeren Löffel zu klein, müssen Sie stückeln. Die Einzelteile vollflächig mithilfe von Klebeband zusammenkleben und den Stiel zusätzlich stabilisieren.

Schaumlöffel (10, 14)

Der Schaumlöffel ist ein interessanter Hingucker. Die Löcher stanzt man am einfachsten mit einem kleinen Locheisen aus. Eine Vorlage finden Sie auf Seite 153.

Tortenheber (6, 13)

Da der Tortenheber eine flache Laffe hat, kommen Abbildungen oder schön gestaltete Texte darauf besonders gut zur Geltung. Die Vorlage finden Sie auf Seite 153.

Kochlöffel mit Gesicht (5, 7)

Für diese beiden Löffel habe ich lange nach geeigneten Motiven gesucht. Damit sie ansprechend wirken, dürfen die Motive weder zu groß noch zu klein sein. Da der Bildausschnitt jeweils nur für die Laffe gereicht hat, habe ich die Löffelstiele mit Papier aus normalen Buchseiten bezogen und dann mit blauer, wasserverdünnter Farbe aus dem Malkasten eingefärbt, um den Kontrast zu reduzieren.
Für den großen Löffel mit der runden Laffe habe ich die Vorlage für den Schaumlöffel verwendet, aber die Löcher weggelassen. Für den schmalen Kochlöffel finden Sie eine Vorlage auf Seite 151.

Musikalischer Löffel (1, 10)

Mit altem, vergilbtem Notenpapier bezogen, wirken größere Löffel wie dieser Pfannenwender und der Schaumlöffel besonders apart. Eine Vorlage für den Pfannenwender finden Sie auf Seite 152.

TIPP Um einen künstlichen Vergilbungseffekt zu erzielen, können Sie weißes Notenpapier in starken schwarzen Tee tauchen. Das Papier trocknen lassen und dann weiterverarbeiten.

Seidiger Löffel (4, 12)

Wenn Sie auf die letzte Papierschicht hauchdünnes Seidenpapier aufkleben, wirkt der Löffel wie mit einer Wachsschicht überzogen.

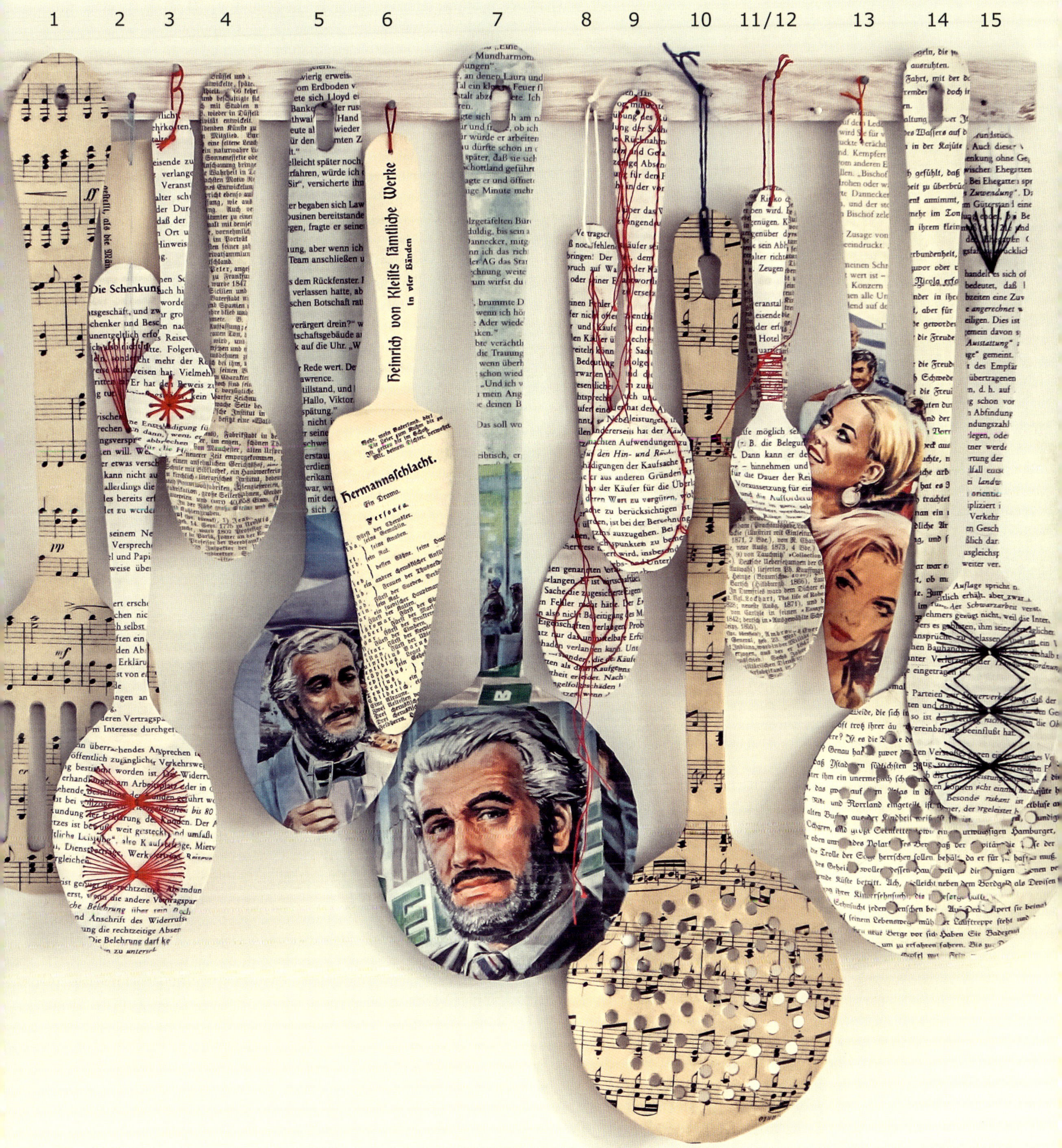
1 2 3 4 5 6 7 8 9 10 11/12 13 14 15
Heinrich von Kleists sämtliche Werke
Hermannsschlacht.

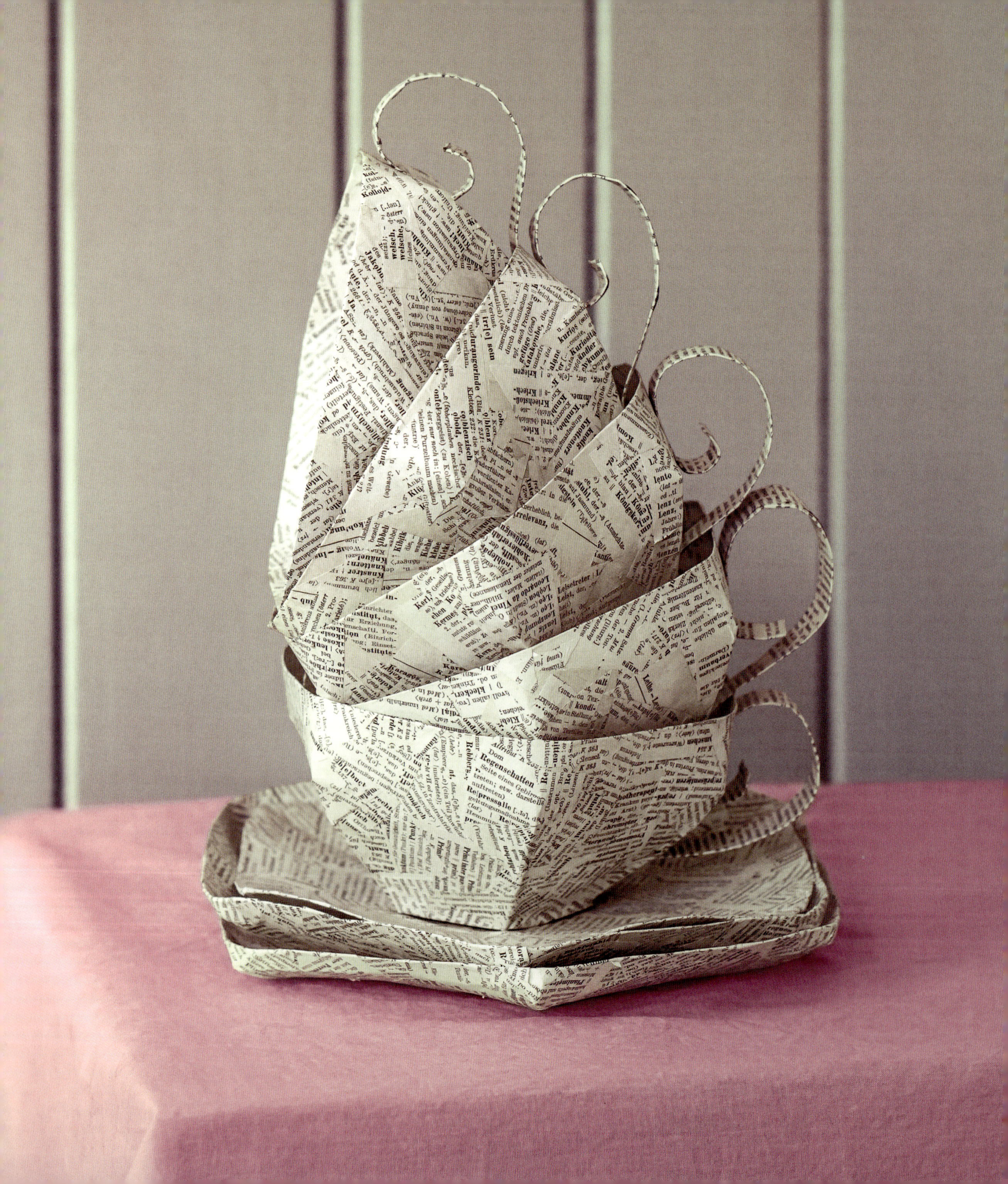

Teegedeck

Untertasse – Durchmesser: 18 cm
Teetasse – Durchmesser: 15 cm, Höhe: 7 cm

Das brauchen Sie:

Materialien

- alte Buchseiten
- festes Papier oder dünner Paperback-Einband für die Grundformen
- Kopiervorlagen von Seite 154
- Kleister
- Klebstoff
- Klebeband
- ablösbares Klebeband

Hilfsmittel

- Schere und evtl. Skalpell mit Schneideunterlage
- Bleistift
- Pinsel
- Stopfnadel
- Wasserglas
- wasserfeste Unterlage
- Putzlappen
- engmaschiger Draht oder Küchenfolie

TIPP

Sobald Sie das Prinzip der Vorlagenerstellung verinnerlicht haben, können Sie eigene Projekte entwickeln und die Vorlagen selbst anfertigen.

Schritt für Schritt

So gehen Sie vor:

1 Die Grundform der Untertasse herstellen

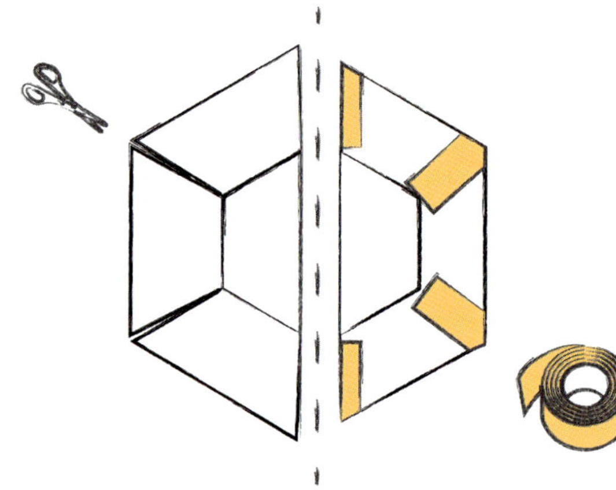

Die Konturen der Untertasse mithilfe der Vorlage oder einer Schablone auf festes Papier übertragen, die Untertasse ausschneiden und an den Markierungen keilförmig einschneiden.
Die Untertasse formen. Dafür jeweils die Kanten der Einschnitte bündig aneinanderlegen und mit Klebeband überkleben. Die Breite der Einschnitte entscheidet über die Tiefe der Untertasse.

2 Die Untertasse kaschieren

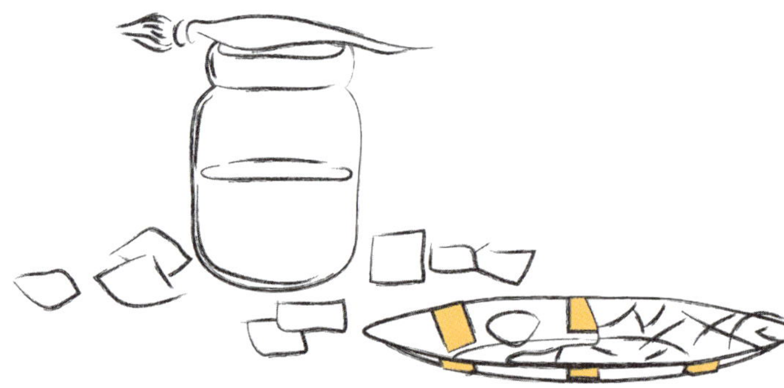

Die Grundform mit Papierschnipseln kaschieren. Wie viele Schichten Sie aufbringen müssen, hängt von der gewünschten Stabilität der Untertasse ab. Kaschieren Sie unbedingt auch den Rand. An den Ecken verwenden Sie dazu am besten dreieckige Papierschnipsel mit spitzem Winkel. Denken Sie beim Auftragen der letzten Schicht daran, dass sie über das Aussehen der Untertasse entscheidet.

3 Die Untertasse trocknen lassen

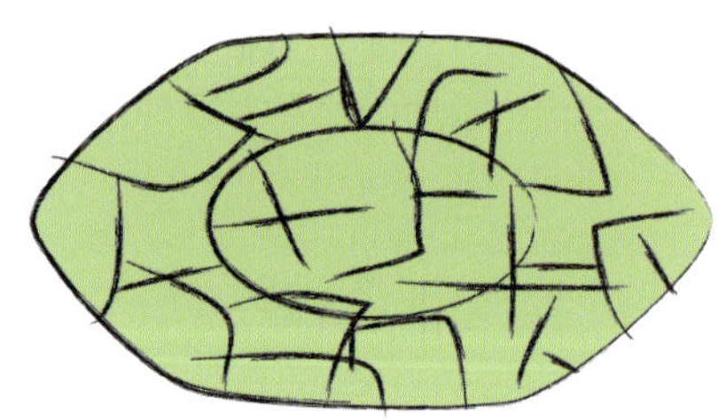

Die fertige Untertasse langsam trocknen lassen und – sofern dafür kein Drahtgitter zur Verfügung steht – immer wieder wenden. Damit die Untertasse sich beim Trocknen nicht verzieht, können Sie sie zwischendurch auf den Kopf stellen und mit einem Buch beschweren, damit alle Kanten flach auf der Arbeitsfläche aufliegen.

TIPP Aus der Vorlage für die Untertasse lässt sich durch Vergrößern eine Vorlage für einen Kuchenteller herstellen.

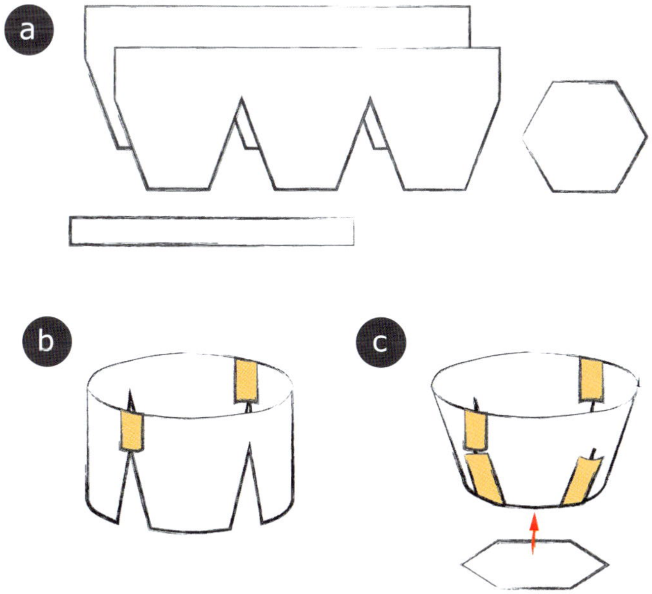

4

Die Grundform der Tasse herstellen

a) Die Konturen aller Tassenteile mithilfe der Vorlagen oder Schablonen auf festes Papier übertragen und die Formen ausschneiden: 1 × den Henkel, 1 × den Boden und 2 × die Wand.

b) Die beiden Teile für die Wand an den kurzen geraden Kanten bündig aneinanderlegen und mit Klebeband zum Ring schließen. Die schrägen Kanten ebenfalls aneinanderlegen und mit Klebeband fixieren. Dadurch erhält die Tasse ihre konische Form.

c) Den Boden bündig anlegen und mit Klebeband am Korpus der Tasse befestigen.

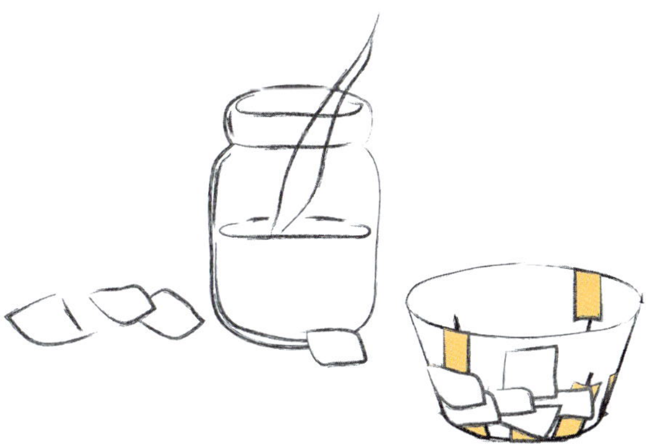

5

Die Tasse kaschieren

Die Grundform mit Papierschnipseln kaschieren. Wie viele Schichten Sie aufbringen müssen, hängt von der gewünschten Stabilität der Tasse ab.

TIPP An fast allen mit Klebeband fixierten „Nähten“ ist das Kaschieren knifflig. Am besten reißen Sie die Papierstückchen dafür in besonders kleine Dreiecke mit spitzem Winkel.

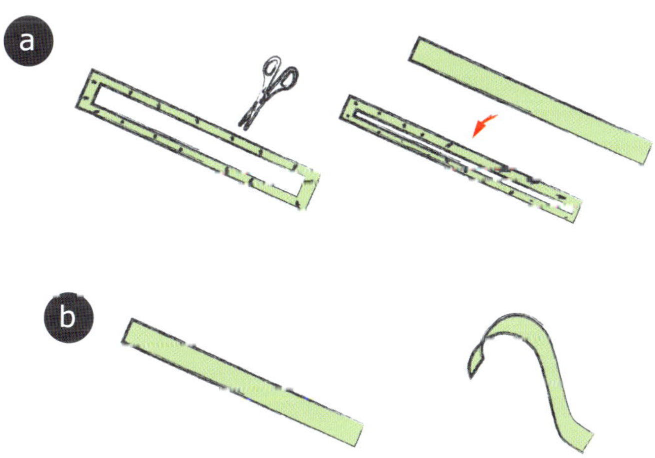

6

Den Henkel kaschieren und trocknen lassen

a) Den Henkel beziehen. Die Konturen des Henkels einmal ohne und einmal mit einer leichten Zugabe auf Papier übertragen und die Bezüge ausschneiden. Den breiten Streifen einkleistern, ziehen lassen, bis er sich voll gesogen hat, und dann auf den Henkel aufsetzen. Den Überstand ein paarmal einschneiden, um den Rand schlagen und festdrücken. Den zweiten Papierstreifen auf die andere Seite des Henkels kleben.

b) Den Henkel vorsichtig in Form biegen. Dafür muss er gut durchfeuchtet sein. Während des Formens den Bezug immer wieder andrücken und glatt streichen.

7 Die Tasse trocknen lassen

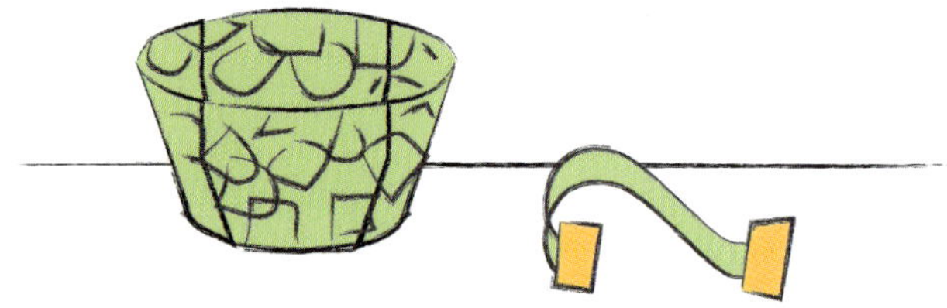

Die Tasse langsam trocknen lassen und – falls kein Drahtgitter zur Verfügung steht – immer wieder wenden.
Den Henkel zum Trocknen mit ablösbarem Klebeband auf einer glatten Unterlage fixieren, damit er seine Form behält.

8 Den Henkel anbringen

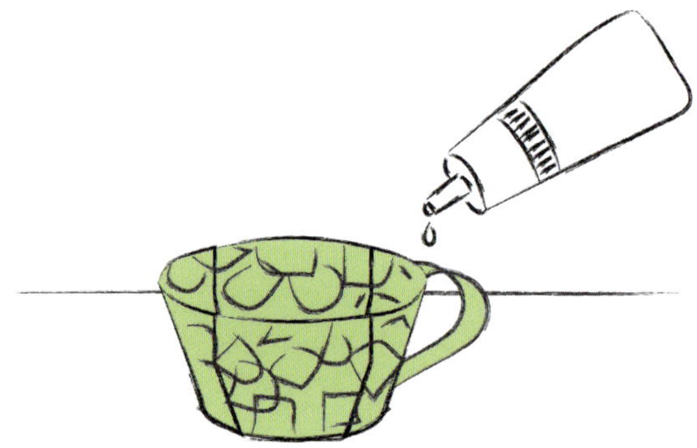

Den Henkel mit Klebstoff erst ankleben, wenn beide Teile vollständig durchgetrocknet sind.

TIPP

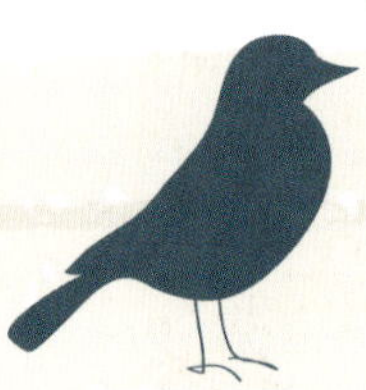

Der Henkel spielt für das Design der Tasse eine wichtige Rolle. Je nachdem, wie er geformt ist, wirkt sie eher verspielt oder eher nüchtern.

Für das Kaffeegedeck finden Sie eine Kopiervorlage auf Seite 155.

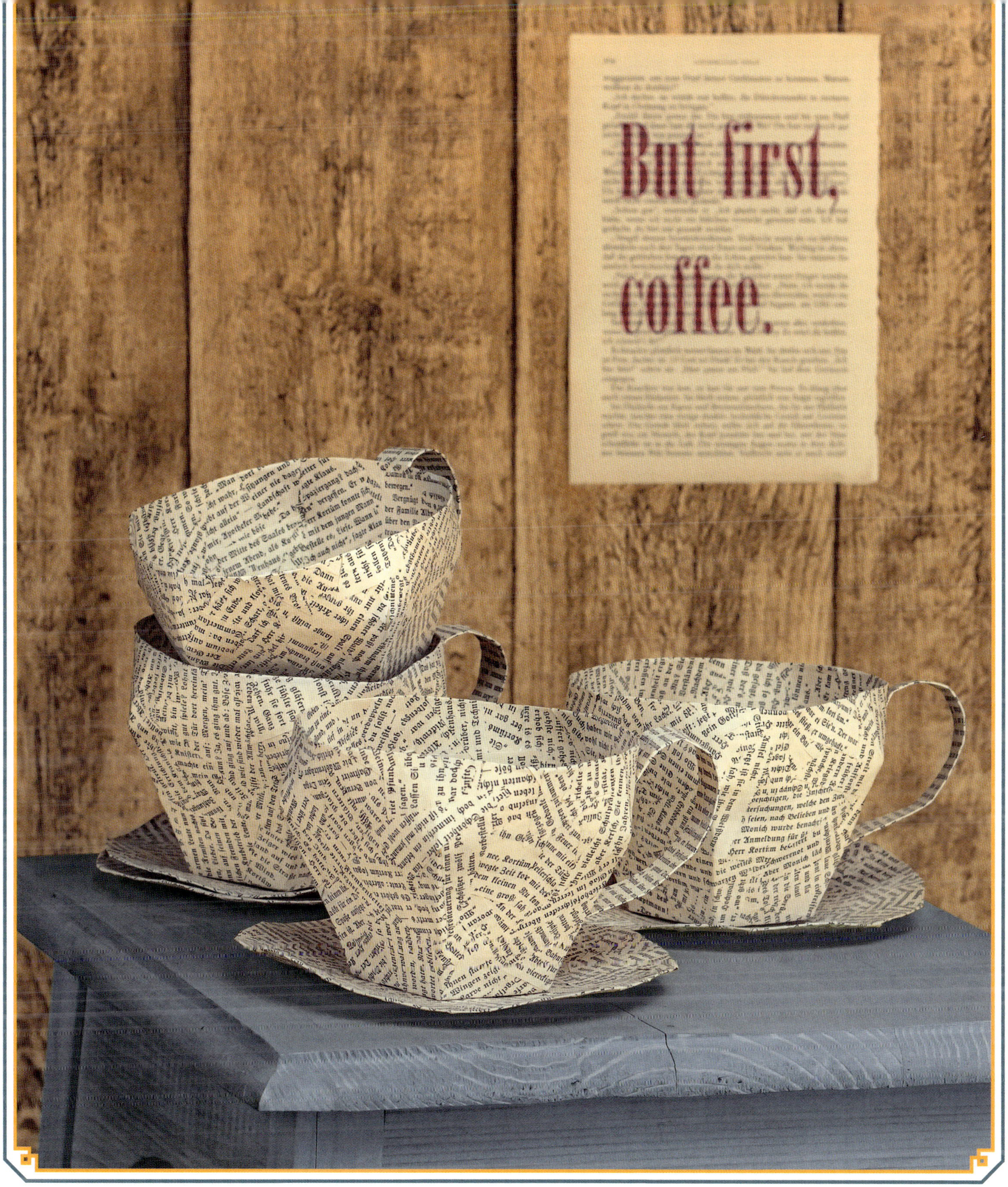
But first,
coffee.

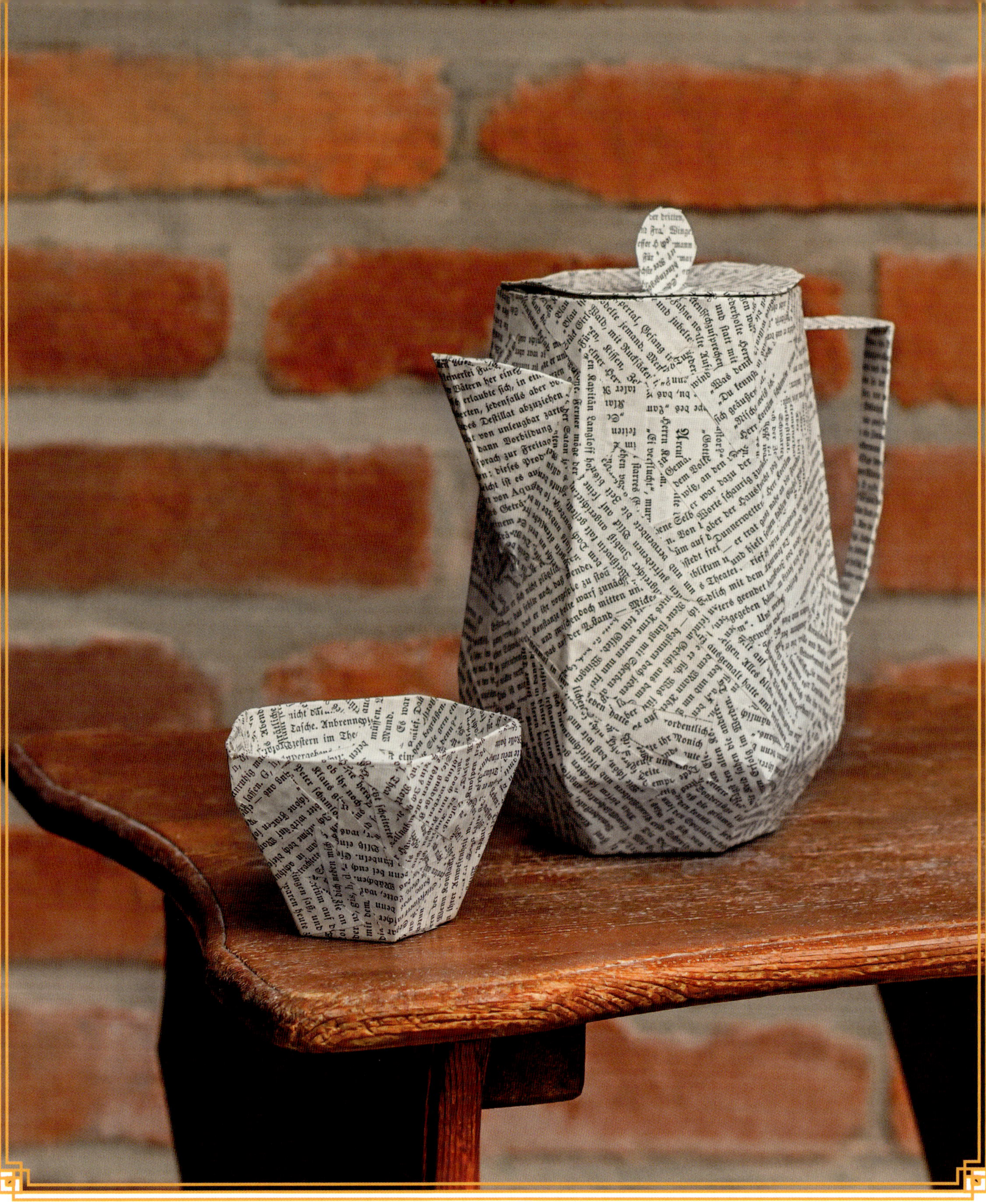

Henkelkanne

Dank der dreieckigen Tülle ist die Kanne recht einfach herzustellen.

Durchmesser: 13 cm, Höhe: 13 cm

Das brauchen Sie:

Materialien

- alte Buchseiten
- festes Papier oder dünner Paperback-Einband für die Grundform
- Kopiervorlagen von Seite 157
- Kleister
- Klebstoff
- Klebeband
- ablösbares Klebeband

Hilfsmittel

- Schere und Skalpell mit Schneideunterlage
- Bleistift
- 1 normaler Pinsel und 1 dünner Pinsel mit extralangem Stiel
- Stopfnadel
- Wasserglas
- wasserfeste Unterlage
- Putzlappen
- engmaschiger Draht oder Küchenfolie

Schritt für Schritt

So gehen Sie vor:

Die Grundform herstellen

a) Die Konturen sämtlicher Teile mithilfe der Vorlagen oder Schablonen auf festes Papier übertragen und die Formen ausschneiden: 1 × den Henkel, 1 × den Boden, 3 × die Wand, 1 × die Tülle, 1 × den Deckelkorpus, 1 × den Deckelgriff, 1 × den Deckelring. An den Markierungen Schlitze anbringen.

b) Die Teile für die Wand an den kurzen schrägen Kanten bündig aneinanderhalten und mit Klebeband zu einem Ring schließen. Die langen schrägen Kanten ebenfalls aneinanderhalten und mit Klebeband fixieren. So erhält die Kanne ihre konische Form.

c) Den Boden bündig anlegen und mit Klebeband befestigen.

d) Das Loch für die Tülle mit dem Cutter ausschneiden und die Tülle mit Klebeband an der Kanne fixieren.

a

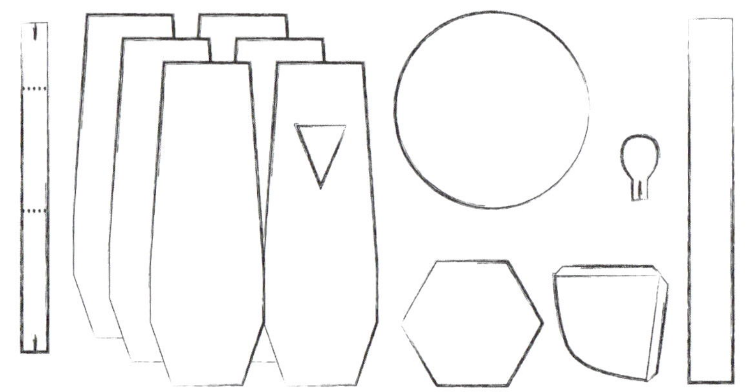

b

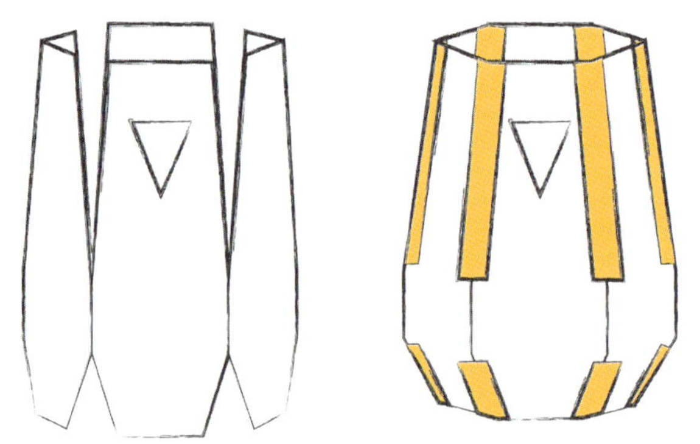

c

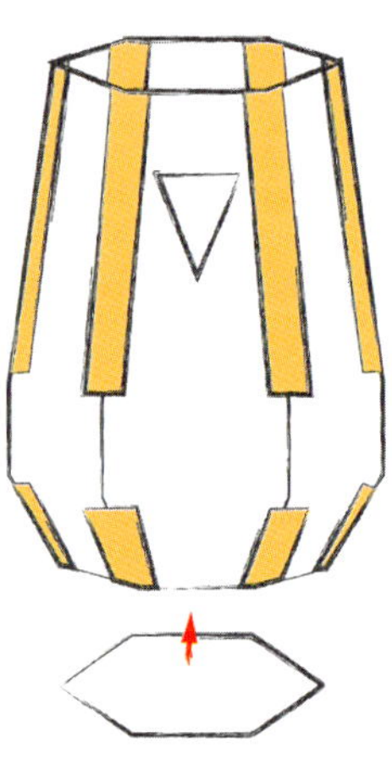

d

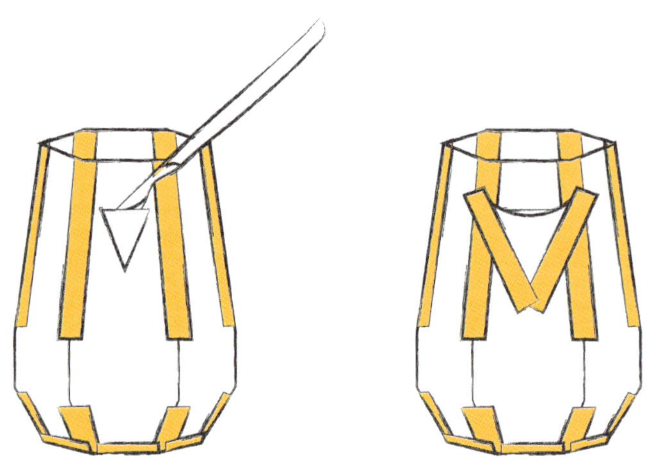

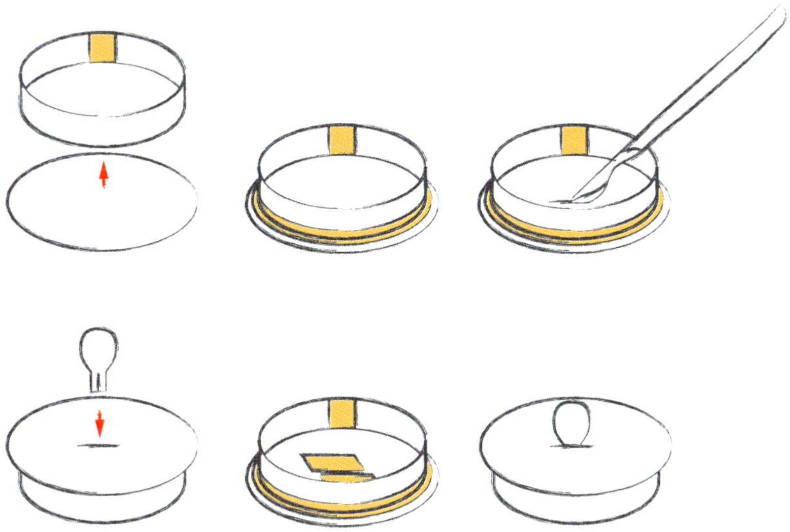

2

Den Deckel herstellen

Der Deckelring sollte sich unter leichter Spannung gut in die Kannenöffnung einfügen. Die Größe entsprechend anpassen, den Ring schließen und mit Klebeband mittig von unten auf dem Deckelkorpus befestigen. Mit dem Skalpell einen Schlitz in der Mitte des Deckels anbringen. Den Deckelgriff einschieben, auf der Deckelunterseite auseinanderbiegen und mit Klebeband fixieren.

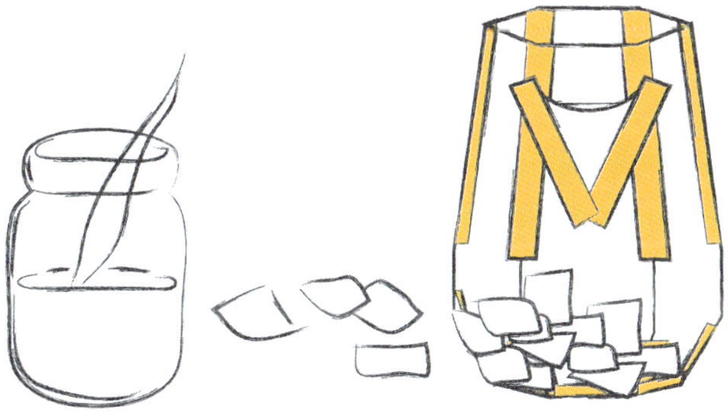

3

Die Kanne kaschieren

Die Kanne innen und außen mit mehreren Schichten Papierschnipseln kaschieren. Die letzte Schicht bestimmt das Aussehen der Kanne. Deckel und Henkel noch nicht kaschieren.

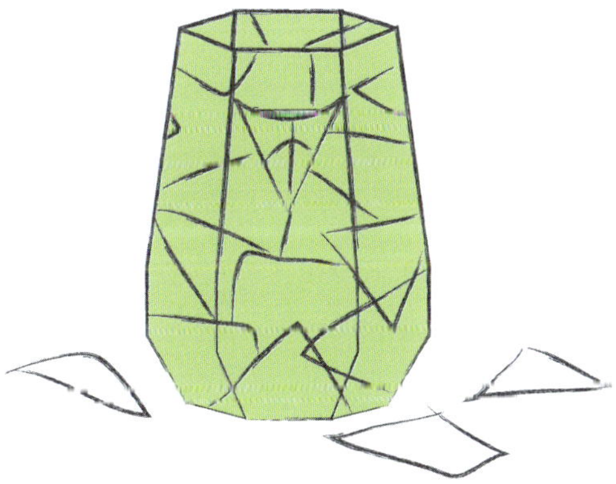

TIPP

Vor allem im Inneren der Kanne ist das Kaschieren eine knifflige Angelegenheit. Am besten reißen Sie das Papier dafür in kleine Dreiecke und kleben die Schnipsel mithilfe eines langstieligen Pinsels auf.

4 Den Henkel kaschieren und anbringen

a) Den Henkel beziehen. Die Konturen des Henkels einmal ohne und einmal mit einer kleinen Zugabe auf Papier übertragen und die Bezüge ausschneiden. Den breiten Streifen einkleistern, ziehen lassen, bis er sich vollgesogen hat, und dann auf den Henkel aufsetzen. Den Überstand ein paarmal einschneiden, um den Rand schlagen und festdrücken. Den zweiten Papierstreifen auf die andere Seite des Henkels kleben.

b) Den Henkel vorsichtig in Form biegen. Dafür muss er gut durchfeuchtet sein. Während des Formens den Bezug immer wieder andrücken und glatt streichen.

c) Den Henkel zum Trocknen mit ablösbarem Klebeband auf einer glatten Unterlage fixieren, damit er seine Form behält.

d) Den Henkel mit Klebstoff erst ankleben, wenn alle Teile vollständig durchgetrocknet sind.

a

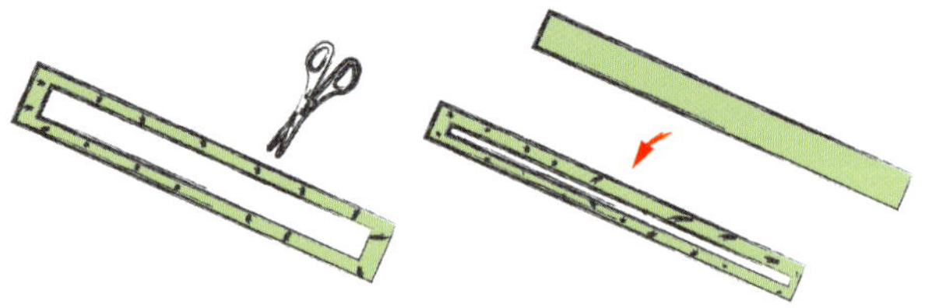

b

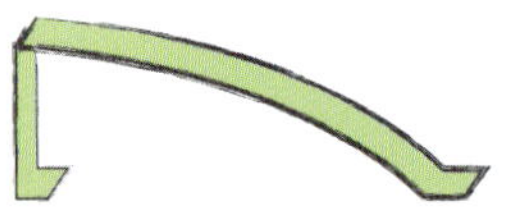

c

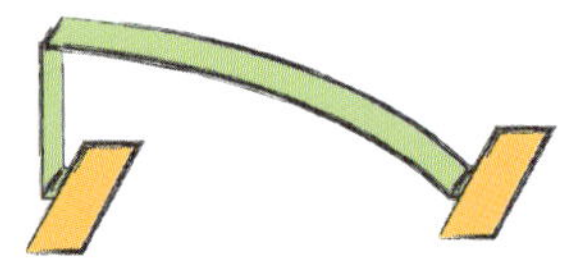

d

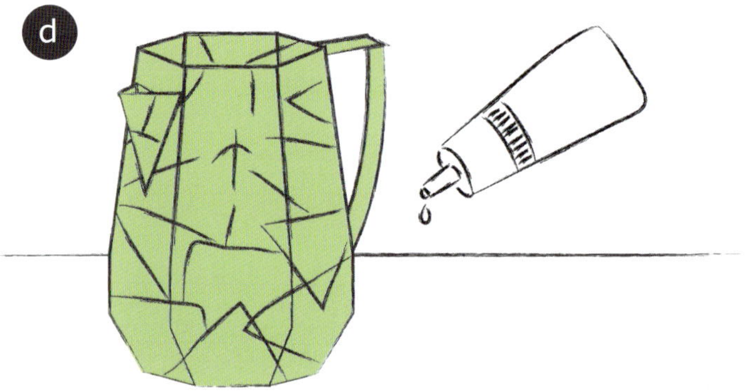

5 Den Deckel fertigstellen

a) Den Deckel auf die durchgetrocknete Kanne legen und mit einem Bleistift den Kannenrand nachfahren. 1–2 mm zugeben und den restlichen Überstand abschneiden.

b) Den Deckel rundum mit Papierschnipseln kaschieren und trocknen lassen. Er sollte jetzt ganz genau passen, also weder überstehen noch in die Kanne fallen.

a – b

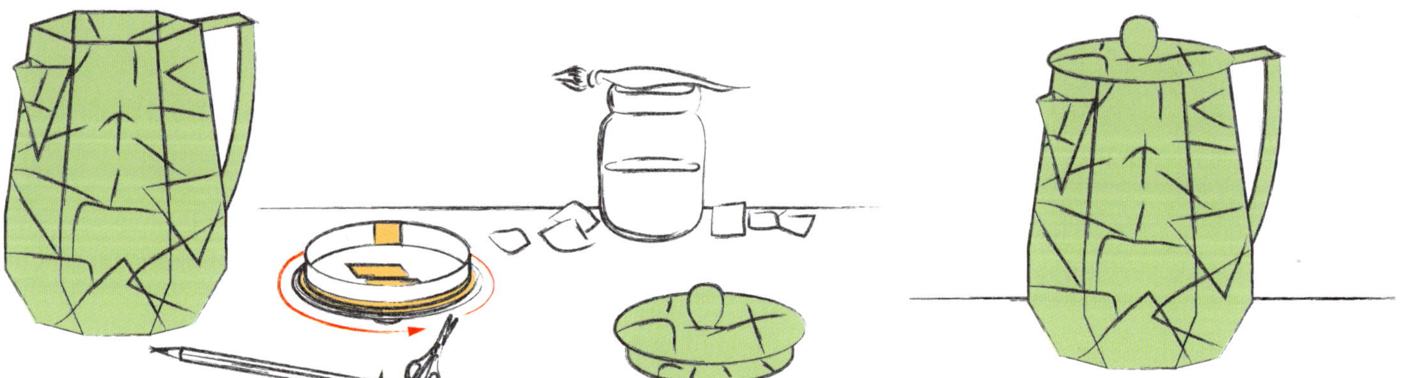

Inspirationen

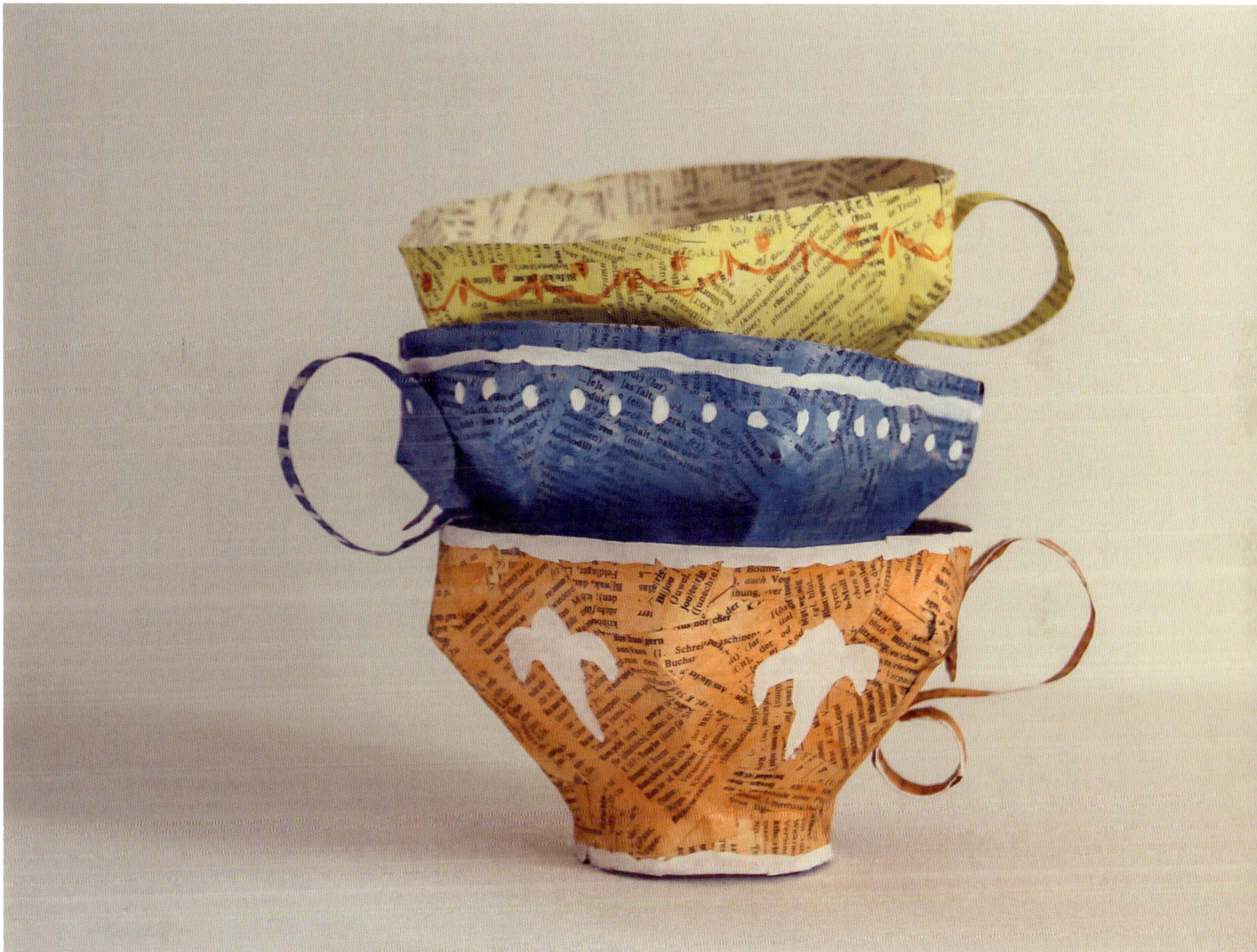

Alle Papierporzellanobjekte lassen sich mit Farbe auf Wasserbasis (z. B. Acrylfarbe) bemalen. Wird die Farbe ausreichend verdünnt, schimmert der Text der Buchseiten noch hervor.

Schmetterlingsteller

Die farbenfrohen Schmetterlinge auf dem Gebäckteller, für den die Schablone einer Untertasse vergrößert wurde, stammen aus einem alten Lexikon. Sie werden ganz zum Schluss aufgeklebt.

Kaffeepott

Für diese schlichte Tasse brauchen Sie keine Vorlage oder Schablone. Biegen Sie einfach ein rechteckiges Stück festes Papier zu einem Ring, schneiden Sie für den Boden eine passende Scheibe zu, und fügen Sie alles mit Klebeband zusammen. Der Henkel wird aus einem schmalen Streifen Papier zugeschnitten.

Schüsseln

Die Schüsseln basieren auf einer abgewandelten Vorlage für die Teetasse: Da die Tassenwand unten gekürzt wurde, musste ich den Boden etwas größer zuschneiden. Das Innere habe ich ausschließlich mit unbedruckten Papierschnipseln kaschiert, das Äußere zum Schluss mit größeren Stücken aus einem alten Schulatlas. Eine Kopiervorlage finden Sie auf Seite 156.

Teegedeck

Das Teegedeck habe ich nur mit unbedruckten Papierschnipseln kaschiert und zum Schluss mit Papierstreifen beklebt, die ich aus einem Buch gerissen habe, sodass der Text noch zu lesen ist.

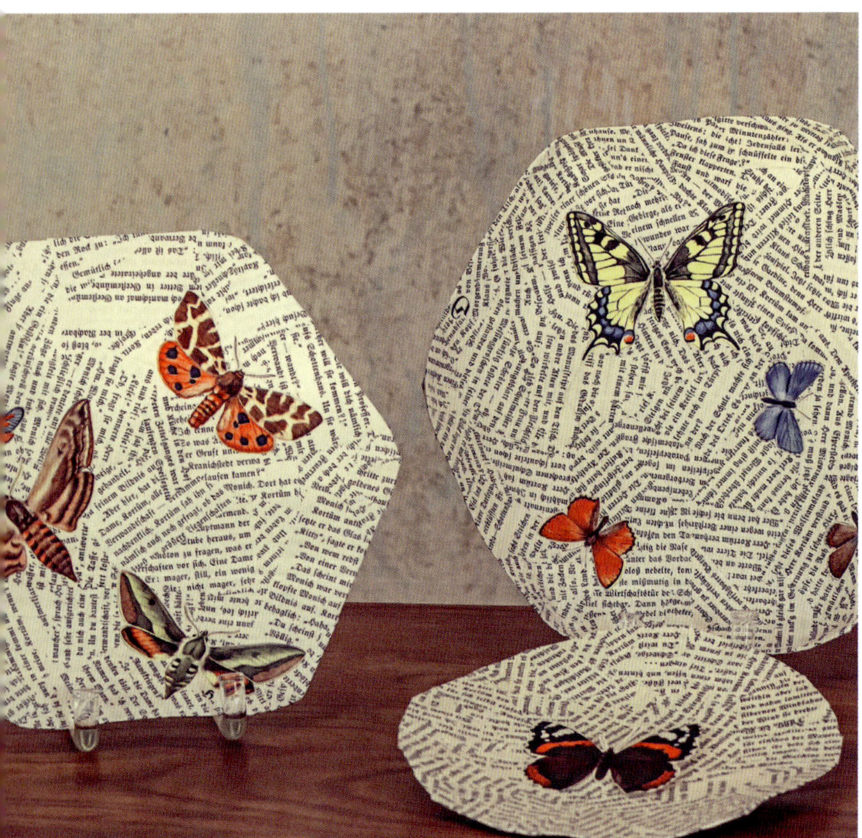

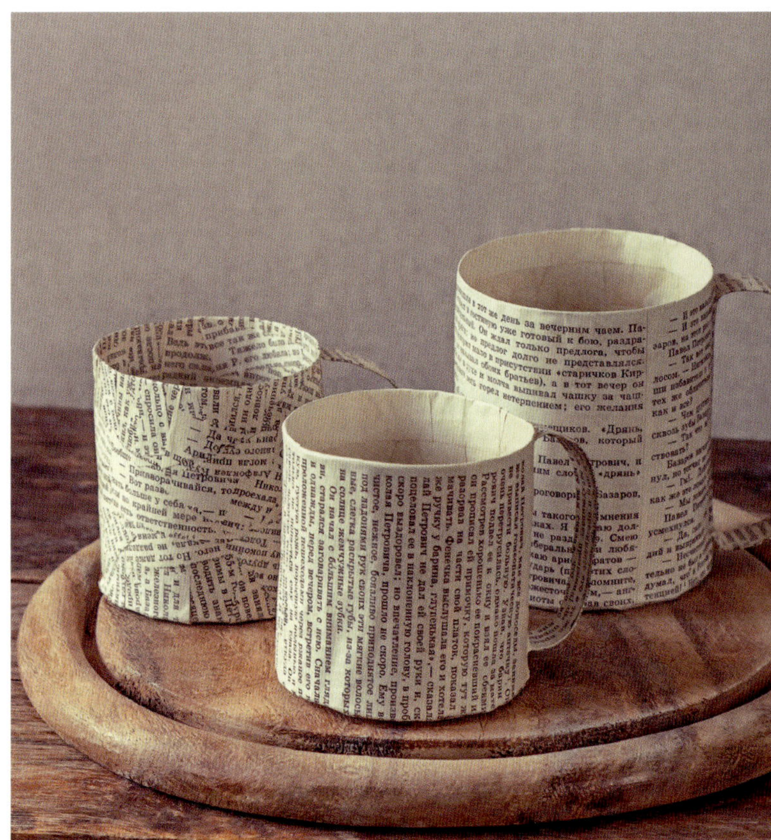

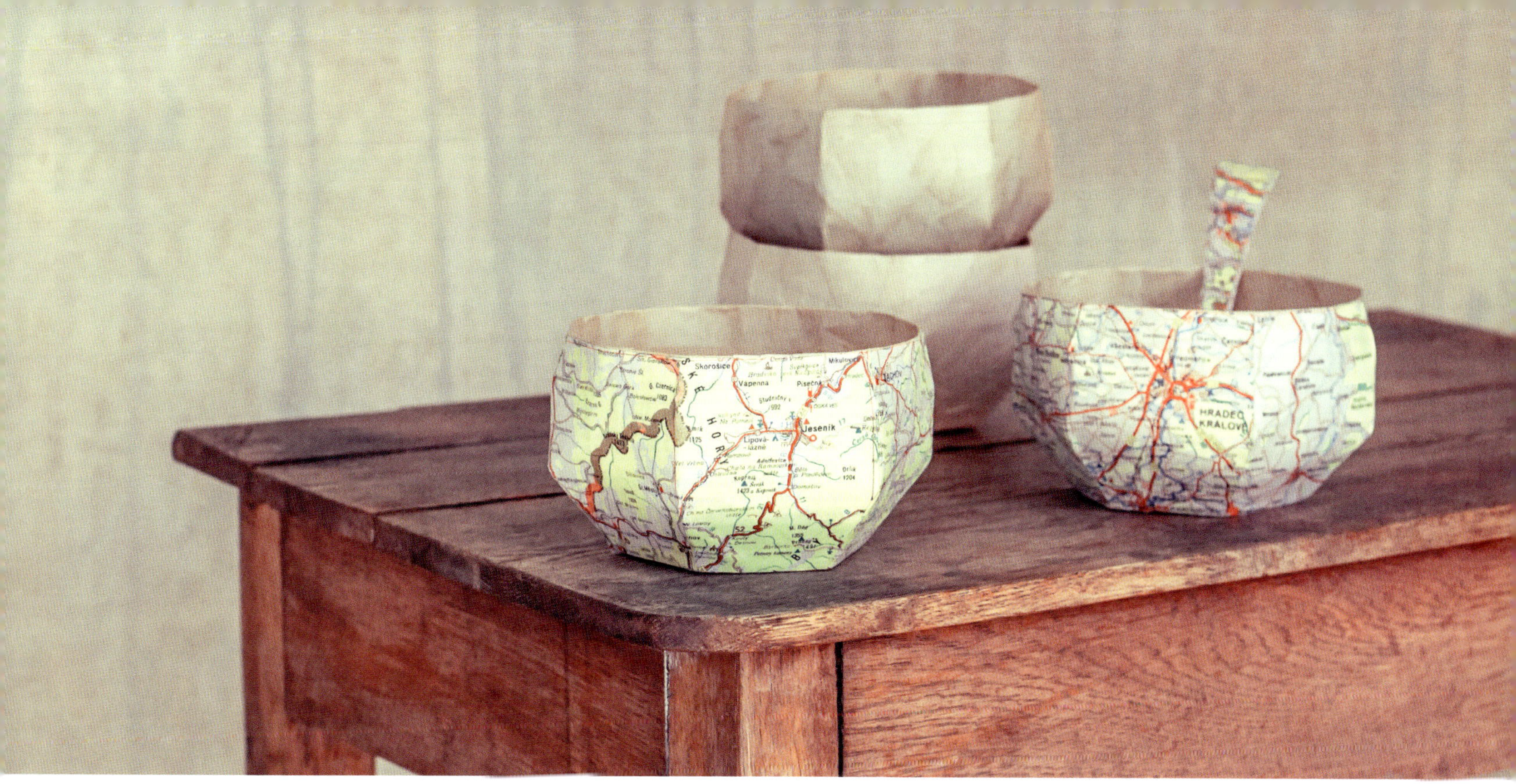

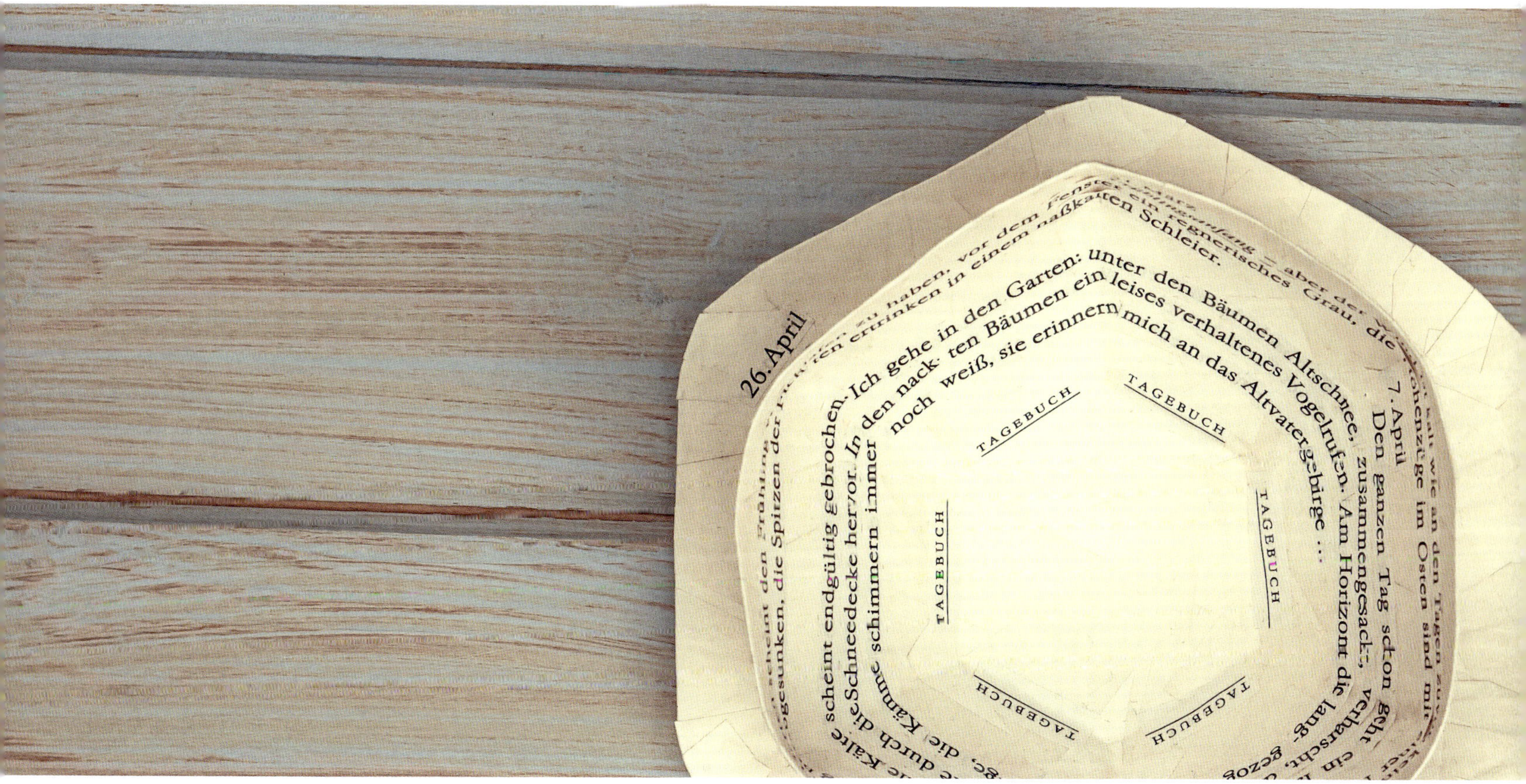

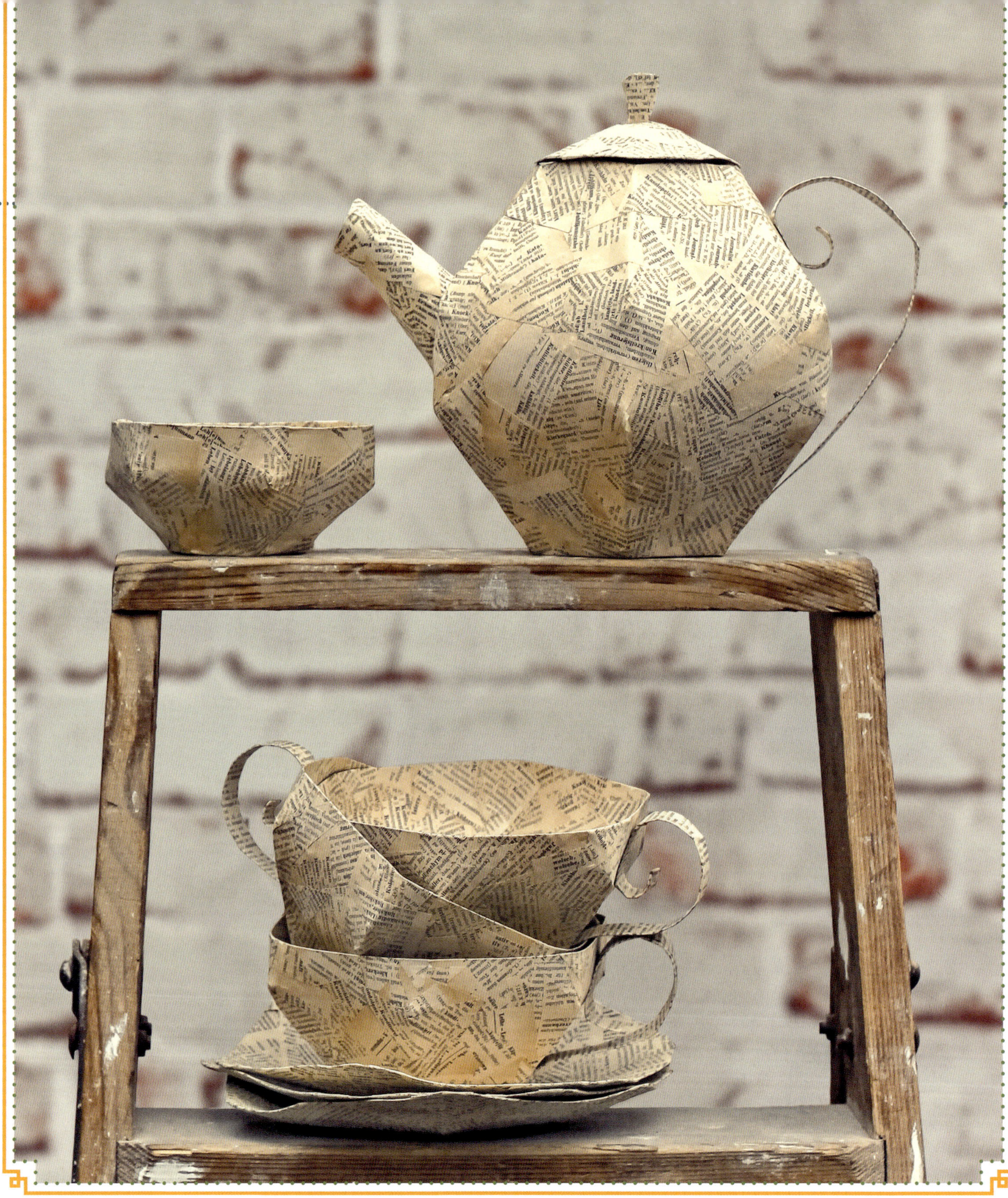

Teekanne

Die Teekanne besteht im Prinzip aus zwei aufeinandergestülpten Teetassen. So passt die Kanne perfekt zum Teegedeck.

Teekessel

Auch der Teekessel basiert auf einer abgewandelten, vergrößerten Vorlage für die Teetasse. Sie wird einfach auf den Kopf gestellt. Es gibt auch eine zu diesem Kessel passende Tasse, für die Sie eine Kopiervorlage auf Seite 156 finden.

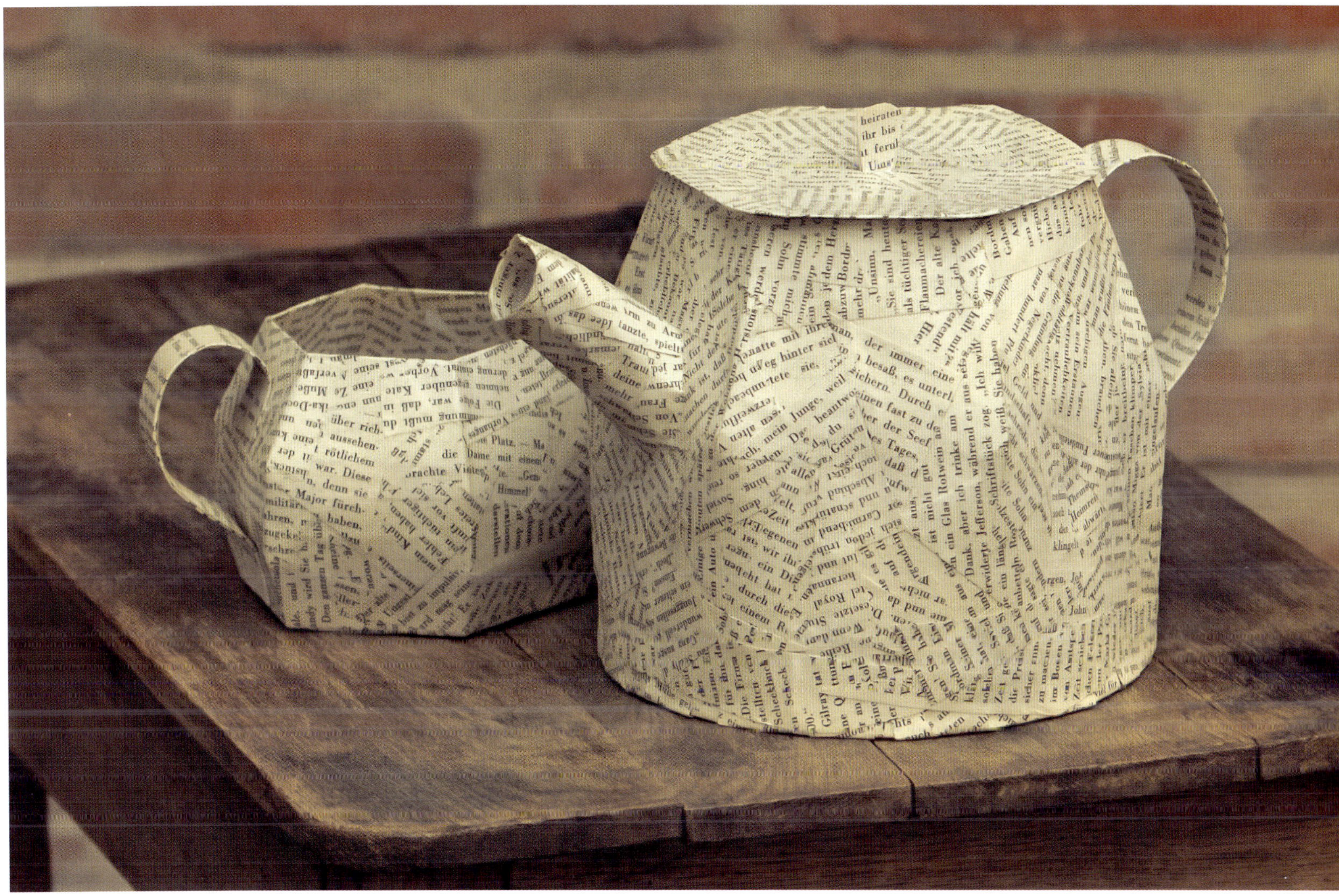

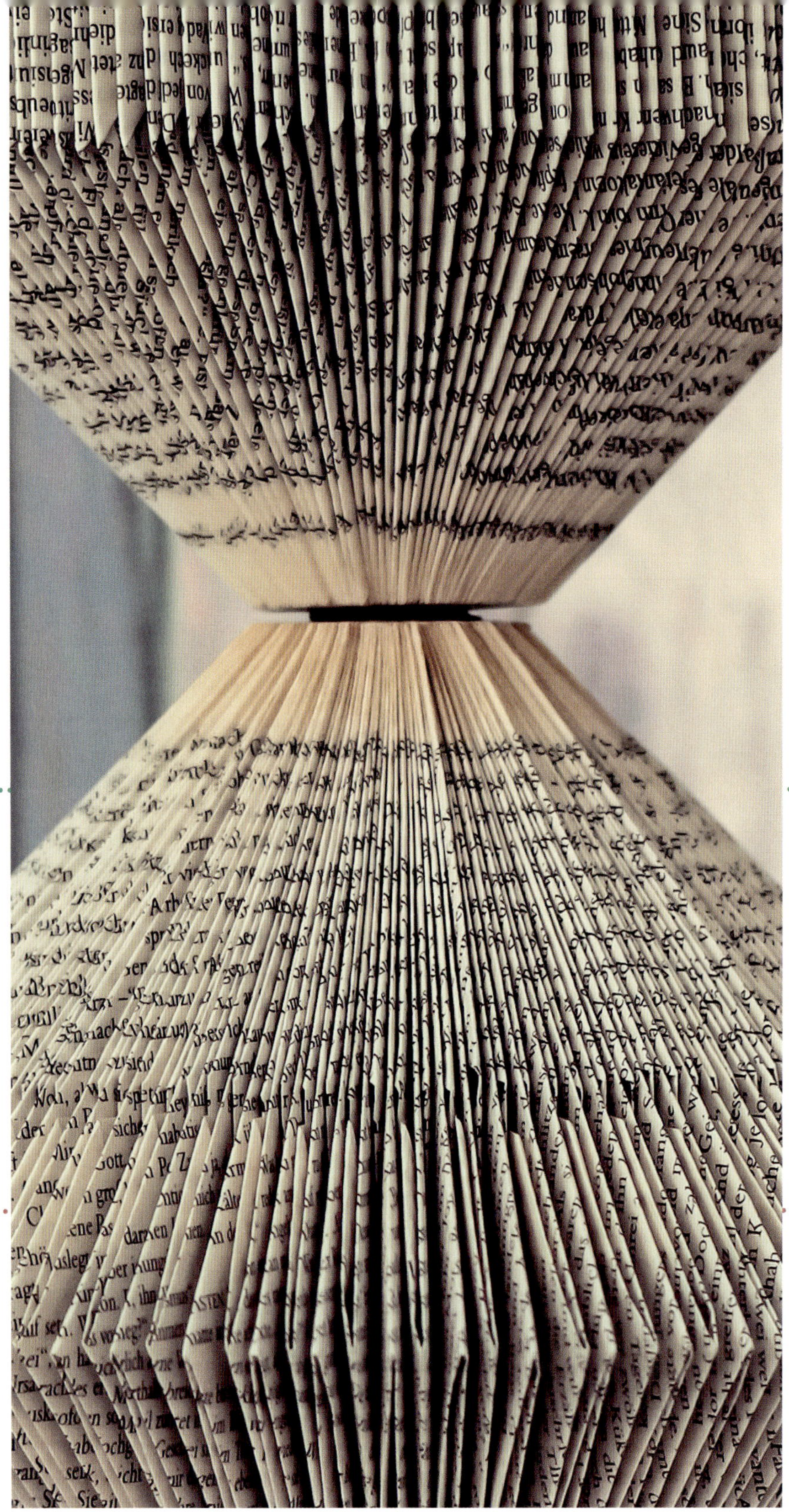

Gefaltete Bücher

Kapitel 4

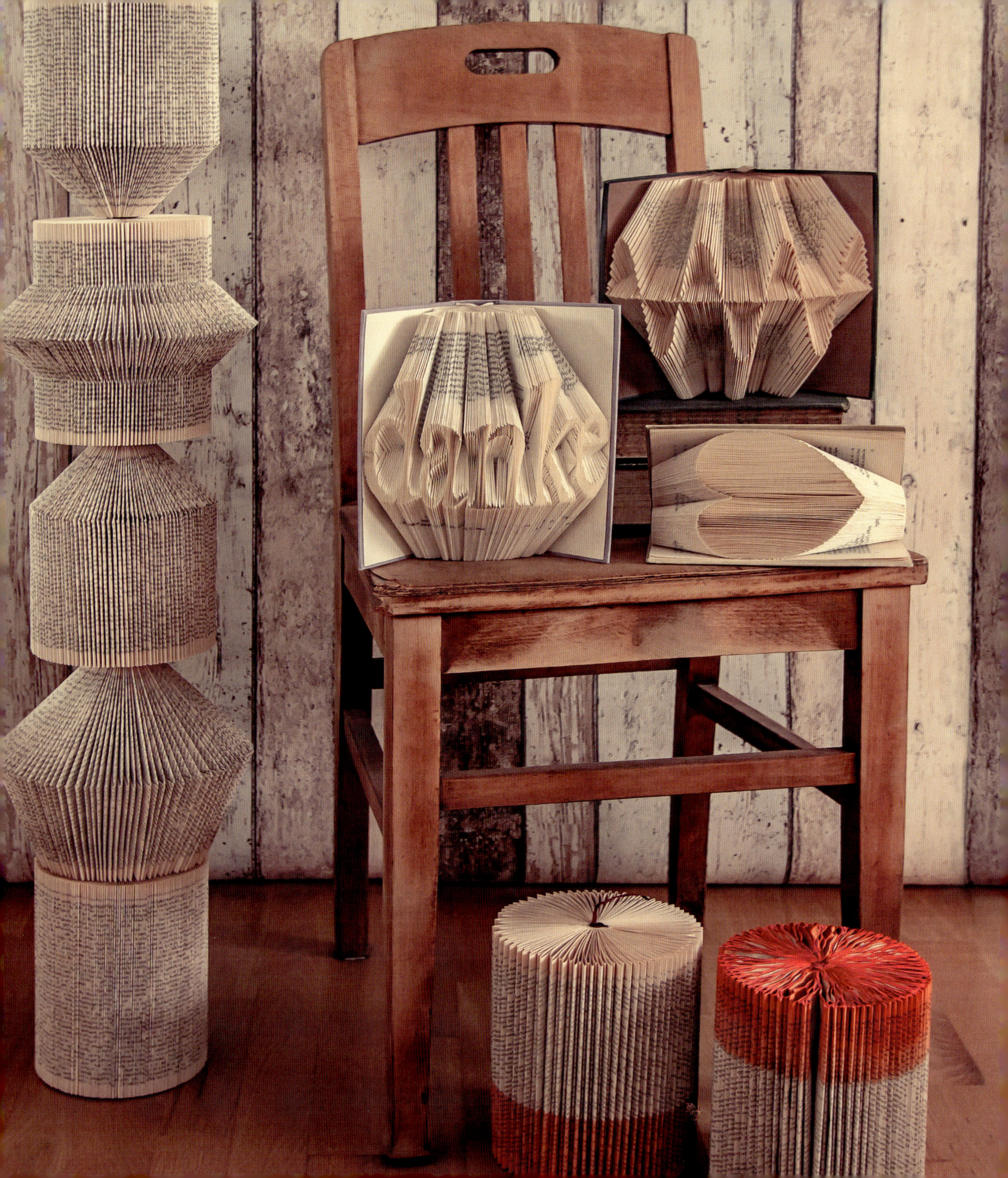
danke

Gefaltete Bücher

Als vor vielen Jahren eine Freundin von einem längeren USA-Aufenthalt nach Hause zurückkehrte, berichtete sie ganz nebenbei von einem über 100 Jahre alten Origami-Buch, das sie auf einem Flohmarkt entdeckt hatte. Darin wurde erklärt, wie man Buchstaben in den Buchschnitt faltet. Das wollte ich auch können. Doch ich kannte weder den Titel noch den Autor des Buches und konnte keine Anleitung auftreiben. Im Internet fand ich nur einzelne Fotos von gefalteten Büchern – und war fasziniert.

Origami ist die Kunst des Papierfaltens – die Herstellung dreidimensionaler Figuren aus kleinen, meist quadratischen Papierbogen ohne Verwendung von Schere oder Klebstoff. Die ersten Falttechniken wurden vor Hunderten von Jahren in Japan entwickelt und dort von Generation zu Generation in den Familien weitergegeben. Im 19. Jahrhundert wurde Origami auch in Europa und Amerika populär, unter anderem durch Zauberer auf Jahrmärkten, die das Falten von Papierfiguren zu einem Bestandteil ihrer Aufführungen machten. In den letzten 100 Jahren schufen Origami-Künstler technisch anspruchsvolle Werke, die von renommierten Galerien auf der ganzen Welt ausgestellt werden.

In der Hoffnung, doch noch der richtigen Falttechnik auf die Spur zu kommen, begann ich mich mit Origami zu befassen. Das war eine hervorragende Übung für das Falten von Buchseiten. Zwar habe ich bis heute nicht herausgefunden, wer vor über 100 Jahren vielleicht als Erster einen Buchstaben in den Buchschnitt faltete, aber ich habe herausgefunden, wie es geht.

Falt-Technik

Wie beim traditionellen Origami kommt es auch beim Falten von Büchern vor allem auf die Technik an. Aus einem alten Buch lassen sich wunderbare Skulpturen herstellen, wenn man die Seiten auf bestimmte Weise knickt. Sorgfalt und Genauigkeit sind dabei das A und O. Bevor Sie sich an das erste Projekt wagen, sollten Sie sich mit ein paar Grundregeln vertraut machen.

TIPP

Besonders schön wird das Ergebnis, wenn das Buch ausschließlich Text enthält. Ein kleines Bild auf einer rechten Seite fällt meist nicht auf, doch Bilder auf linken Seiten stören den Gesamteindruck.

Auf die Vorbereitung kommt es an

Buchauswahl

Nicht jeder Schmöker eignet sich zum Falten – ein schönes Ergebnis erhalten Sie nur, wenn das Buch sich in einem guten Zustand befindet. Der Einband sollte fest und die Bindung stabil sein, denn durch das Falten erhöht sich der Druck auf den Buchrücken – und diesen Druck muss das Buch aushalten. Auch die Seiten sollten in Ordnung sein, also weder Risse noch Knicke, noch Wasserflecken aufweisen.
Darüber hinaus spielt die Papierqualität eine wichtige Rolle. Das Papier sollte von normaler Stärke und schön griffig sein und nur einen geringen Anteil an Holz enthalten, damit es beim Falten nicht bricht. Zur besseren Beurteilung hilft eine Probefaltung an unauffälliger Stelle. Die benötigte Seitenzahl hängt vom jeweiligen Projekt ab.

Arbeitsfläche

Den größten Teil des Buches können Sie auf einer glatten, stabilen Arbeitsfläche falten. Gegen Ende, wenn der Druck auf die Bindung schon sehr stark ist, wird es immer schwieriger, präzise zu arbeiten. Leichter geht es, wenn Sie das Buch so mit dem Rücken auf einen Stapel größerer Bücher legen, dass der bereits gefaltete Teil über die Kante hängt und auf der Arbeitsfläche aufliegt.

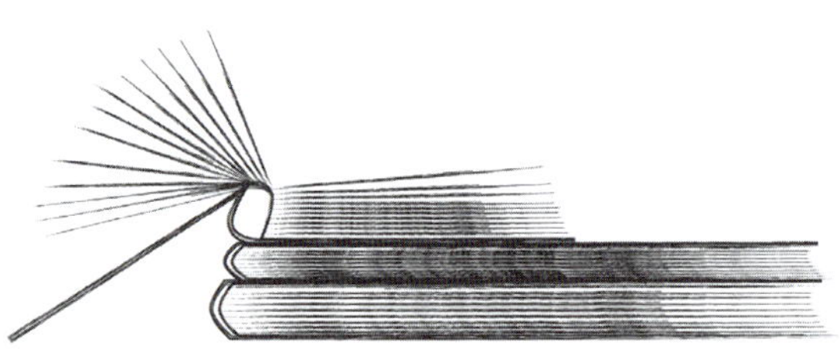

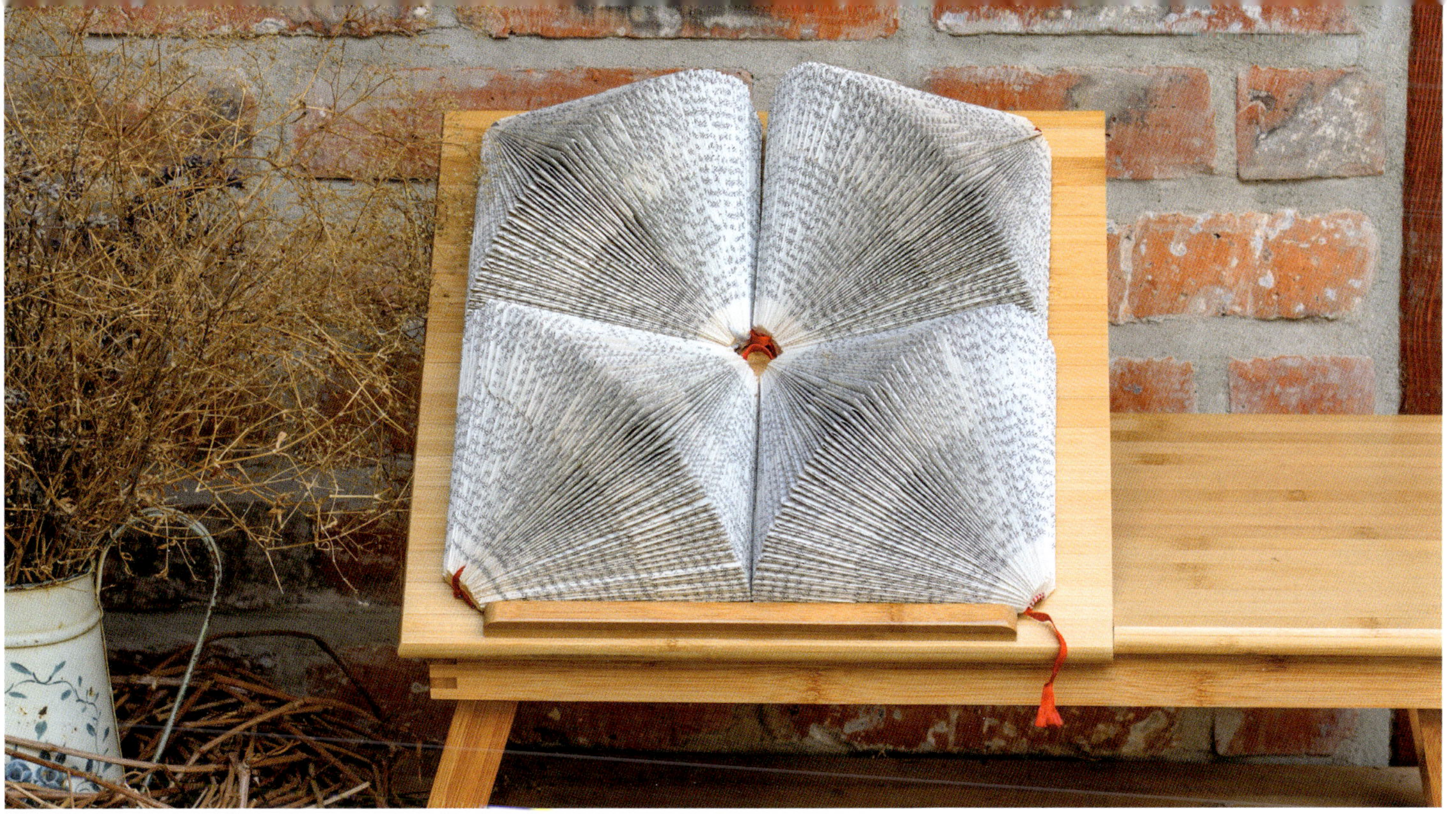

Rhomben

Rhomben aus Papier wirken sehr gefällig und eignen sich ausgezeichnet zur Dekoration. Zugleich sind sie so einfach und flott zu falten, dass sie sich gut als Einstiegsprojekte eignen. Schon bald wird Ihnen das Falten der Buchseiten leicht von der Hand gehen. Probieren Sie es einfach aus.

Das brauchen Sie:

Materialien

- 1 altes Buch normaler Größe mit ca. 200–300 Seiten für einen 180°-Rhombus oder mit 400–600 Seiten für einen 360°-Rhombus
- 1 Stück feste Pappe für einen 180°-Rhombus
- doppelseitiges Klebeband

Hilfsmittel

- Skalpell, Cuttermesser oder Schere
- evtl. Falzbein

Schritt für Schritt

So gehen Sie vor:

180°-Rhombus

1 Den Buchblock vom Einband befreien. Wenn Sie ein Taschenbuch verwenden, die Buchdeckel mitsamt dem Buchrücken vorsichtig abreißen, sodass die Klebebindung freigelegt ist. Bei einem Hardcover müssen Sie Buchdeckel und Buchrücken mithilfe eines Cuttermessers (oder zur Not mit einer scharfen Schere) entfernen.

2 Alle ungeraden Seiten einzeln falten. Legen Sie das Buch dafür so vor sich hin, als wollten Sie anfangen, darin zu lesen.

Erste Seite

a) Die obere rechte Ecke im 45°-Winkel zum Bundsteg falten, sodass die obere Kante mit einem Abstand von ca. 3–5 mm parallel zur Bindung verläuft.

b) Die untere rechte Ecke ebenfalls im 45°-Winkel zum Bundsteg falten, sodass auch die untere Kante parallel zur Bindung verläuft. An der Spitze überlappt die untere die obere Faltung.

Zweite Seite

c) Die untere rechte Ecke im 45°-Winkel zum Bundsteg falten, sodass die untere Kante mit einem Abstand von ca. 3–5 mm parallel zur Bindung verläuft.

d) Die obere rechte Ecke im 45°-Winkel zum Bundsteg falten, sodass auch die obere Kante parallel zur Bindung verläuft. An der Spitze überlappt die obere die untere Faltung.

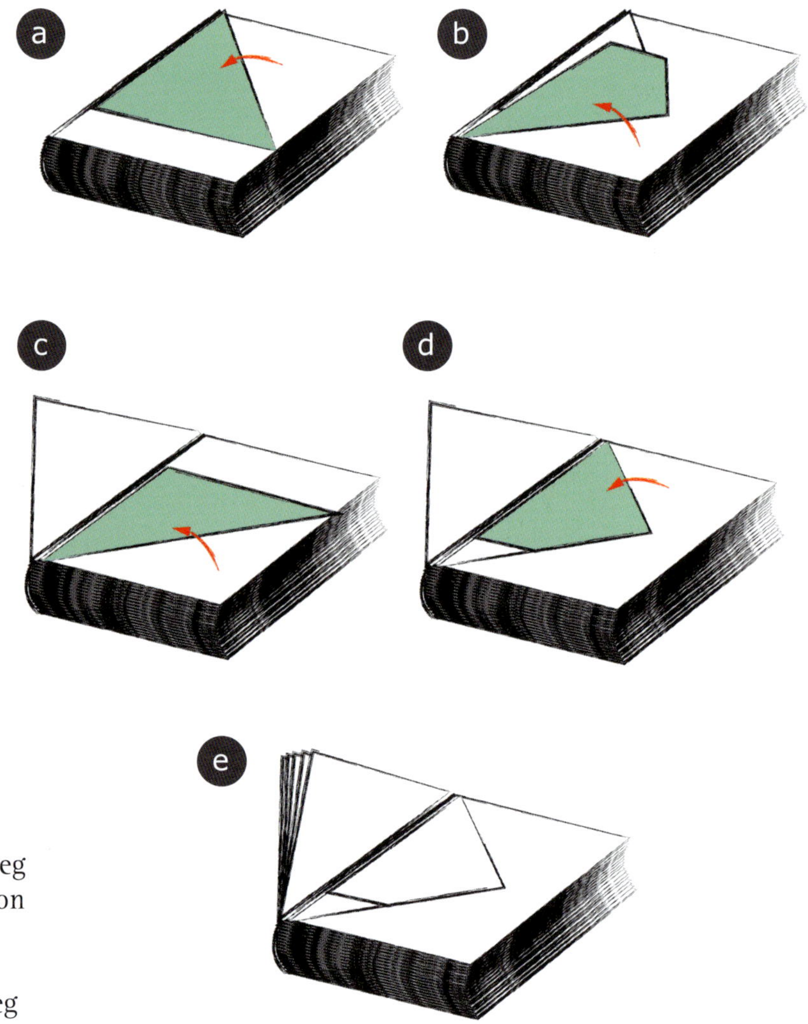

e) Die restlichen Seiten im selben Rhythmus (Schritte a–d) falten.

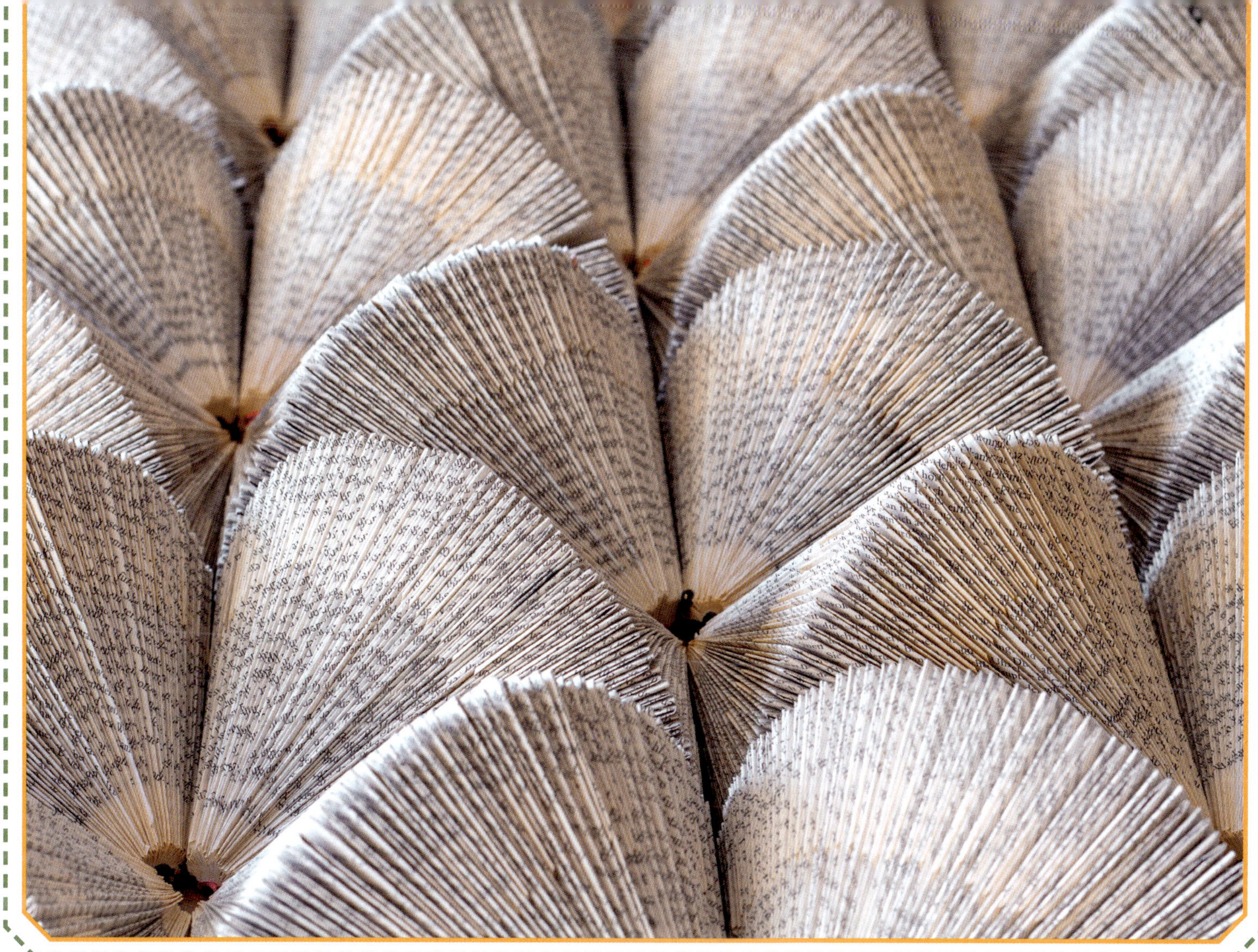

TIPP Flache 180°-Rhomben kommen am besten zur Geltung, wenn sie gruppenweise angeordnet werden.

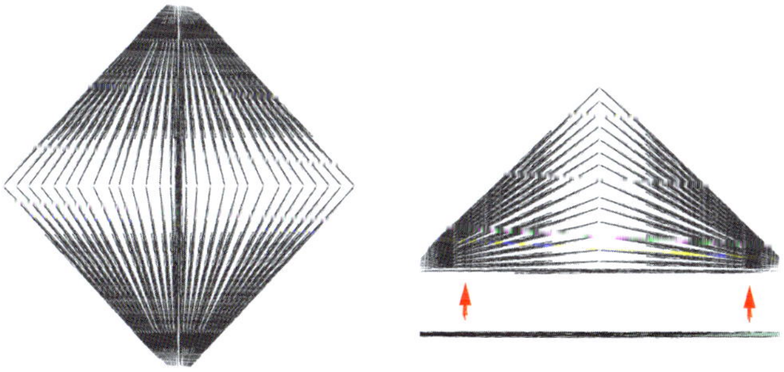

Eine passende Raute aus Pappe zuschneiden und den Rhombus mit doppelseitigem Klebeband darauf befestigen. Wenn Sie vorher ein kleines Loch in die Pappe stanzen, können Sie den Rhombus an die Wand hängen.

360°-Rhombus

1/2 Alle ungeraden Seiten wie beim 180°-Rhombus falten (Schritte 1 und 2). Aufgrund der doppelten Seitenzahl bildet sich die Rundung von selbst.

3 Die erste und letzte Seite mit doppelseitigem Klebeband direkt an der Bindung zusammenkleben.

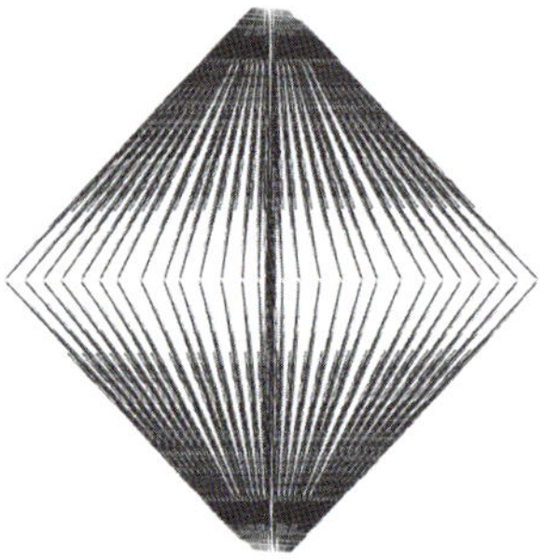

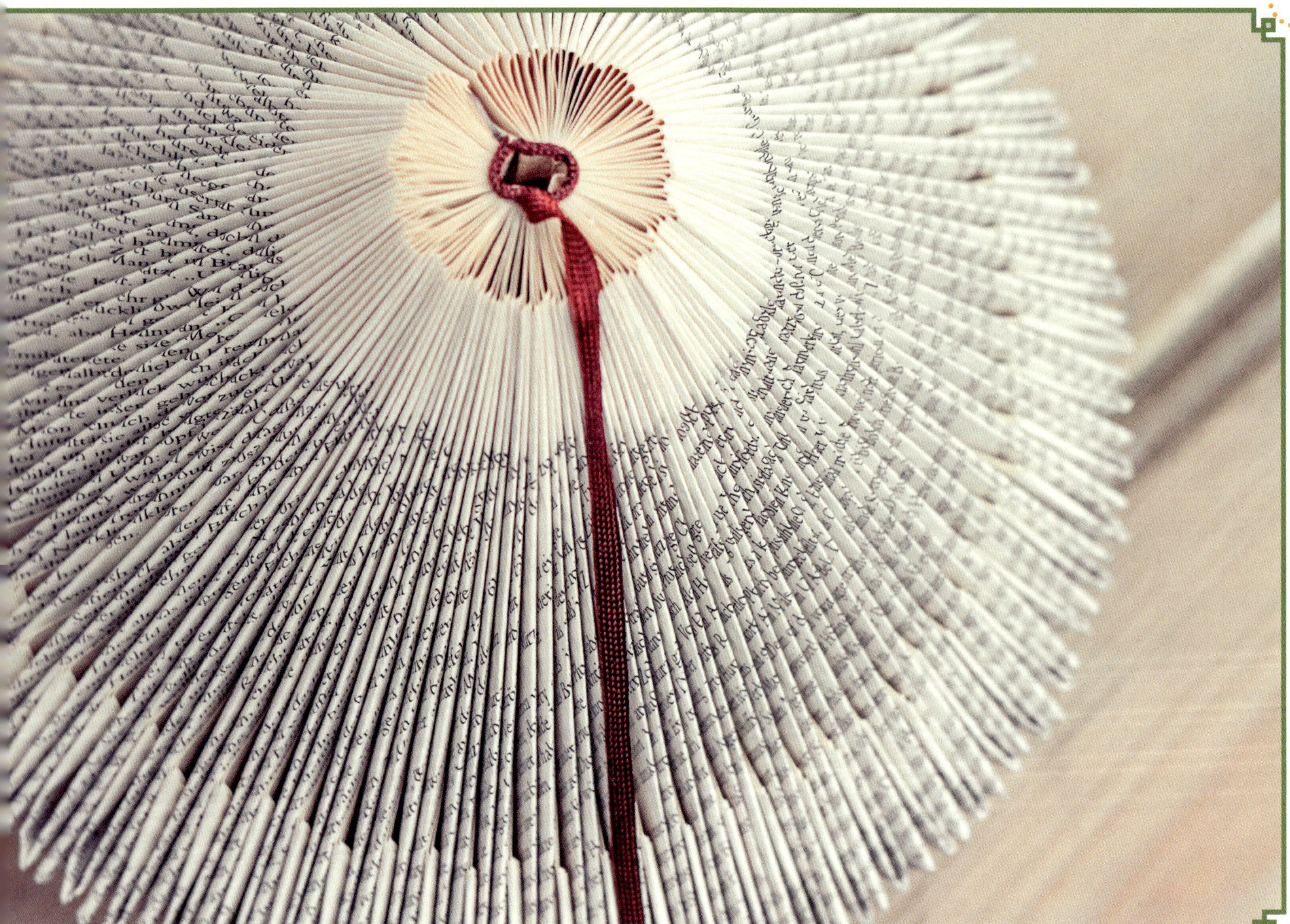

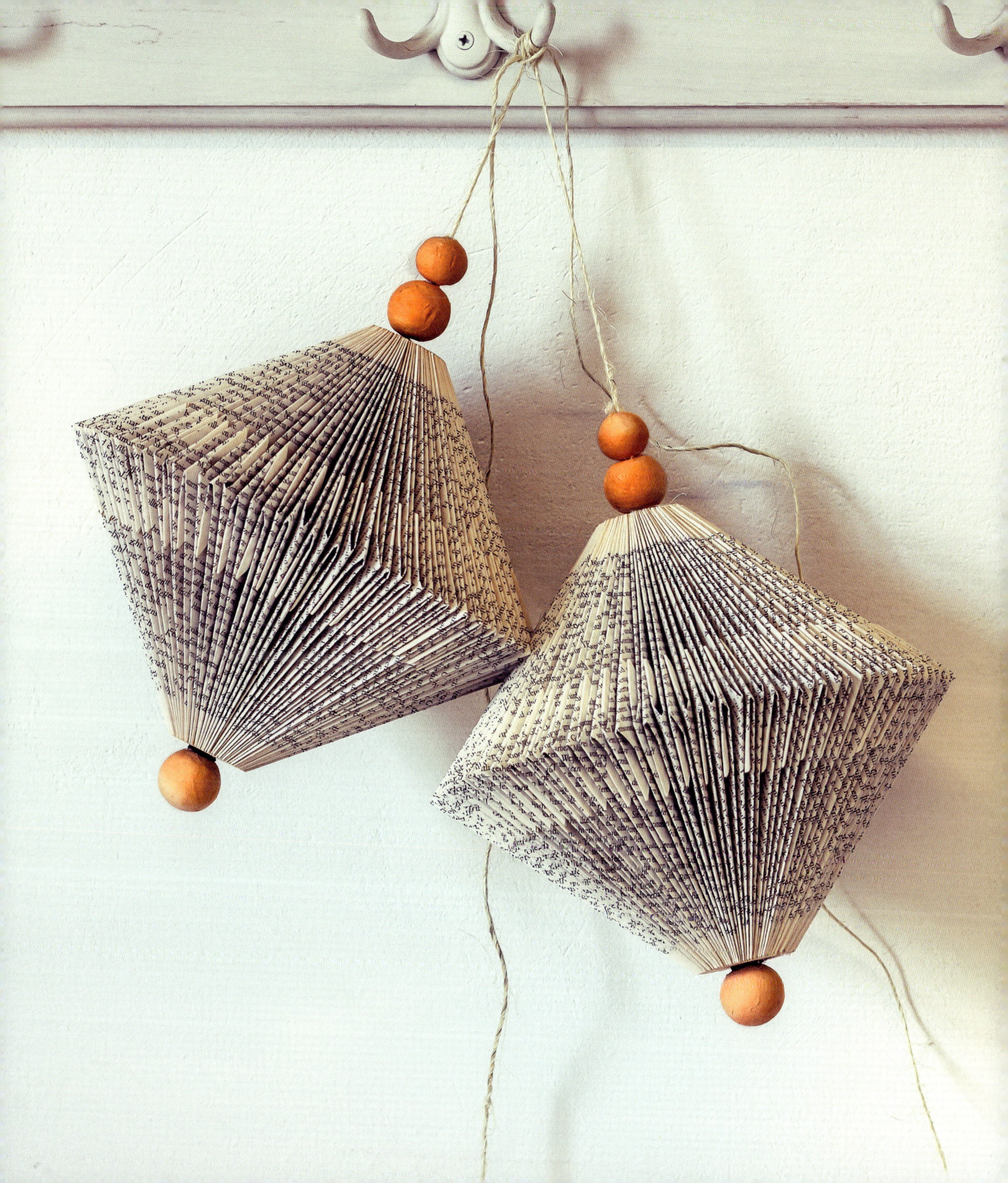

Rotunden

Wenn Sie Ihren ersten Rhombus vollendet haben, können Sie sich an die Herstellung von Rotunden wagen. Die unterschiedlichen Designs entstehen durch das Variieren der Faltungen.

Schritt für Schritt

So gehen Sie vor:

1 Rotunde A
Für Bücher mit ca. 600–700 Seiten.

Alle ungeraden Seiten rechtwinklig zur Mitte falten, sodass die Außenkante bündig zur Bindung verläuft.

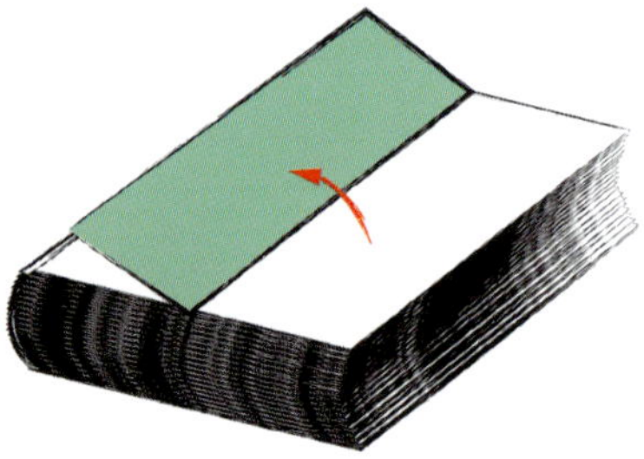

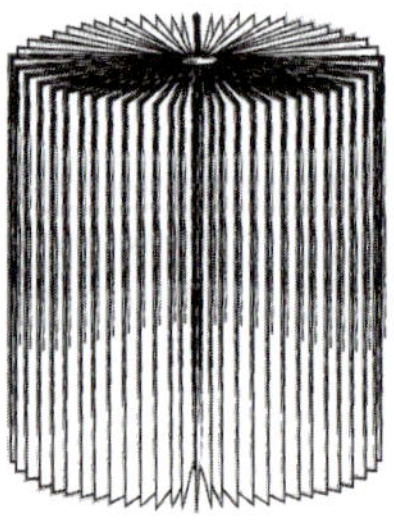

2 Rotunde B
Für Bücher mit ca. 500–600 Seiten. Es werden alle ungeraden Seiten gefaltet.

a) Die obere rechte Ecke im 45°-Winkel zum Bundsteg falten, sodass die obere Kante mit einem Abstand von ca. 3–5 mm parallel zur Bindung verläuft.

b) Den Außensteg rechtwinklig nach links falten, sodass er mit einem Abstand von ca. 3–5 mm parallel zur Bindung verläuft.

Alle weiteren Seiten im selben Rhythmus (a–b) falten.

a

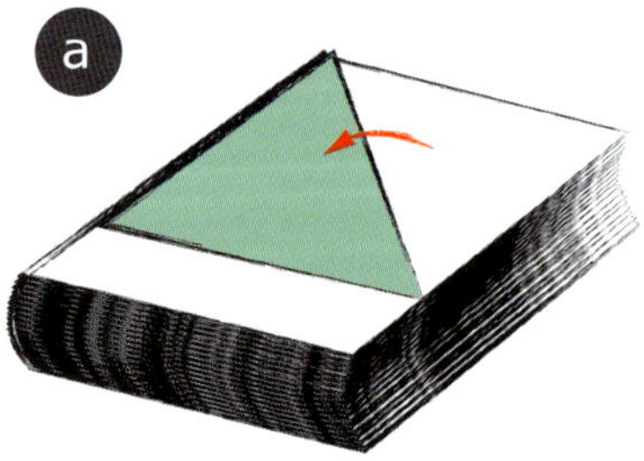

b

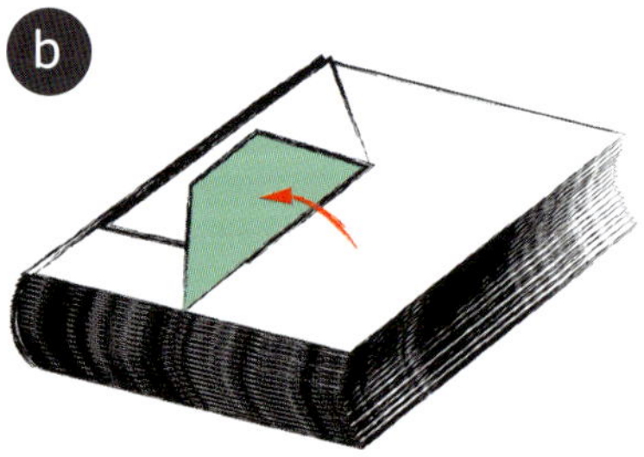

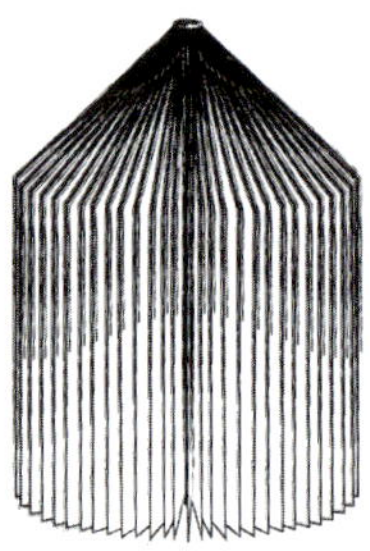

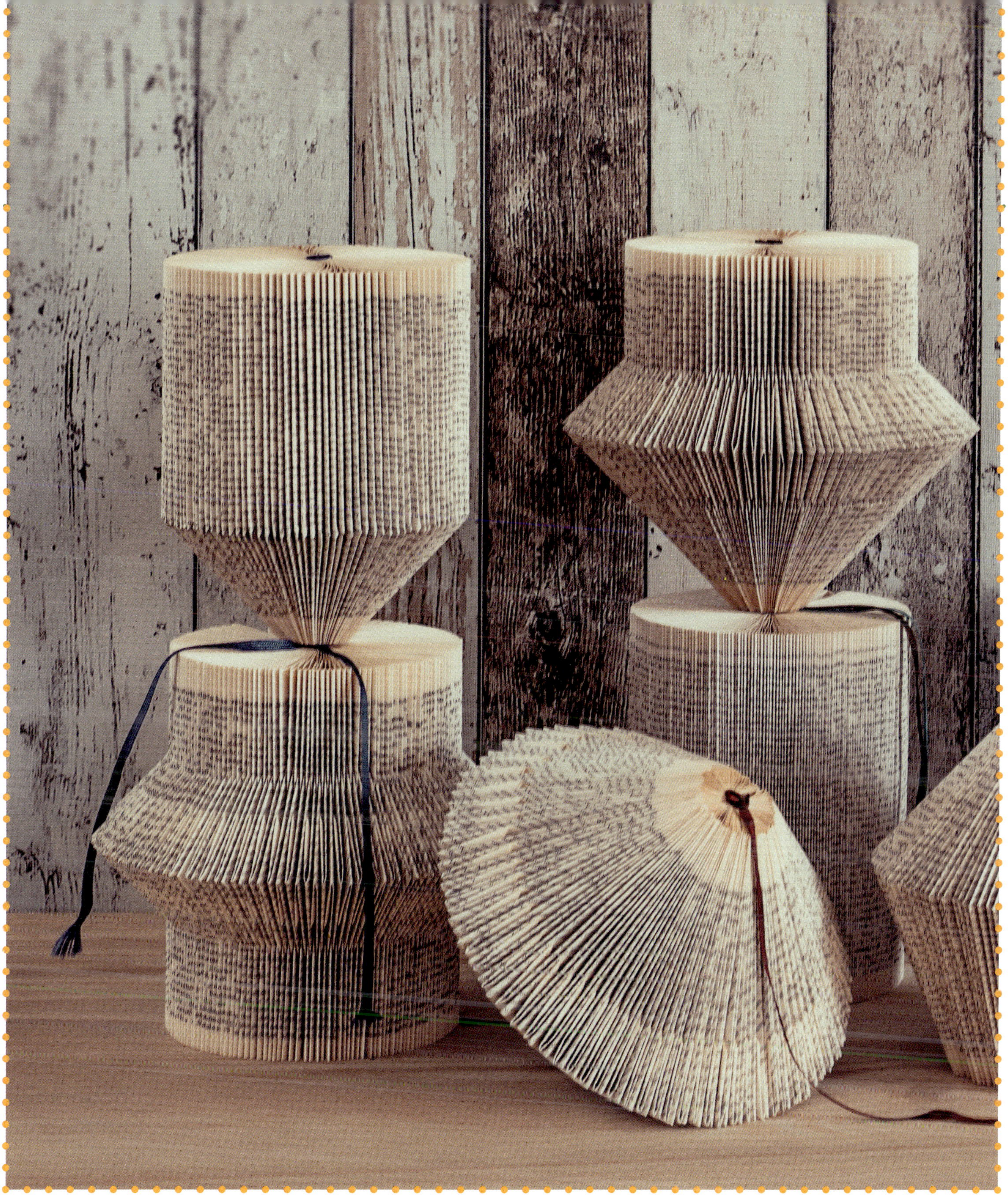

3 Rotunde C

Für Bücher mit ca. 500–600 Seiten. Es werden alle ungeraden Seiten gefaltet.

Erste Seite

a) Die obere rechte Ecke im 45°-Winkel zum Bundsteg falten, sodass die obere Kante mit einem Abstand von ca. 3–5 mm parallel zur Bindung verläuft.

b) Die untere rechte Ecke ebenfalls im 45°-Winkel zum Bundsteg falten, sodass auch die untere Kante parallel zur Bindung verläuft. An der Spitze überlappt die untere die obere Faltung.

Zweite Seite

c) Den Außensteg rechtwinklig zur Mitte falten, sodass er bündig zur Bindung verläuft.

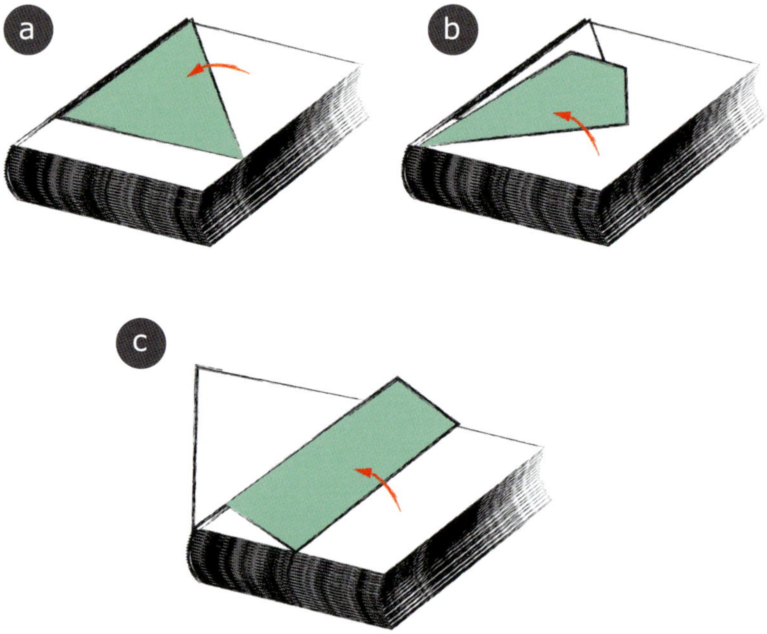

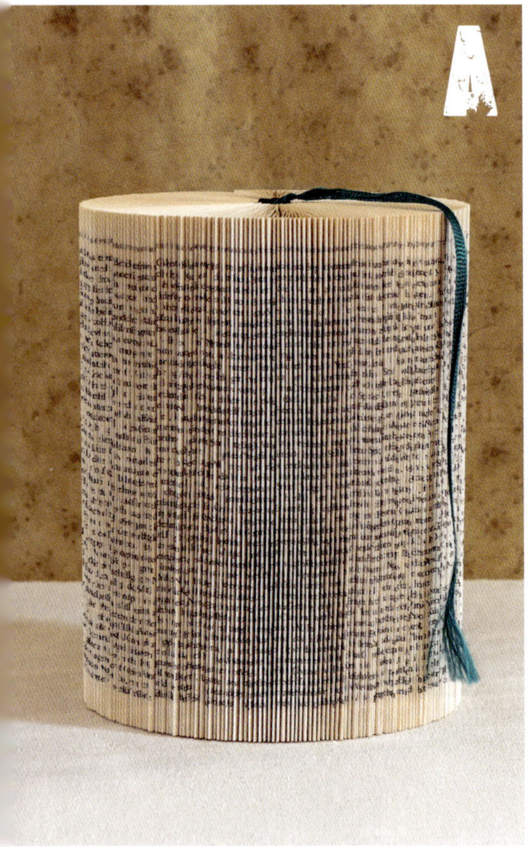

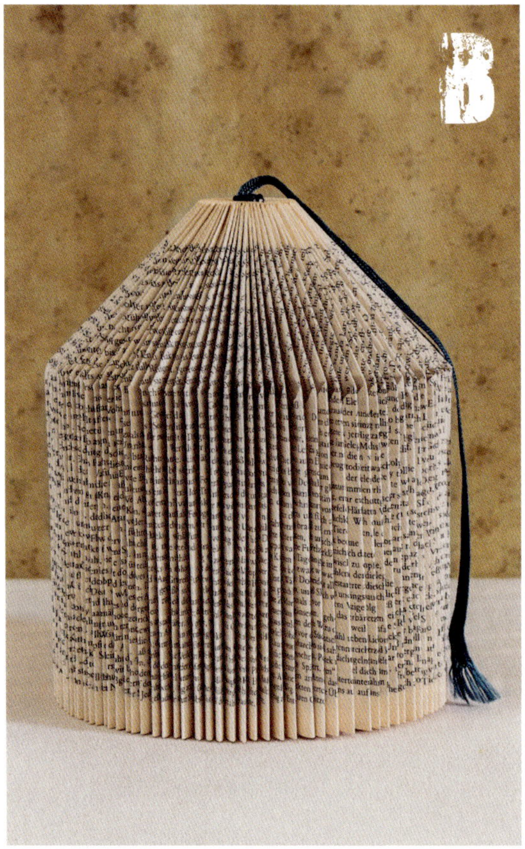

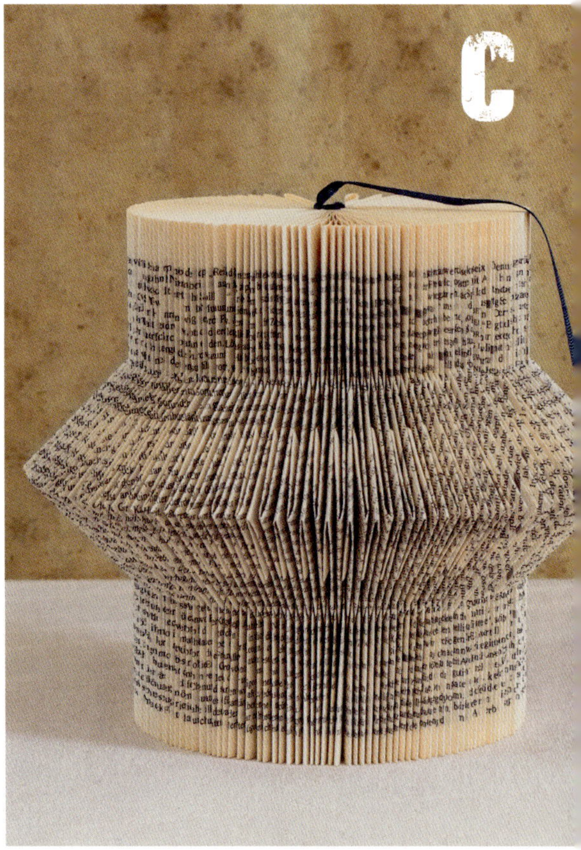

d

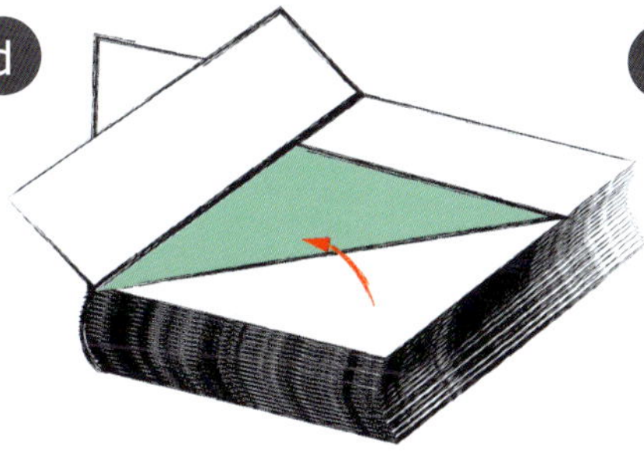

e

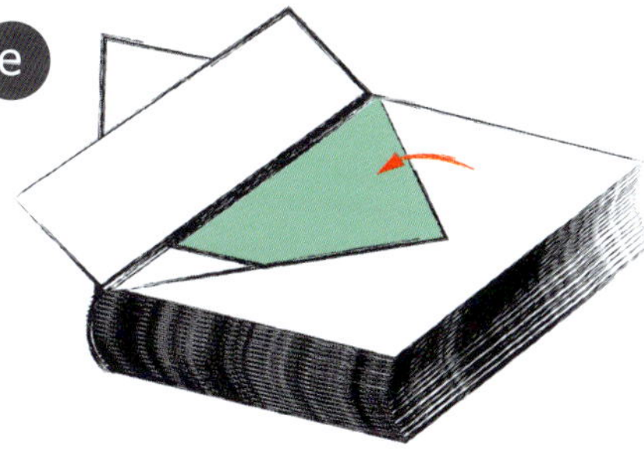

f

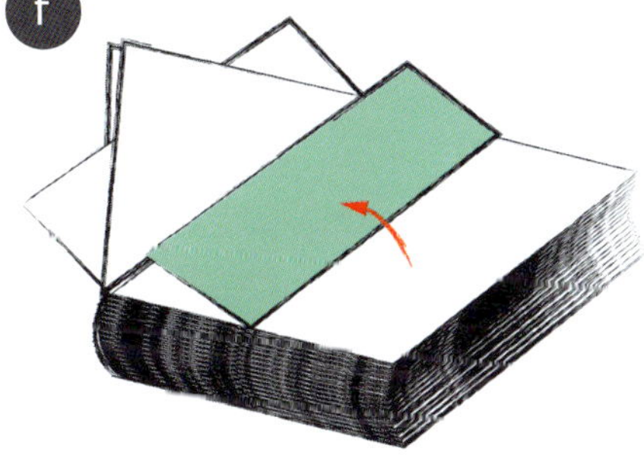

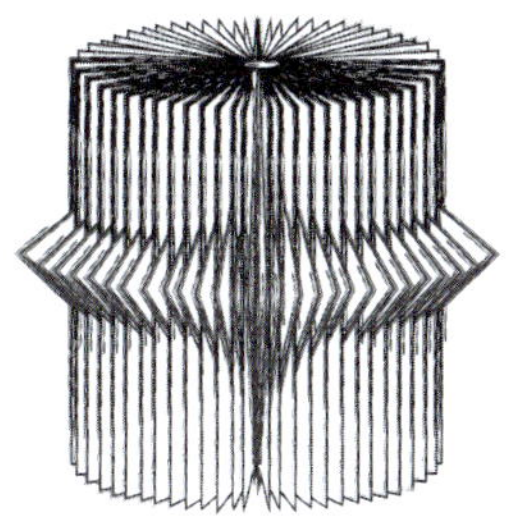

Dritte Seite

d) Die untere rechte Ecke im 45°-Winkel zum Bundsteg falten, sodass die untere Kante mit einem Abstand von ca. 3–5 mm parallel zur Bindung verläuft.

e) Die obere rechte Ecke ebenfalls im 45°-Winkel zum Bundsteg falten, sodass auch die obere Kante parallel zur Bindung verläuft. An der Spitze überlappt die obere die untere Faltung.

Vierte Seite

f) Den Außensteg rechtwinklig zur Mitte falten, sodass er bündig zur Bindung verläuft.

Alle weiteren Seiten im selben Rhythmus (a–f) falten.

a

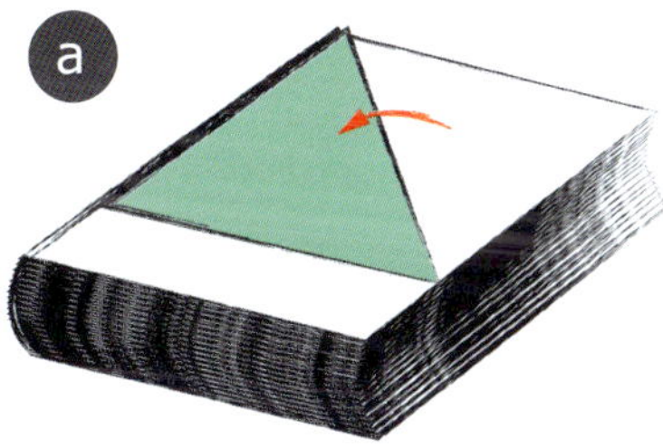

b

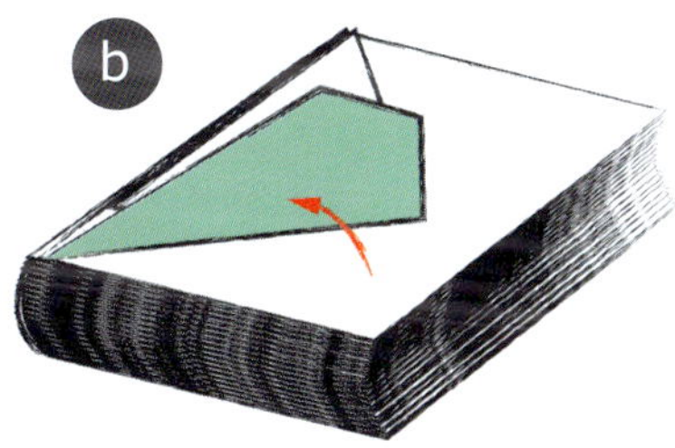

c

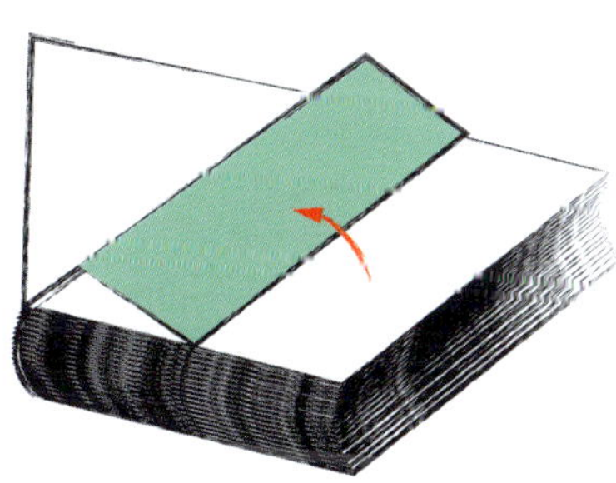

Rotunde D

Für Bücher mit ca. 500–600 Seiten. Es werden alle ungeraden Seiten gefaltet.

Erste Seite

a) Die obere rechte Ecke im 45°-Winkel zum Bundsteg falten, sodass die obere Kante mit einem Abstand von ca. 3–5 mm parallel zur Bindung verläuft.

b) Die untere rechte Ecke ebenfalls im 45°-Winkel zum Bundsteg falten, sodass auch die untere Kante parallel zur Bindung verläuft. An der Spitze überlappt die untere die obere Faltung.

Zweite Seite

c) Den Außensteg rechtwinklig zur Mitte falten, sodass er im Abstand von 3–5 mm parallel zur Bindung verläuft.

d) Die neu entstandene rechte obere Ecke im 45°-Winkel falten, sodass die obere Kante parallel zur Bindung verläuft.

d

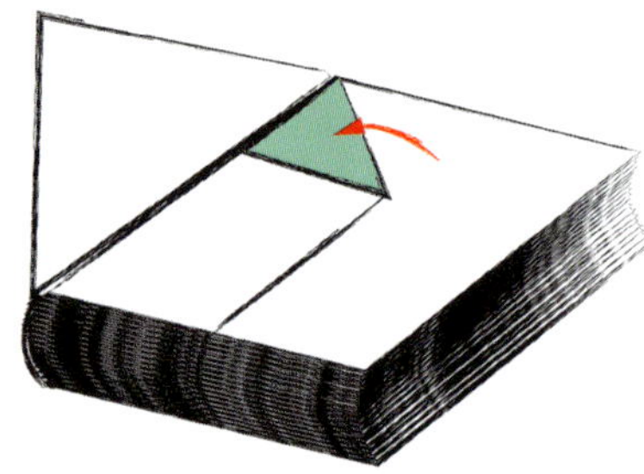

Dritte Seite

e) Die untere rechte Ecke im 45°-Winkel zum Bundsteg falten, sodass die untere Kante mit einem Abstand von ca. 3–5 mm parallel zur Bindung verläuft.

e

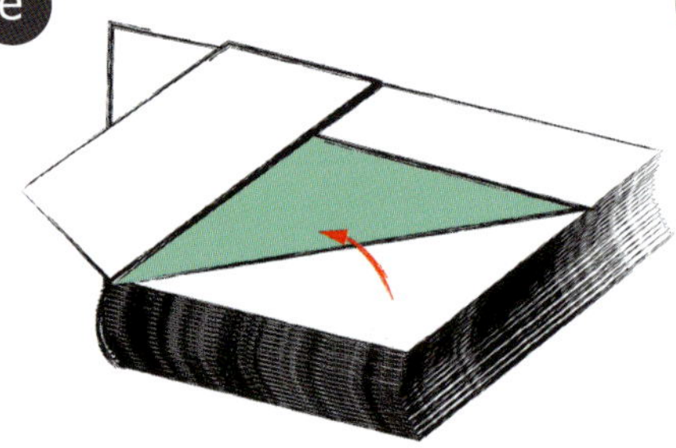

f) Die obere rechte Ecke ebenfalls im 45°-Winkel zum Bundsteg falten, sodass auch die obere Kante parallel zur Bindung verläuft. An der Spitze überlappt die obere die untere Faltung.

f

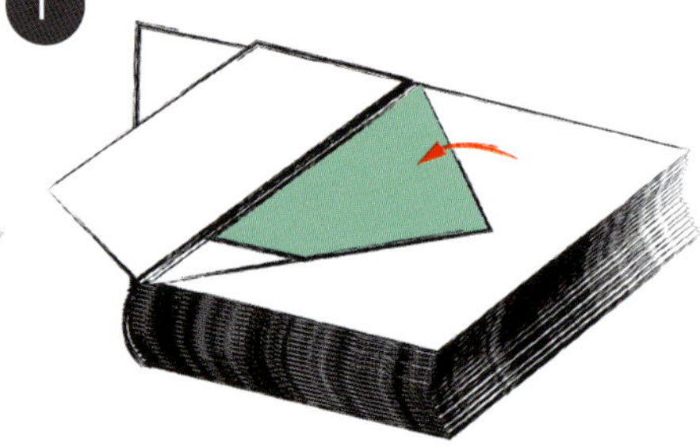

Vierte Seite

g) Den Außensteg rechtwinklig zur Mitte falten, sodass er im Abstand von 3–5 mm parallel zur Bindung verläuft.

g

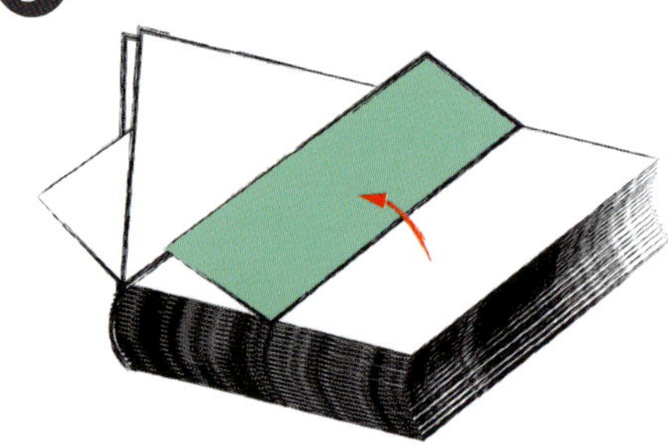

h) Die neu entstandene rechte obere Ecke im 45°-Winkel falten, sodass die obere Kante parallel zur Bindung verläuft.

h

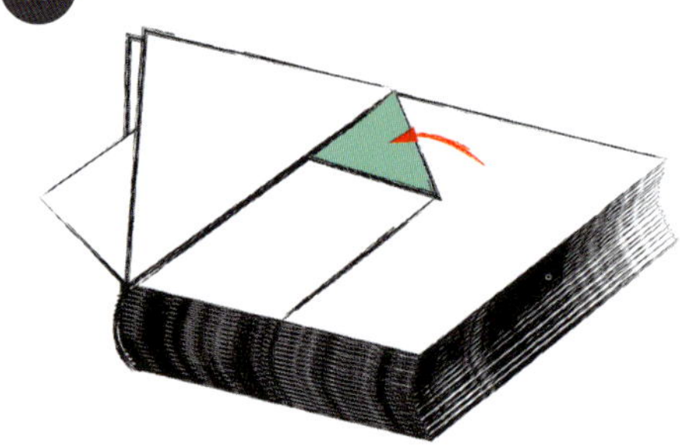

Alle weiteren Seiten im selben Rhythmus (a–h) falten.

TIPP

Die Rotunden wirken kompakter, wenn immer zwei Seiten auf einmal gefaltet werden. Dafür benötigen Sie jedoch umfangreichere Bücher.

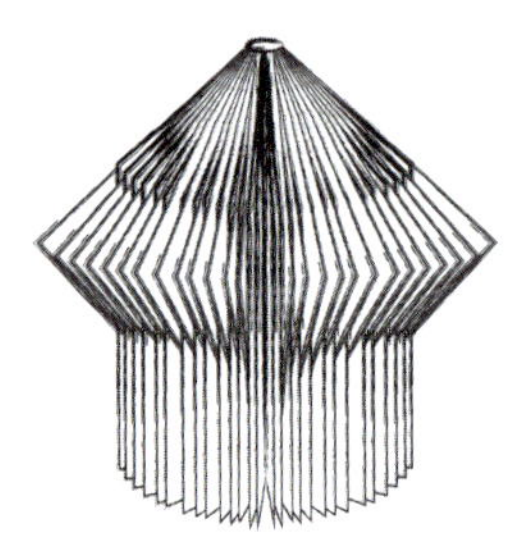

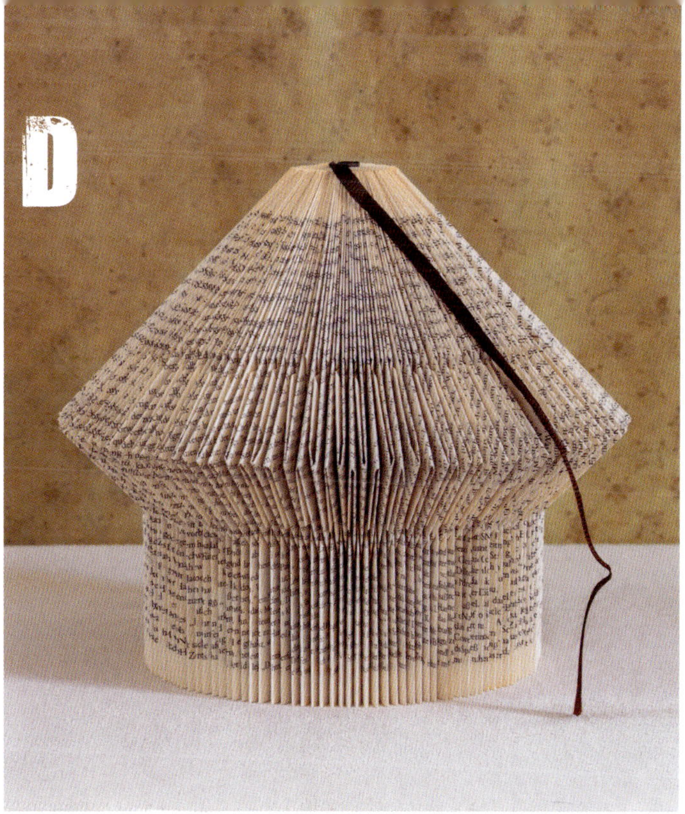

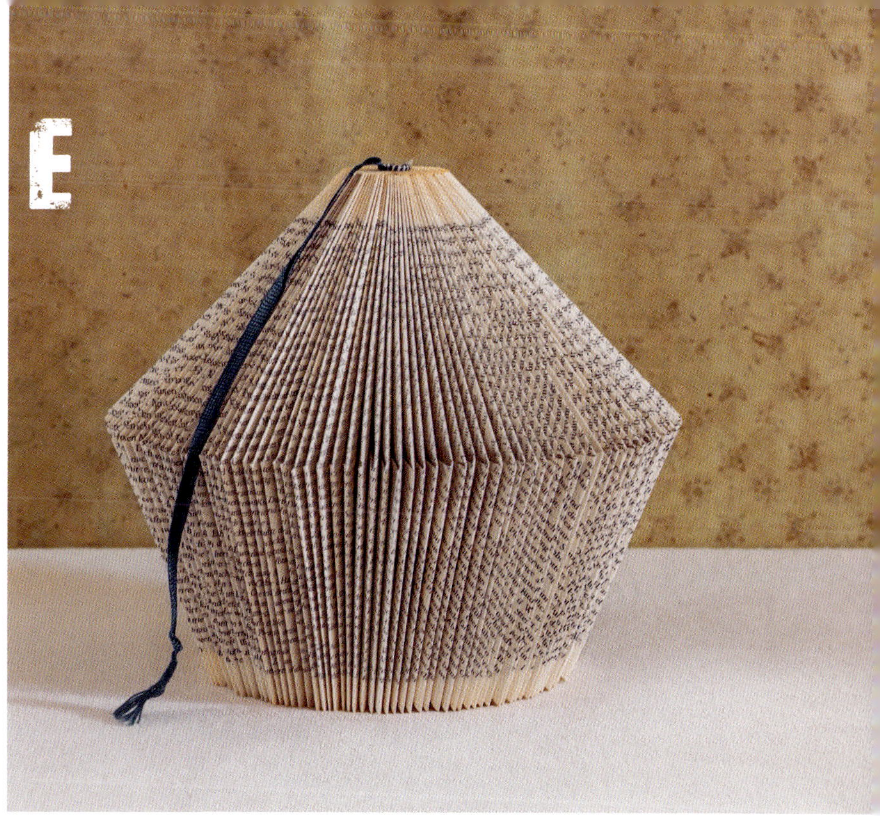

Rotunde E

Für Bücher mit ca. 500–600 Seiten. Es werden alle ungeraden Seiten gefaltet.

Hierfür benötigen Sie eine Schablone: Schneiden Sie ein Blatt genau auf die Größe einer Buchseite zu, und zeichnen Sie in der Mitte eine horizontale Linie ein.

a

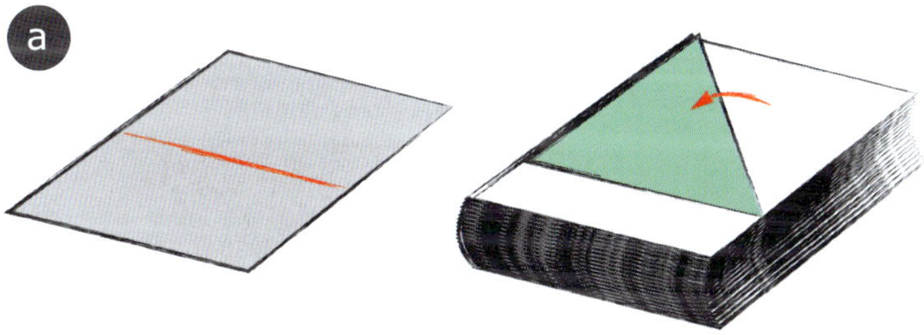

a) Die obere rechte Ecke im 45°-Winkel zum Bundsteg falten, sodass die obere Kante mit einem Abstand von ca. 3–5 mm parallel zur Bindung verläuft.

b

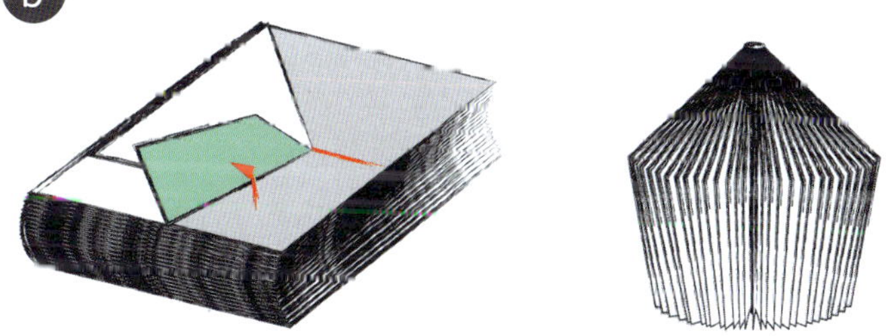

b) Für die zweite Faltung die Schablone hinter die Seite schieben. Die untere Ecke so nach oben falten, dass der Falzpunkt und die Kante aus der Faltung a exakt auf der Linie liegen.

Alle weiteren Seiten im selben Rhythmus (a–b) falten.

Inspirationen

Die Rotunden in der Kiste sind nach der etwas abgewandelten Anleitung A auf Seite 114 gefaltet. Einige Bücher wurden vorher mit dem Cutter gekürzt.

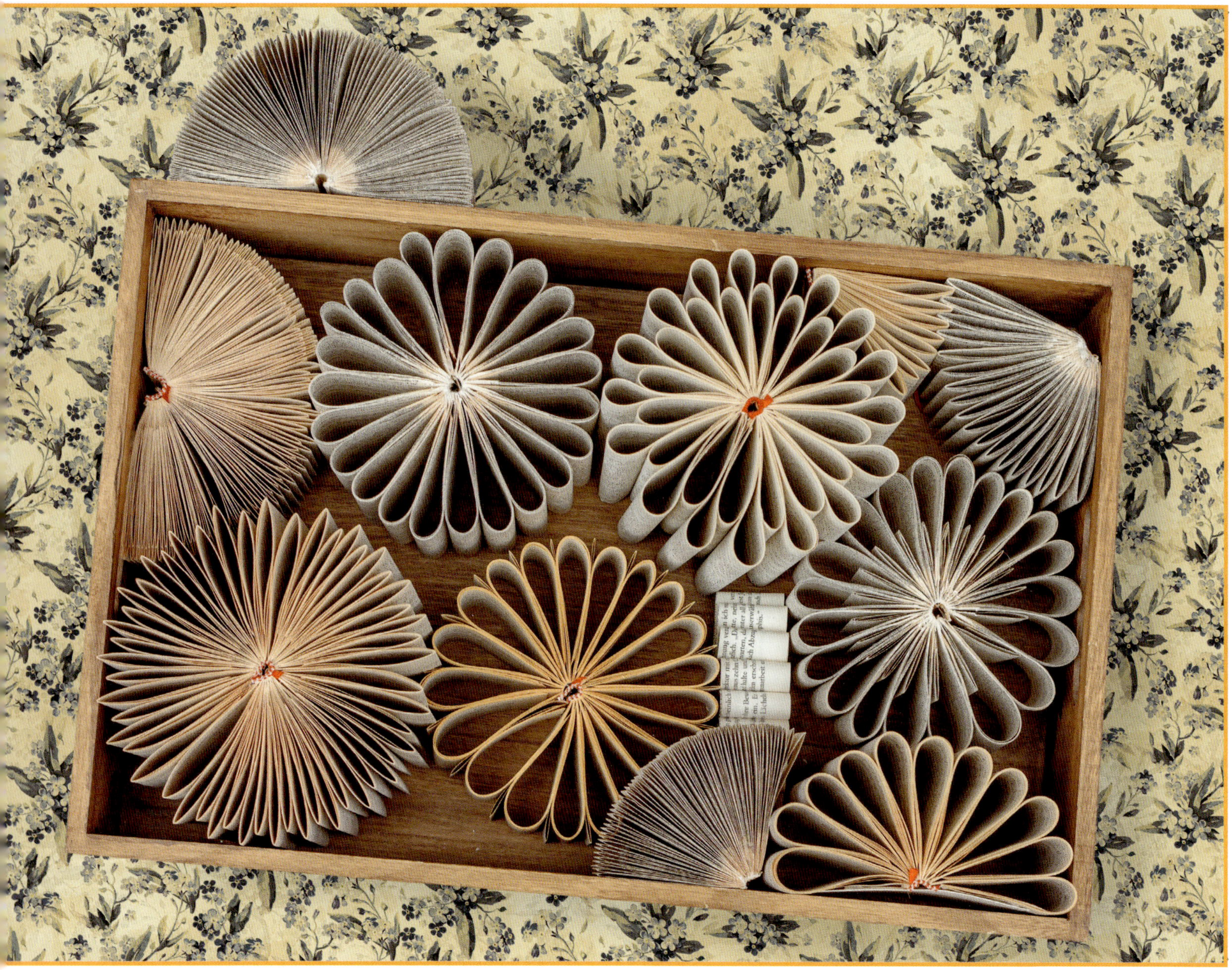

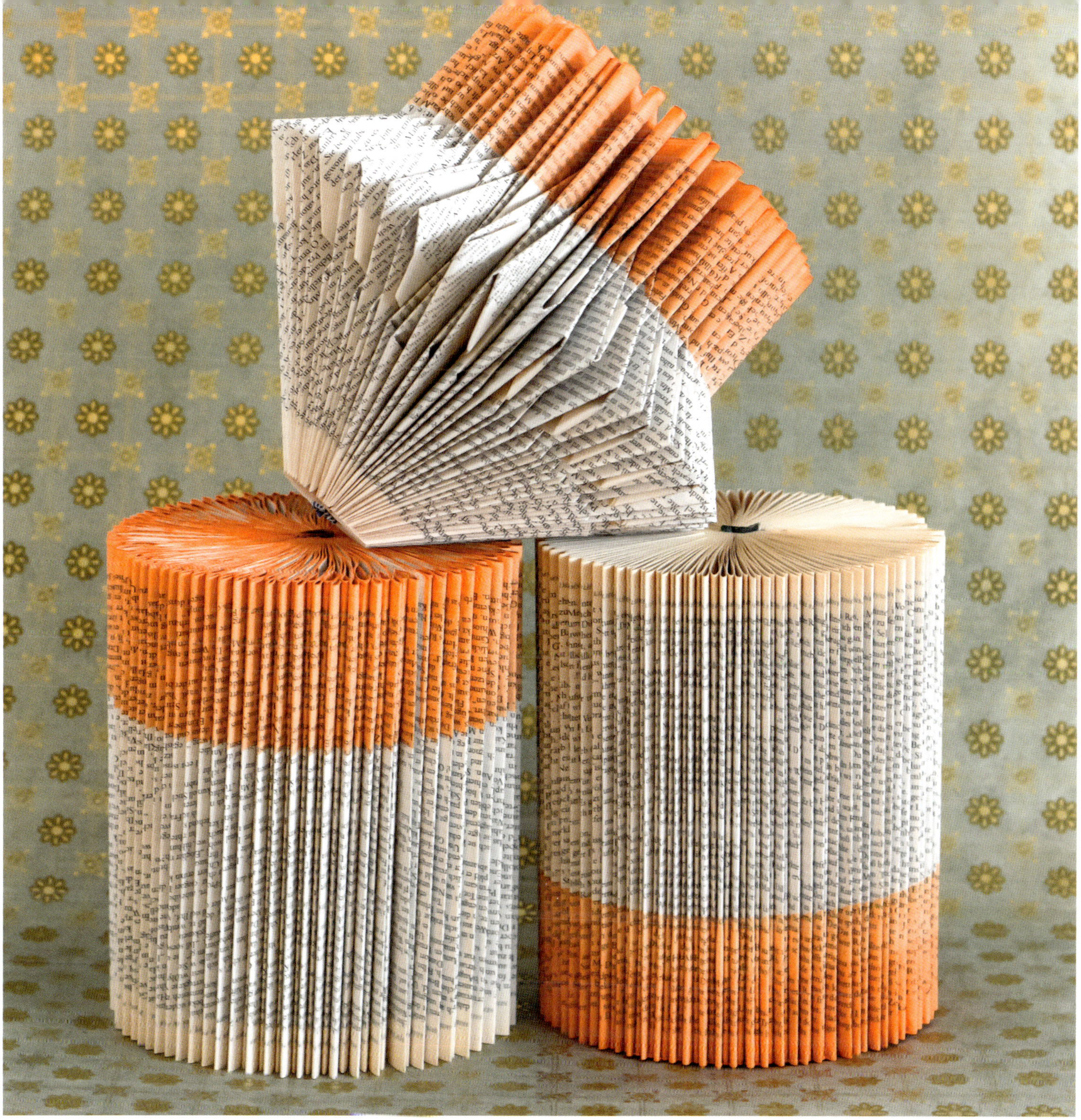

Hier ist Farbe im Spiel: Die fertige Rotunde kurz in einen Behälter mit Farbe tauchen, abtropfen und trocknen lassen. Wenn Sie verdünnte Farbe auf Wasserbasis verwenden, bleiben die Buchstaben gut erkennbar.

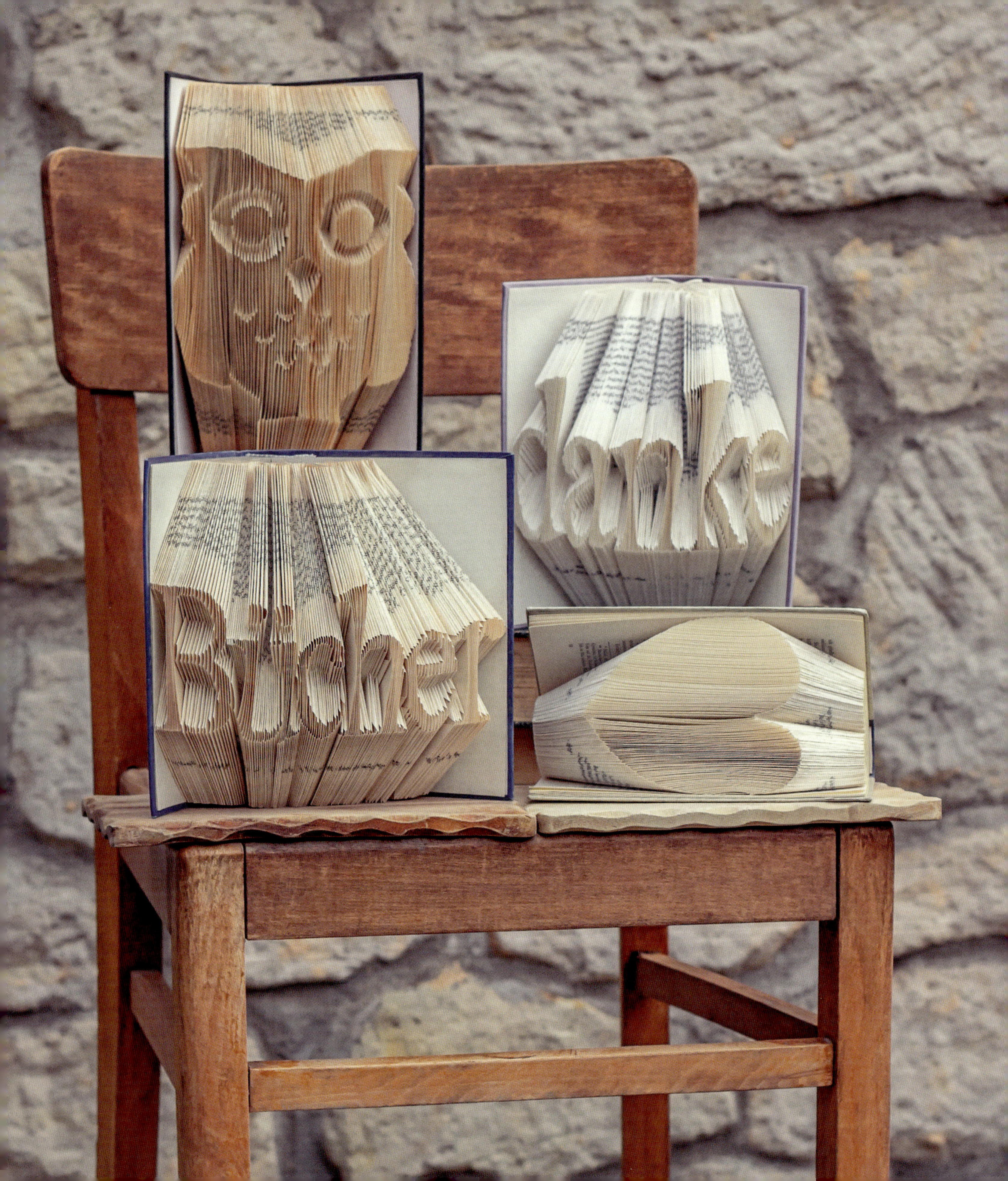
danke
Bücher

Buchschnitt-Skulpturen

Für die Königsdisziplin des Buchfaltens eignen sich ausschließlich Hardcover. Wichtig ist eine einwandfreie Verklebung zwischen Falz, Vorsatzpapier und Buchdeckel. Ist sie beschädigt, kann sich der Buchdeckel vom Buchblock lösen.

Auf die Vorbereitung kommt es an

Das Muster auf Millimeterpapier übertragen

Für die Faltung benötigen Sie eine Mustervorlage auf Millimeterpapier. Für die Übertragung des Musters bieten sich folgende Vorgehensweisen an:

- Einzeichnen von Hand
- Abpausen
- Ausschneiden und Aufkleben
- Drucken oder Kopieren

Auf die Falttechnik kommt es an

Faltungen sollten, wenn möglich, immer 3–5 mm vor der Bindung enden, also nicht bündig mit ihr abschließen. Achten Sie auf gleichmäßige Abstände.

Versuchen Sie alle Falten im 45°-Winkel anzulegen. Manchmal reicht die Breite einer Buchseite dafür nicht aus. In solchen Fällen wird die Seite in einem spitzen Winkel zur Bindung gefaltet.

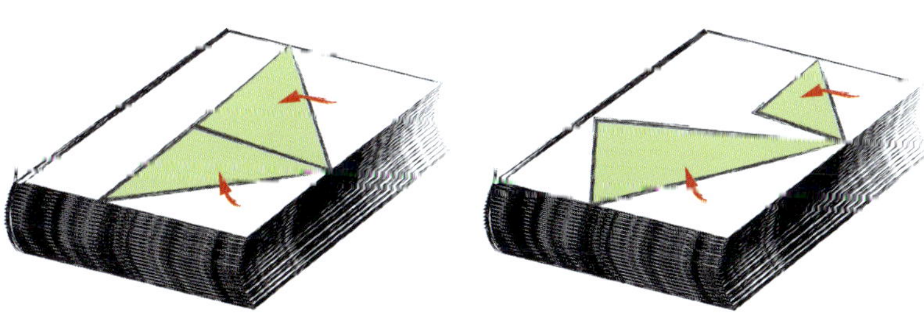

Falten Sie gerade und exakt, sodass Ecken oder Falzkanten genau übereinanderliegen. Streichen Sie die Falten mit dem Zeigefinger oder einem Falzbein flach. Mit dem Falzbein nicht zu viel Druck ausüben, damit genügend Volumen im Buchschnitt erhalten bleibt.

Leerseiten

Achten Sie darauf, Buchseiten, die nicht mehr ins Muster passen, gleichmäßig auf den Anfang und das Ende des Buches zu verteilen. Sie können sie einfach stehen lassen oder komplett wegfalten, d.h., parallel zum Buchrücken je zweimal hälftig nach innen knicken, sodass sie im Inneren der Skulptur verschwinden. Diese Methode eignet sich jedoch nur für maximal zwei aufeinanderfolgende Seiten. Eleganter wirkt es, wenn Sie das Motiv (Muster oder Buchstaben) am Anfang und am Ende des Buches einfach auslaufen lassen.

TIPP Fertige Buchschnitt-Skulpturen bitte auf keinen Fall pressen – sie verlieren dann ihr Volumen.

Musterlinien falten

Mit einer Vorlage mit ein paar einfachen, geschwungenen Linien lassen sich zauberhafte Muster in den Buchschnitt falten. Die Skulpturen wirken besonders attraktiv, wenn sich einzelne Ornamente wiederholen.

TIPP Das parabelförmige Muster mit der Mittelachse können Sie frei Hand in der von Ihnen gewünschten Höhe (hier 11 cm) auf Transparentpapier skizzieren. Am einfachsten ist es, zunächst eine Halbparabel mit einer schönen Rundung zu entwerfen. Wenn Sie mit dem Ergebnis zufrieden sind, können Sie die Halbparabel auf einem zweiten Blatt Transparentpapier an einer vertikalen Achse spiegeln, eine horizontale Mittelachse einzeichnen, die Parabel anschließend an dieser spiegeln usw., bis Sie die gewünschte Breite (hier 296 mm) erreicht haben.

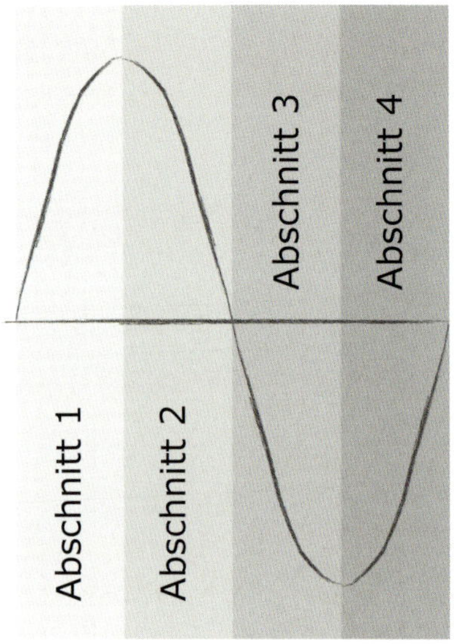

Das brauchen Sie:

Materialien

- 1 altes Buch normaler Größe (unbedingt Hardcover)
- 1 Blatt Millimeterpapier (DIN-A4)
- evtl. Transparentpapier

Hilfsmittel

- Lineal und harter Bleistift
- Anspitzer
- Muster (ein Ornament, das sich wiederholt)
- evtl. Falzbein

Für diese Faltarbeit habe ich Band 2 aus einer alten Ausgabe von Henrik Ibsens Werken verwendet. Sie ist 1907 im Fischer-Verlag erschienen (Format 19 × 12 cm, 592 Seiten).

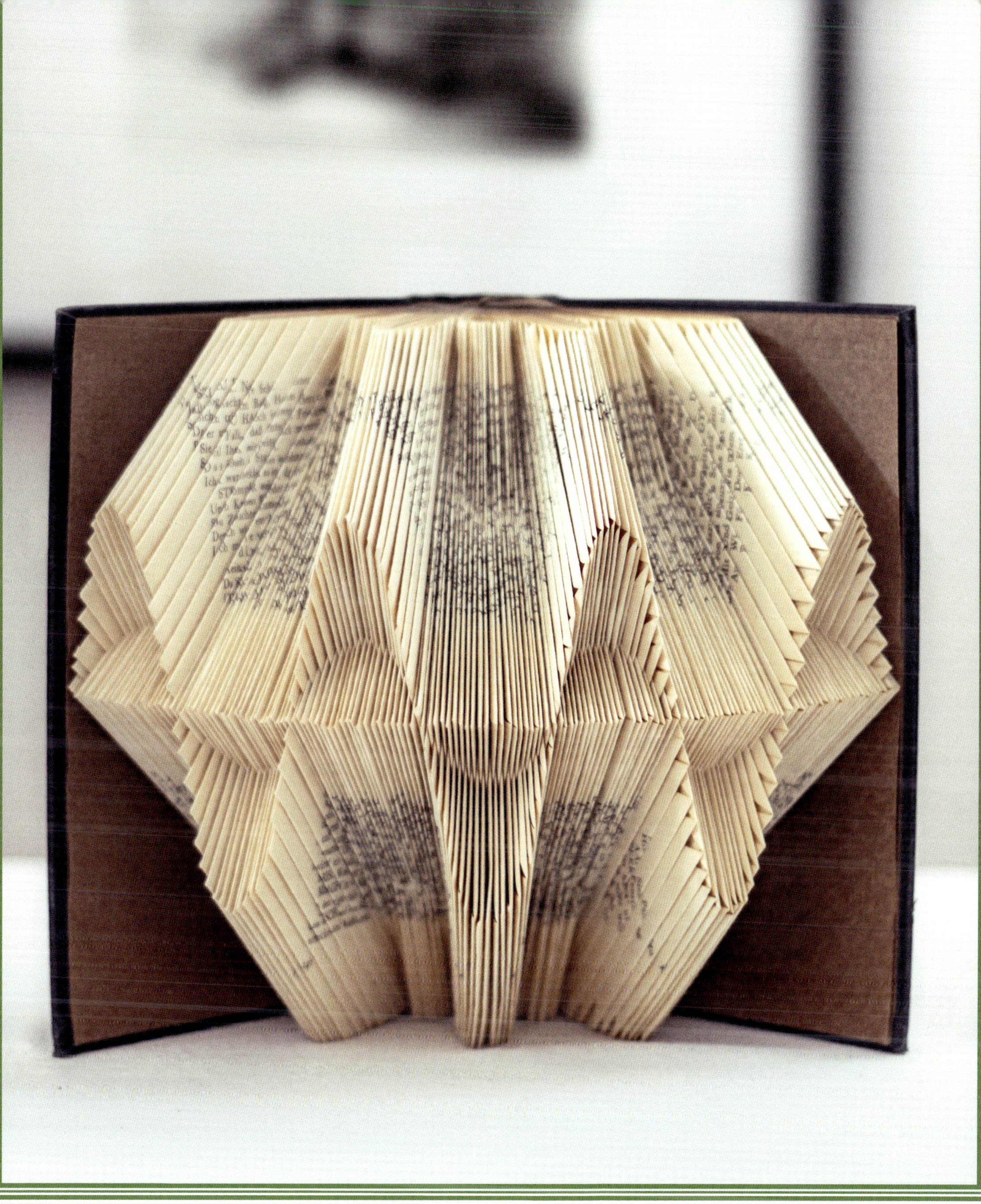

Schritt für Schritt

So gehen Sie vor:

1 Die Faltvorlage erstellen

a) Die Höhe der Buchseiten ausmessen und auf Millimeterpapier mit zwei Linien markieren. Innerhalb der beiden Linien oben und unten jeweils einen „Sperrbereich" von 4 cm einzeichnen. Dadurch wird ein späteres Aufblättern einzelner Falten ausgeschlossen.
Die Breite des Musters ergibt sich aus der Seitenzahl des Buches: Jede ungerade Seite entspricht 1 mm. Die berechnete Breite auf dem Millimeterpapier eintragen.

b) Das Muster in die markierte Fläche eintragen. Es sollte sich gleichmäßig über das gesamte Buch verteilen und kann beidseitig angeschnitten werden, wenn es nicht aufgeht.

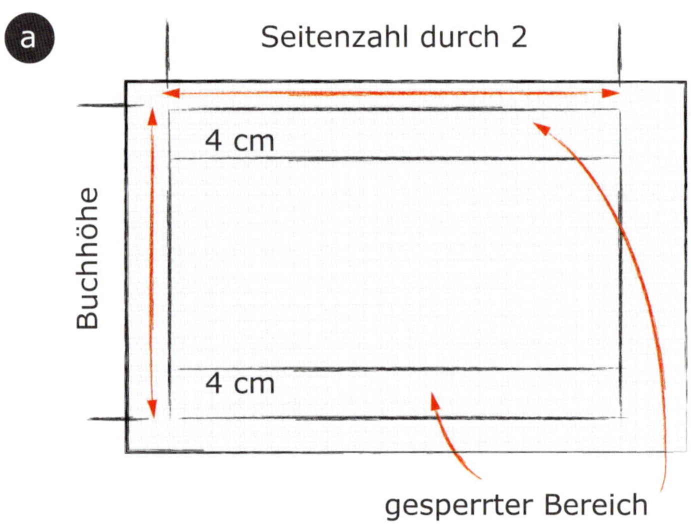

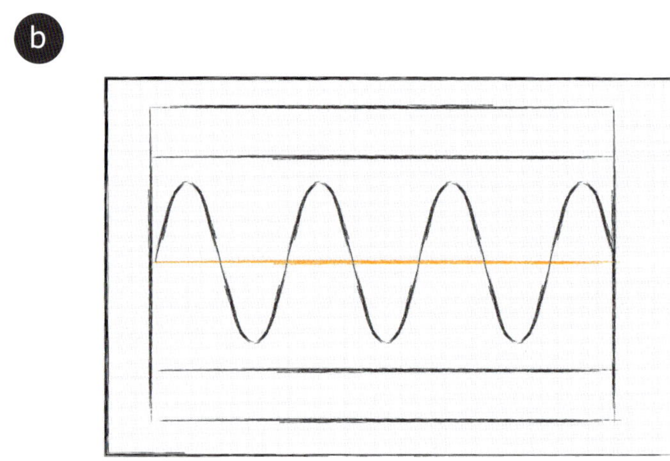

TIPP

Natürlich können Sie auch einfach ein Muster aus einem Geometrie- oder Kunstbuch kopieren.

TIPP

Da sich die Elemente des Musters wiederholen, genügt es, nur einen Rapport in die Tabelle aufzunehmen.

c) Eine Maßtabelle für die Faltungen anlegen und die Faltpunkte vom Millimeterpapier in die Tabelle übertragen. Jeder Millimeter in der Breite entspricht einer ungeraden Buchseite. Damit das wellenförmige Muster entsteht, werden beide Faltungen pro Seite auf einen gemeinsamen Faltpunkt geführt, der immer weiter nach oben bzw. unten wandert. Das Muster verläuft auf zwei Ebenen: der Ebene der Parabel und der Ebene der Horizontalen. Auf der Vorlage wird also jede vertikale Millimeterlinie an zwei Stellen von einer Musterlinie gekreuzt. Da nur zwei Faltungen pro Seite möglich sind, müssen diese Faltpunkte abwechselnd berücksichtigt werden: Für die erste Seite wird der Faltpunkt der Parabel, für die zweite Seite der Faltpunkt der Horizontalen in die Tabelle eingetragen. In dieser Reihenfolge fortfahren, bis allen Buchseiten ein Faltpunkt zugeordnet ist.

TIPP Messen Sie mit dem Linieal von oben den jeweiligen Abstand zum Faltpunkt.

C

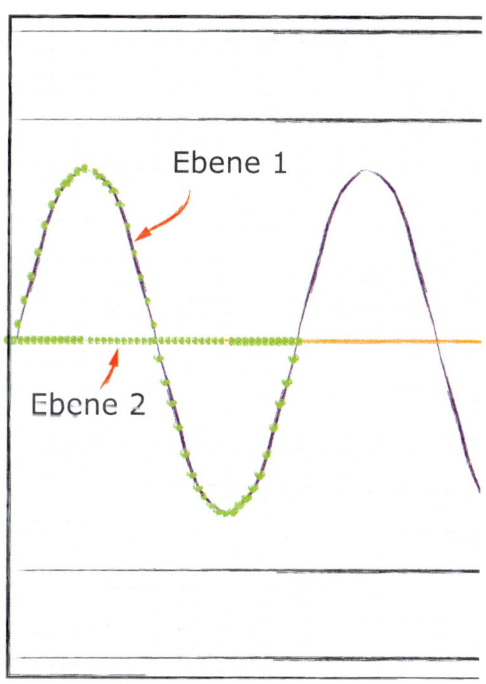

Seite	Faltpunkt 1 und 2 in Zentimetern (cm)
1	9,0
3	9,5
5	8,3
7	9,5
9	7,6
11	9,5
13	6,9
15	9,5
17	6,1
19	9,5
21	5,6
23	...
...	...
167	9,5

Die komplette Tabelle finden Sie im Anhang auf Seite 158.

2 Die Faltpunkte ins Buch übertragen

Die Faltpunkte aus der Tabelle Seite für Seite unter Zuhilfenahme eines Lineals mit Bleistift in das Buch übertragen. Die Punkte möglichst zart einzeichnen und nicht direkt auf den Rand setzen.
Um ein schönes Ergebnis zu erhalten, müssen Sie millimetergenau arbeiten.

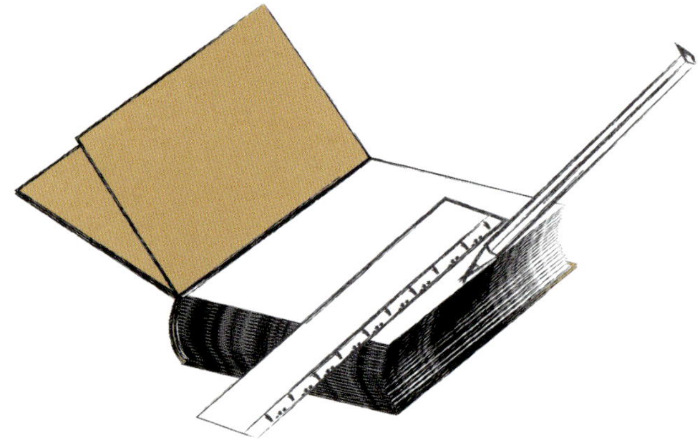

TIPP Übertragen Sie die Faltpunkte portionsweise, z. B. immer nur für ca. 20 Seiten, und falten Sie diese anschließend. Sollte Ihnen ein Übertragungsfehler unterlaufen, merken Sie es frühzeitig und können sofort reagieren.

3 Die Seiten falten

Die Seiten an den Faltpunkten falten, wie auf Seite 123 beschrieben. Schon bald ist das Muster im Buchschnitt zu erkennen.

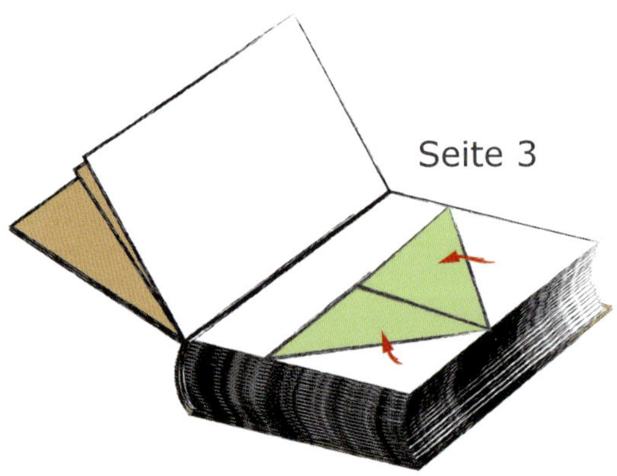

Seite 3

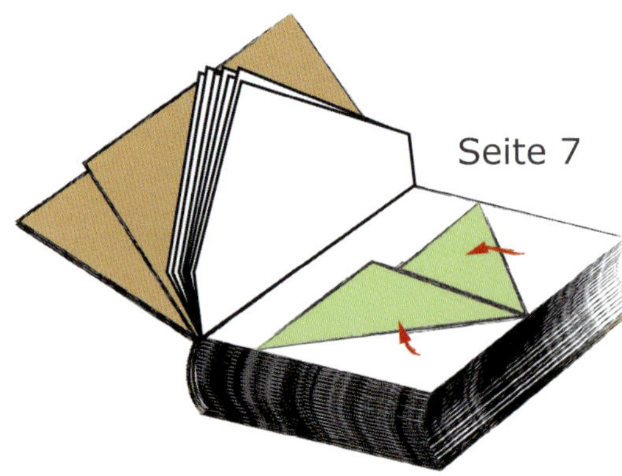

Seite 7

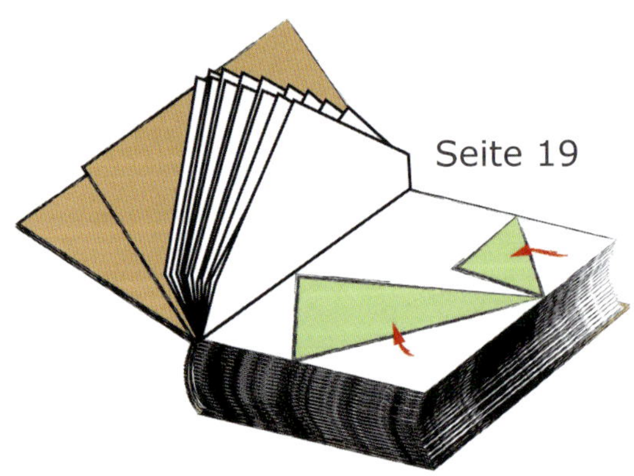

Seite 19

TIPP Arbeiten Sie unbedingt mit einem harten und stets gut gespitzten Bleistift, damit die Markierungen auf den Buchseiten möglichst wenig ins Auge fallen.

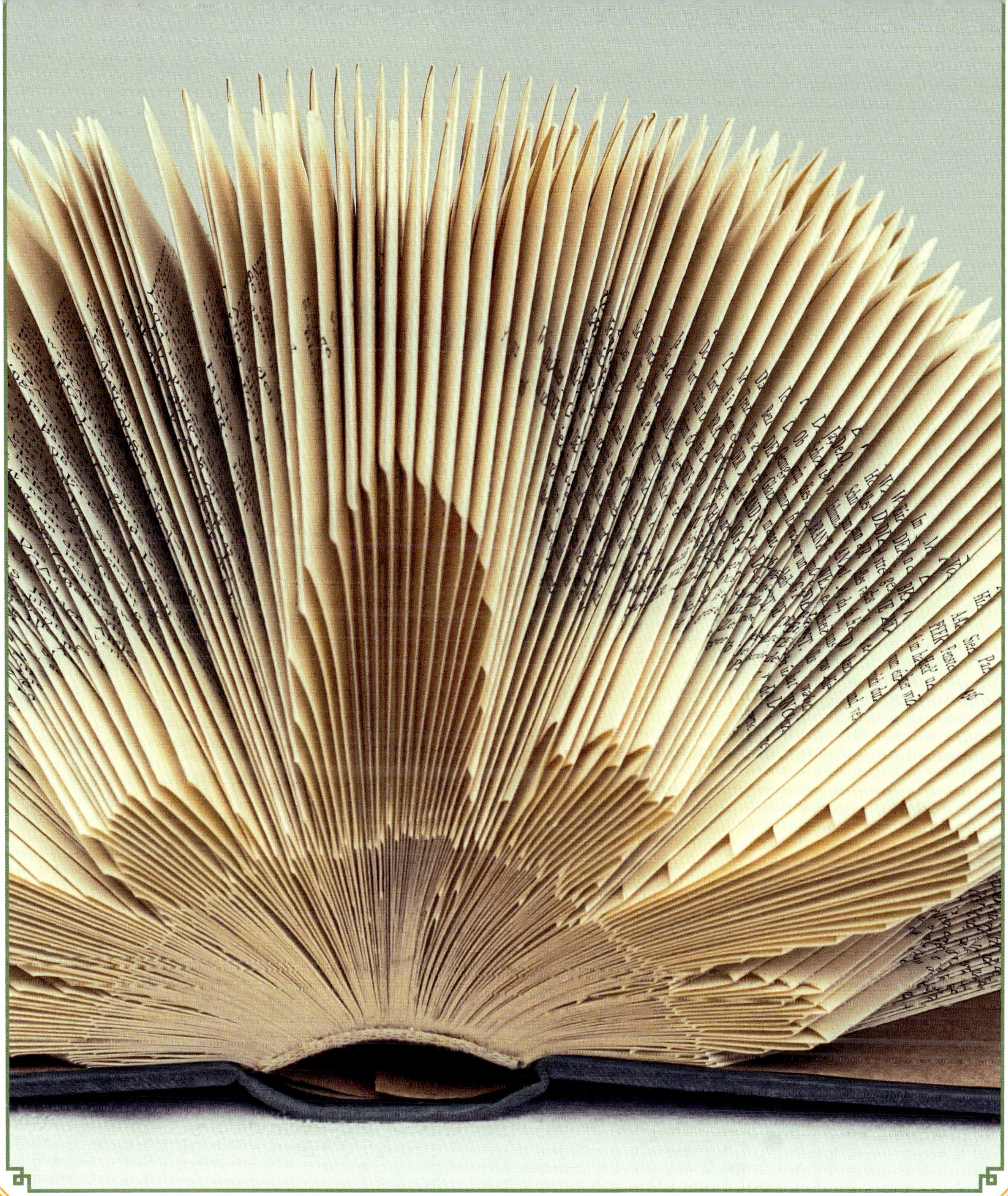

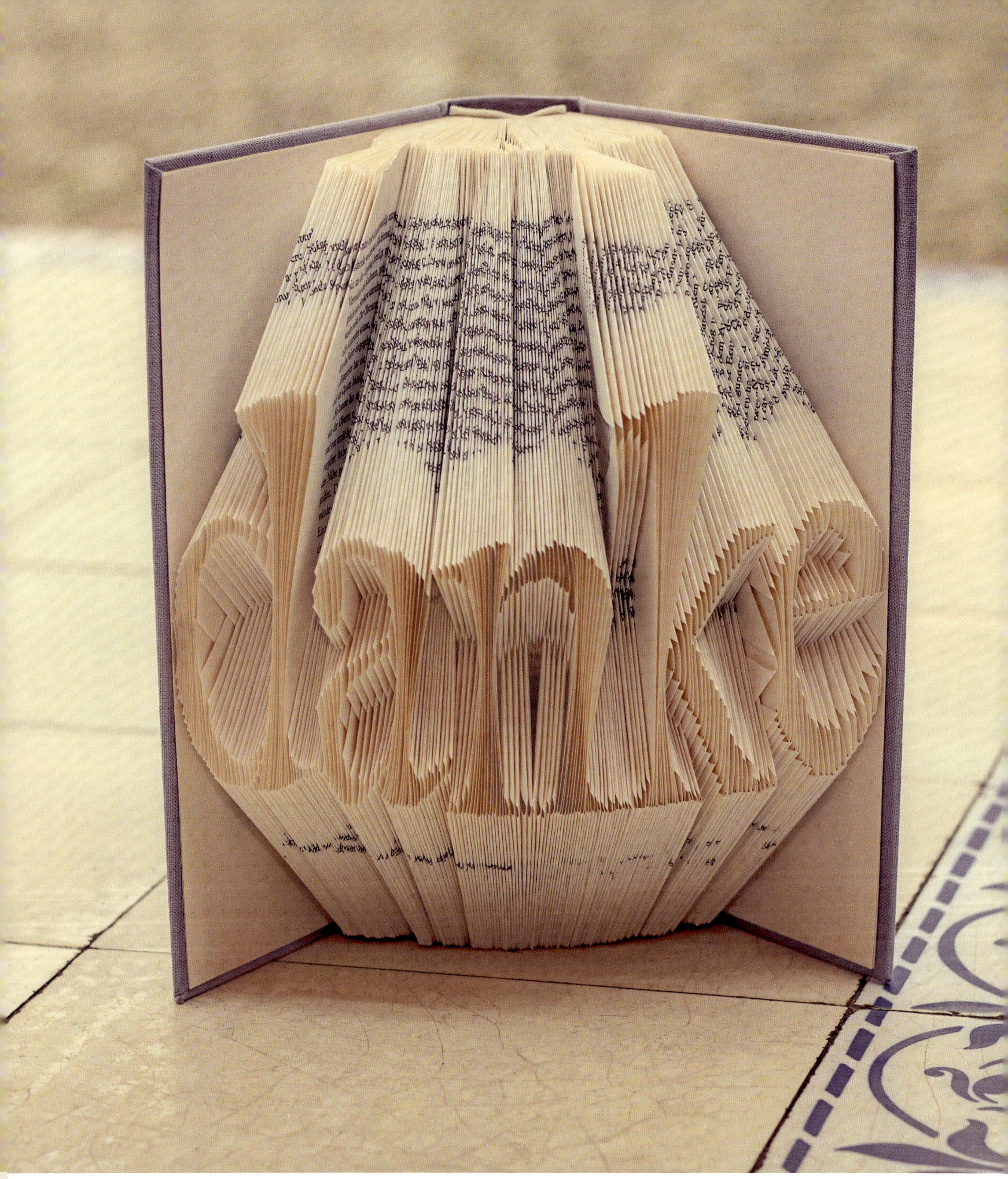
danke

Wörter falten

Auch Wörter kann man in den Buchschnitt falten. Ein solch kunstvoll veredeltes Buch ist etwas ganz Besonderes und wird jeden, der so etwas noch nie gesehen hat, in ehrfürchtiges Staunen versetzen.

Welche Wörter eignen sich?

Möglichkeiten gibt es unendlich viele, aber nicht alle lassen sich optisch ansprechend umsetzen. Grundsätzlich eignen sich kürzere Wörter besser als lange. Wörter mit bis zu ca. 8 Buchstaben lassen sich gut falten. Je länger das Wort, desto geringer die Buchstabenhöhe und desto unscheinbarer die Skulptur.
Pro Buchstabe benötigen Sie etwa 100–120 Seiten (50–60 ungerade Seiten).

danke

dankeschön

Welche Schriftarten eignen sich?

Die Schriftart entscheidet über die Lesbarkeit und die Optik der Skulptur. Serifenschriften – wie z. B. die Times New Roman – eignen sich hervorragend zum Falten, denn die Serifen „führen" das Auge und erleichtern so das Lesen. Auch die Buchstabenfolge sowie Groß- und Kleinschreibung beeinflussen die ästhetische Wirkung. Sie lässt sich kaum vorausberechnen – es hilft nur Ausprobieren.

DANKE

danke

Für diese Faltarbeit habe ich Lew Tolstois Werk *Auferstehung* aus den Gesammelten Werken verwendet (Band 2), die 1979 bei Rütten & Loening in Berlin erschienen sind (20 × 12 cm, 638 Seiten).

Das brauchen Sie:

Materialien

- 1 altes Buch (unbedingt Hardcover)
- Millimeterpapier (DIN-A3)

Hilfsmittel

- Lineal und harter Bleistift
- Anspitzer
- Muster (das Wort, das gefaltet werden soll)
- evtl. Falzbein

Schritt für Schritt

So gehen Sie vor:

1 Die Faltvorlage erstellen

Die Höhe des Buches ausmessen und auf Millimeterpapier mit zwei Linien markieren. Innerhalb der beiden Linien oben und unten jeweils einen „Sperrbereich“ von 4 cm einzeichnen.
Die Breite des Musters ergibt sich aus der Seitenzahl des Buches: Jede ungerade Seite entspricht 1 mm. Die berechnete Breite auf dem Millimeterpapier eintragen.
Den gewünschten Schriftzug in die markierte Fläche eintragen.

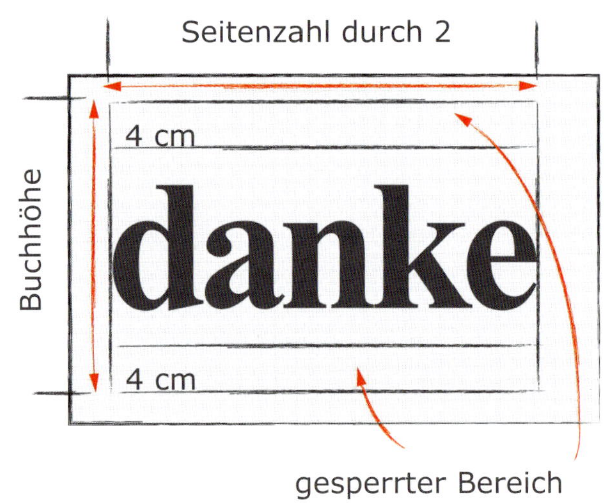

TIPP Den Buchstabenabstand so gering halten, dass es zwischen den Buchstaben keine Zwischenräume mehr gibt – das sorgt für ein kompakteres Schriftbild und verleiht der Skulptur mehr Stabilität.

Seite	Faltpunkt 1 in cm	Faltpunkt 2 in cm
1		
3		
...		
637		

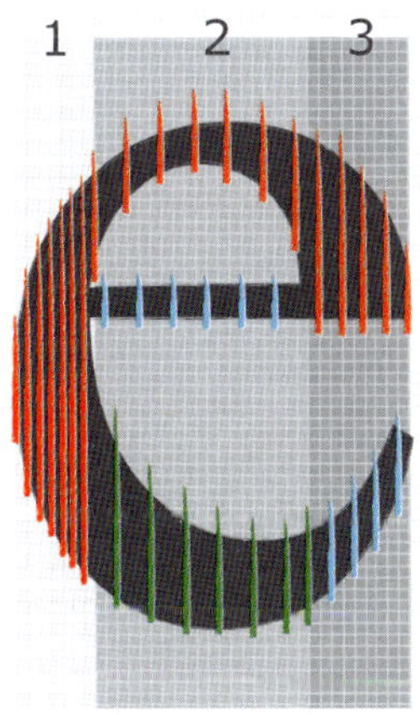

Seite	Faltpunkt 1 in cm	Faltpunkt 2 in cm
...		
537	9,5	12,9
539	9,3	13,1
...		
563	8,1	8,8
565	10,1	10,4
567	12,7	14,2
569	7,9	8,6
571	10,1	10,4
573	13,0	14,4
...		
615	8,1	10,4
617	13,1	13,9
619	8,3	10,4
621	13,0	13,7
...		

Eine Maßtabelle für die Faltungen anfertigen und die Faltpunkte vom Millimeterpapier in die Tabelle übertagen.

Jeder Millimeter in der Breite entspricht einer ungeraden Buchseite. Jede Seite wird zweimal gefaltet. Der erste Faltpunkt entspricht der oberen Kante, der zweite der unteren Kante des Buchstabens.
Nun verlaufen die meisten Buchstaben über mehrere Ebenen und haben demzufolge mehr als zwei Kanten. Das „e" beispielsweise hat im Bereich des Querstrichs drei Ebenen. Zur besseren Veranschaulichung habe ich es in drei Abschnitte unterteilt:

a) Im ersten Abschnitt gibt es nur eine Ebene. Messen Sie jeweils die obere und die untere Kante, und tragen Sie die Werte in die Tabelle ein.

b) Im dritten Abschnitt gibt es zwei Ebenen: zwei obere und zwei untere Kanten, also 4 Faltpunkte für jede Seite. Ausgangspunkt für die Messungen ist die erste Ebene (Ober- und Unterkante des Buchstabens). Alle Ebenen sind abwechselnd zu berücksichtigen:

- für Seite 615 die beiden Faltpunkte aus Ebene 1 in die Tabelle eintragen und Ebene 2 ignorieren
- für Seite 617 die beiden Faltpunkte aus Ebene 2 in die Tabelle eintragen und Ebene 1 ignorieren
- für Seite 619 wieder die Faltpunkte aus Ebene 1 in die Tabelle eintragen und Ebene 2 ignorieren usw.

c) Im zweiten Abschnitt gibt es sogar drei Ebenen, also 6 Faltpunkte für jede Seite. Ausgangspunkt für die Messungen ist auch hier die erste Ebene (Ober- und Unterkante des Buchstabens). Alle Ebenen sind abwechselnd zu berücksichtigen:

- für Seite 563 die beiden Faltpunkte aus Ebene 1 in die Tabelle eintragen und die Ebenen 2 und 3 ignorieren
- ür Seite 565 die beiden Faltpunkte aus Ebene 2 in die Tabelle eintragen und die Ebenen 1 und 3 ignorieren
- für Seite 567 die beiden Faltpunkte aus Ebene 3 in die Tabelle eintragen und die Ebenen 1 und 2 ignorieren
- für Seite 569 wieder die Faltpunkte aus Ebene 1 in die Tabelle eintragen und die Ebenen 2 und 3 ignorieren usw.

2 Die Faltpunkte in das Buch übertragen

Die Faltpunkte Seite für Seite unter Zuhilfenahme eines Lineals mit Bleistift in das Buch übertragen. Die Punkte möglichst zart einzeichnen und nicht direkt auf den Rand setzen.
Um ein schönes Ergebnis zu erhalten, müssen Sie millimetergenau arbeiten.

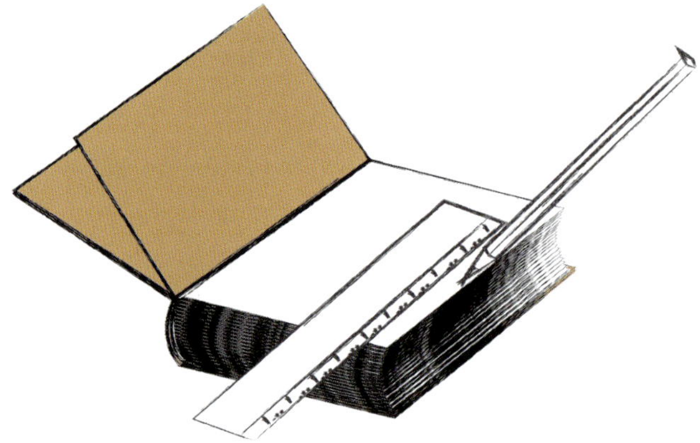

3 Die Seiten falten

Die Seiten an den Faltpunkten falten, wie auf Seite 123 beschrieben.

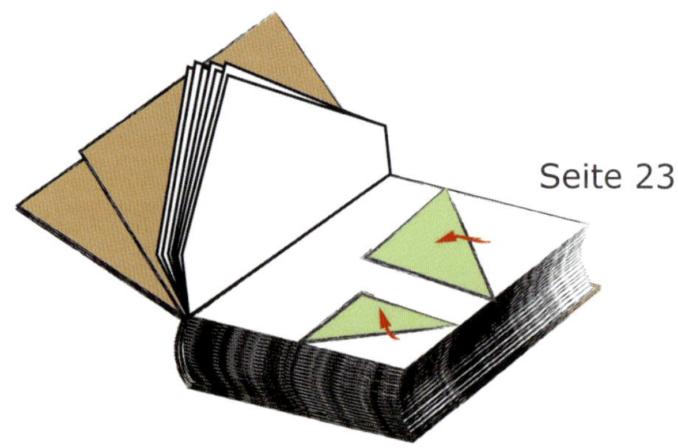

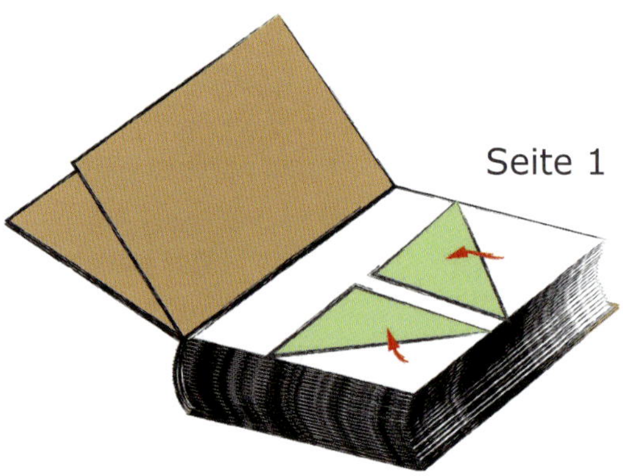

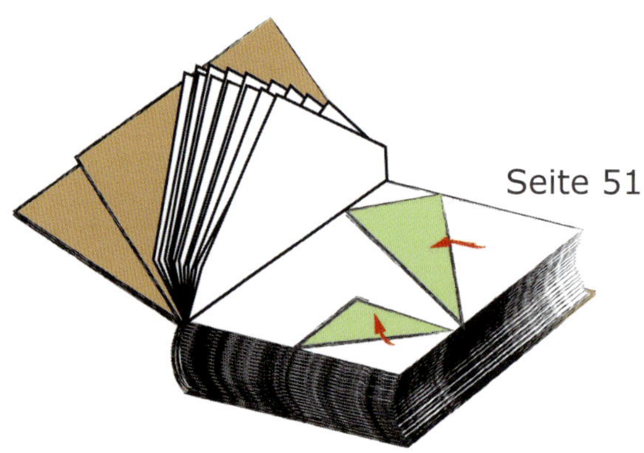

TIPP

Beginnen Sie Ihre Tabelle immer mit der Buchseite, die als Erste gefaltet wird (das ist meist nicht die Seite 1). Wenn Sie versehentlich einmal eine Seite überblättern, merken Sie das beim Übertragen der Faltpunkte ins Buch sofort.

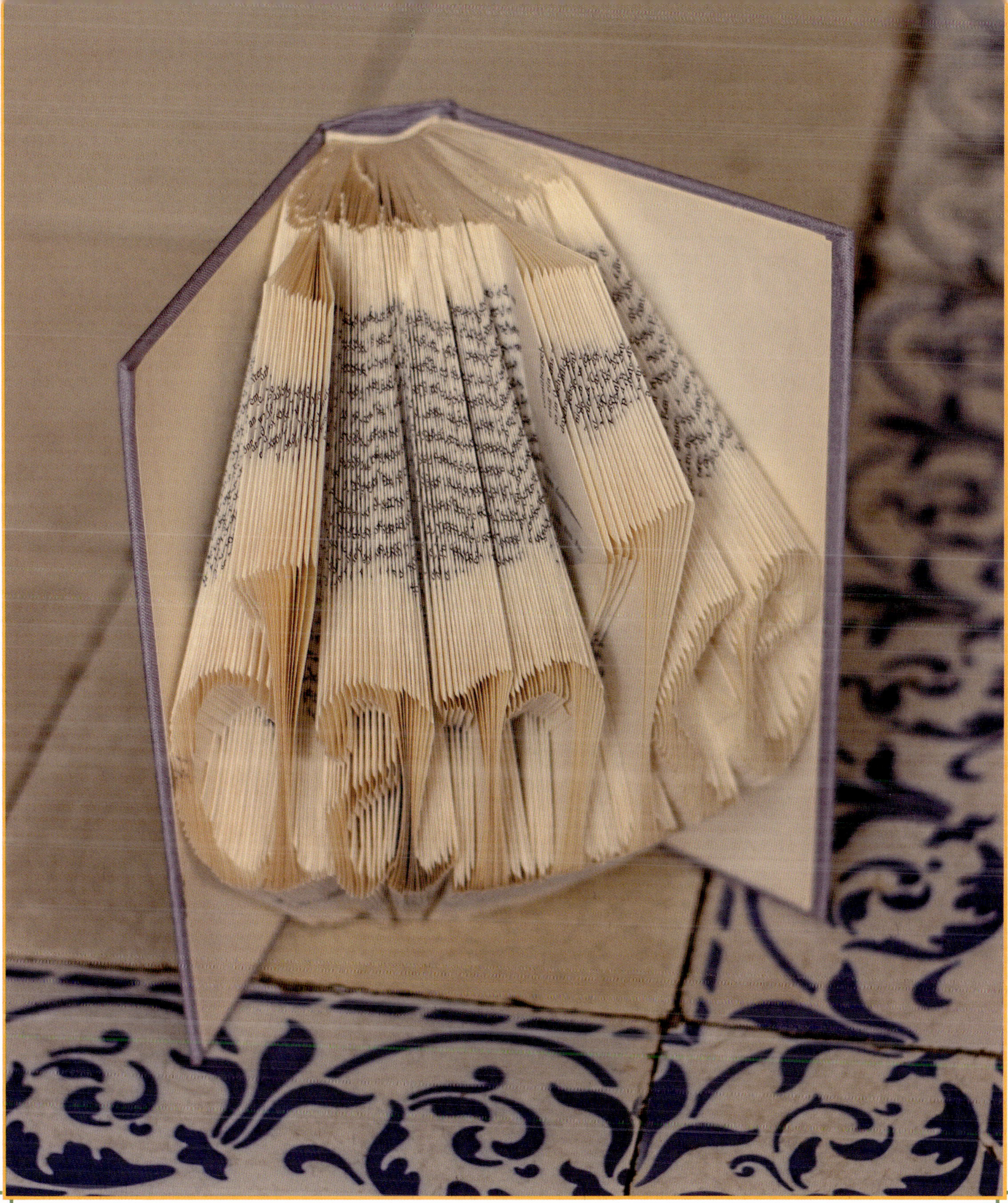

Inspirationen

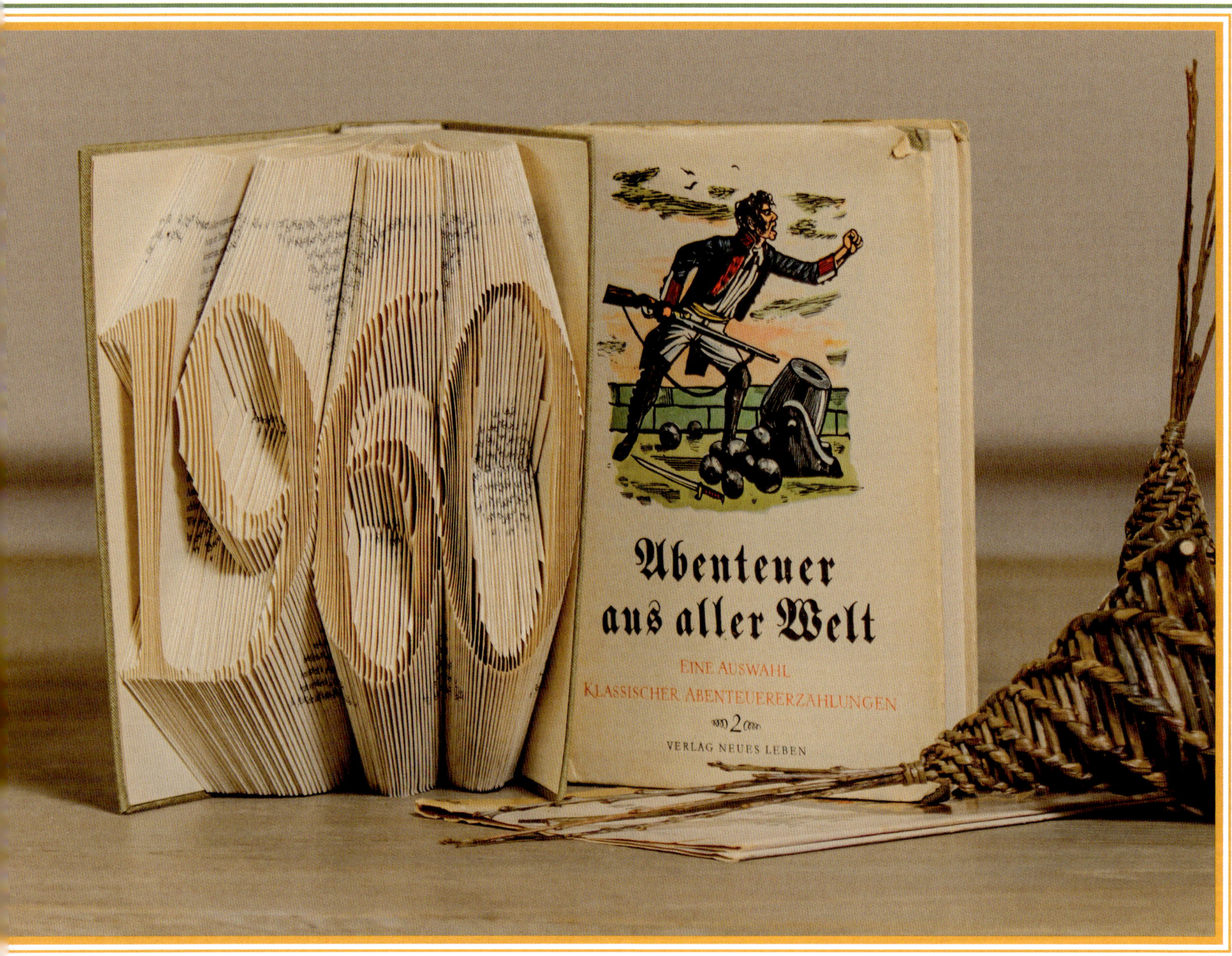

Statt Wörtern können Sie auch Zahlen in den Buchschnitt falten. Das Buch auf dem Foto ist 1960 in der ersten Auflage erschienen.

Hier habe ich mit der Typografie gespielt und neben der Times New Roman auch eine Computerschreibschrift ausprobiert.

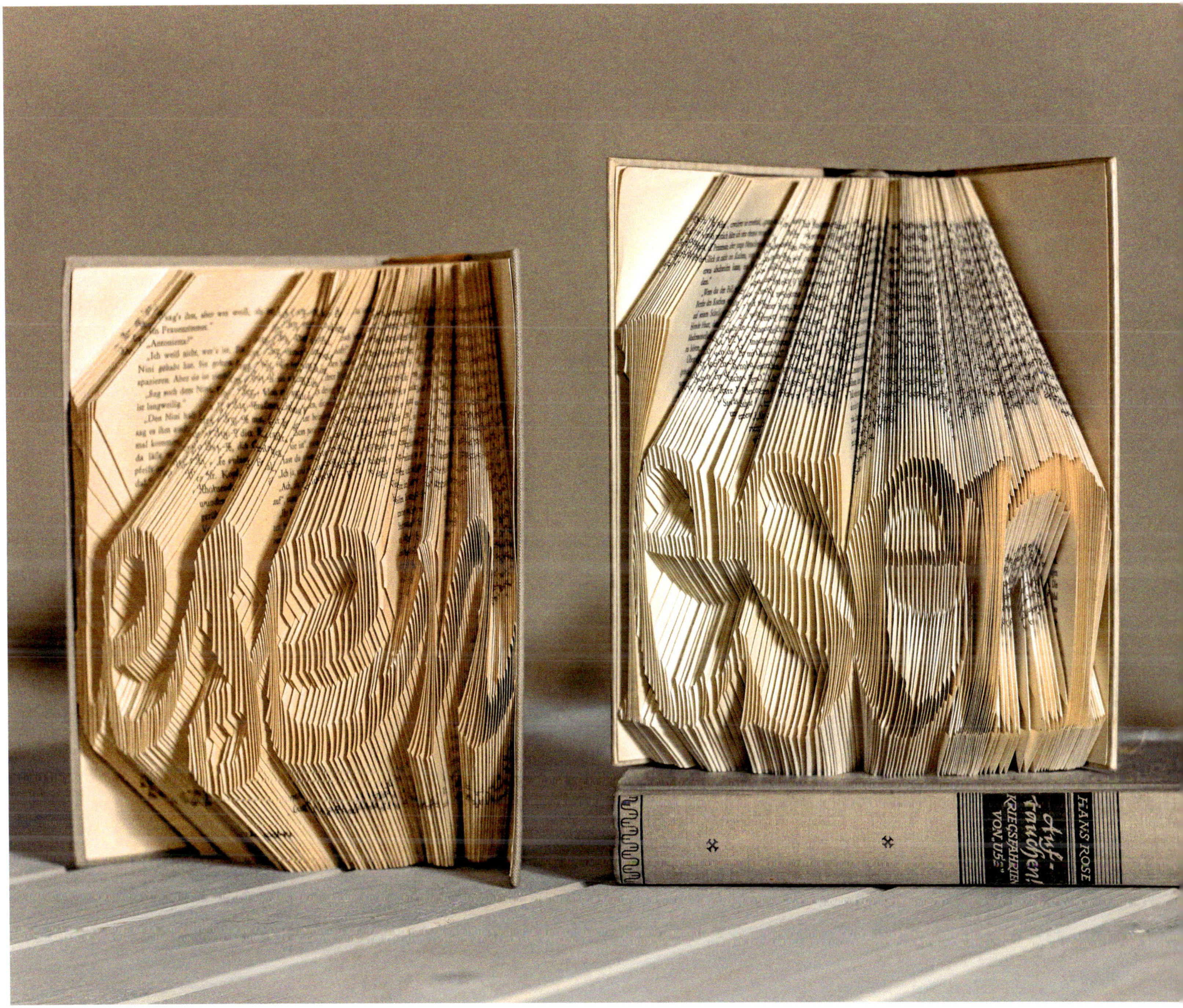

Um ein Herz zu falten, gehen Sie genauso vor wie beim Falten von Buchstaben. Eine Kopiervorlage finden Sie im Anhang auf Seite 163.

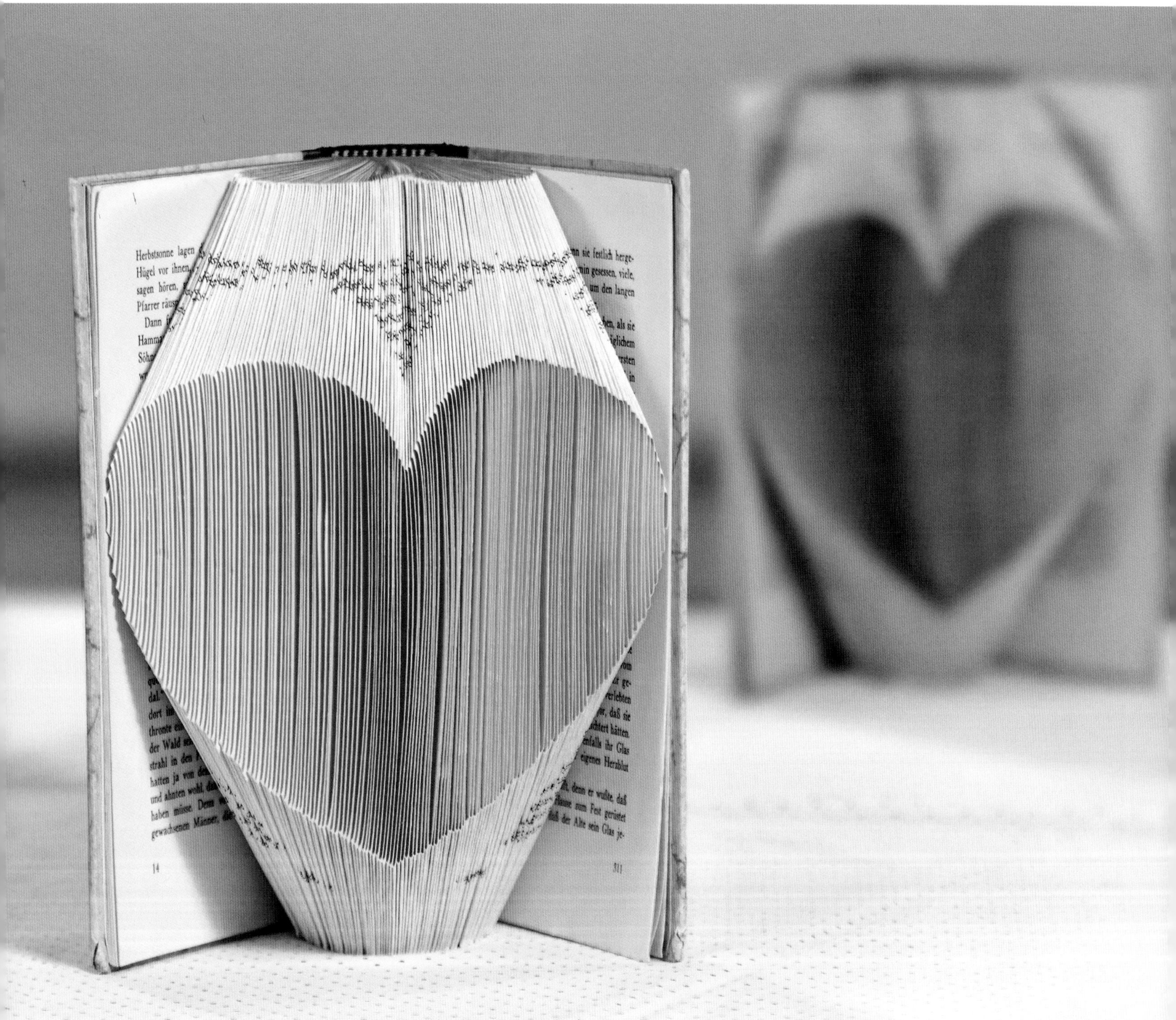

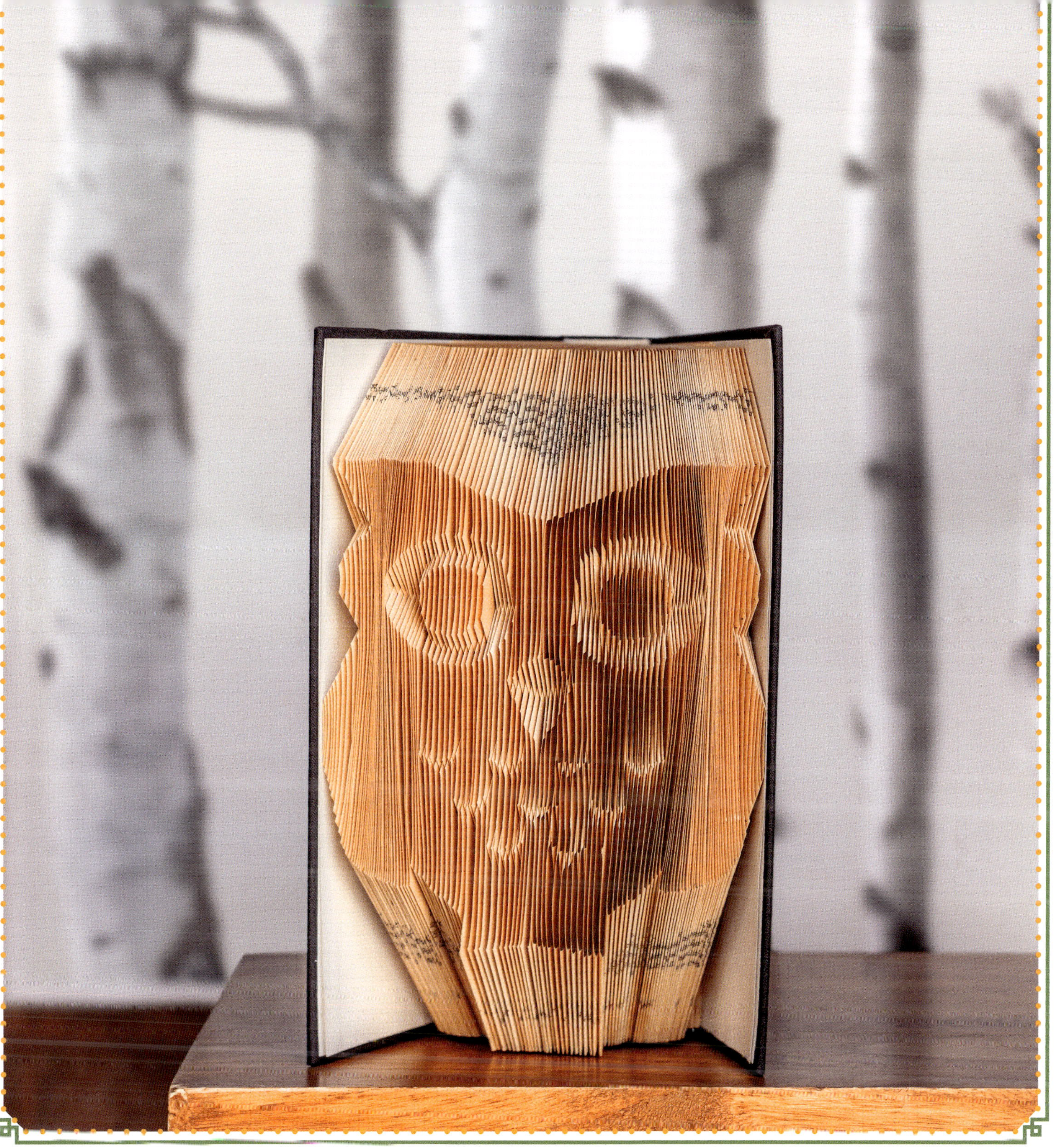

Auf Seite 163 finden Sie eine Kopiervorlage für die Eule. Für die Eule bin ich ausnahmsweise vom Prinzip der drei Ebenen abgewichen. Da hierfür besonders viele Seiten nötig sind, habe ich ein Buch mit besonders dünnem Papier ausgewählt.

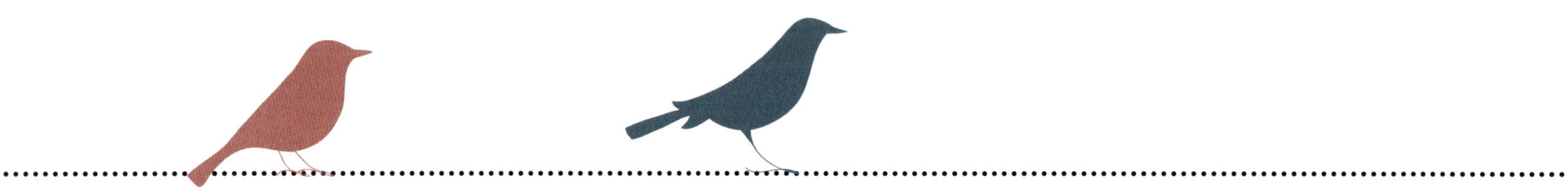

Anhang

Schattenriss Hirsch – Kopiervorlage

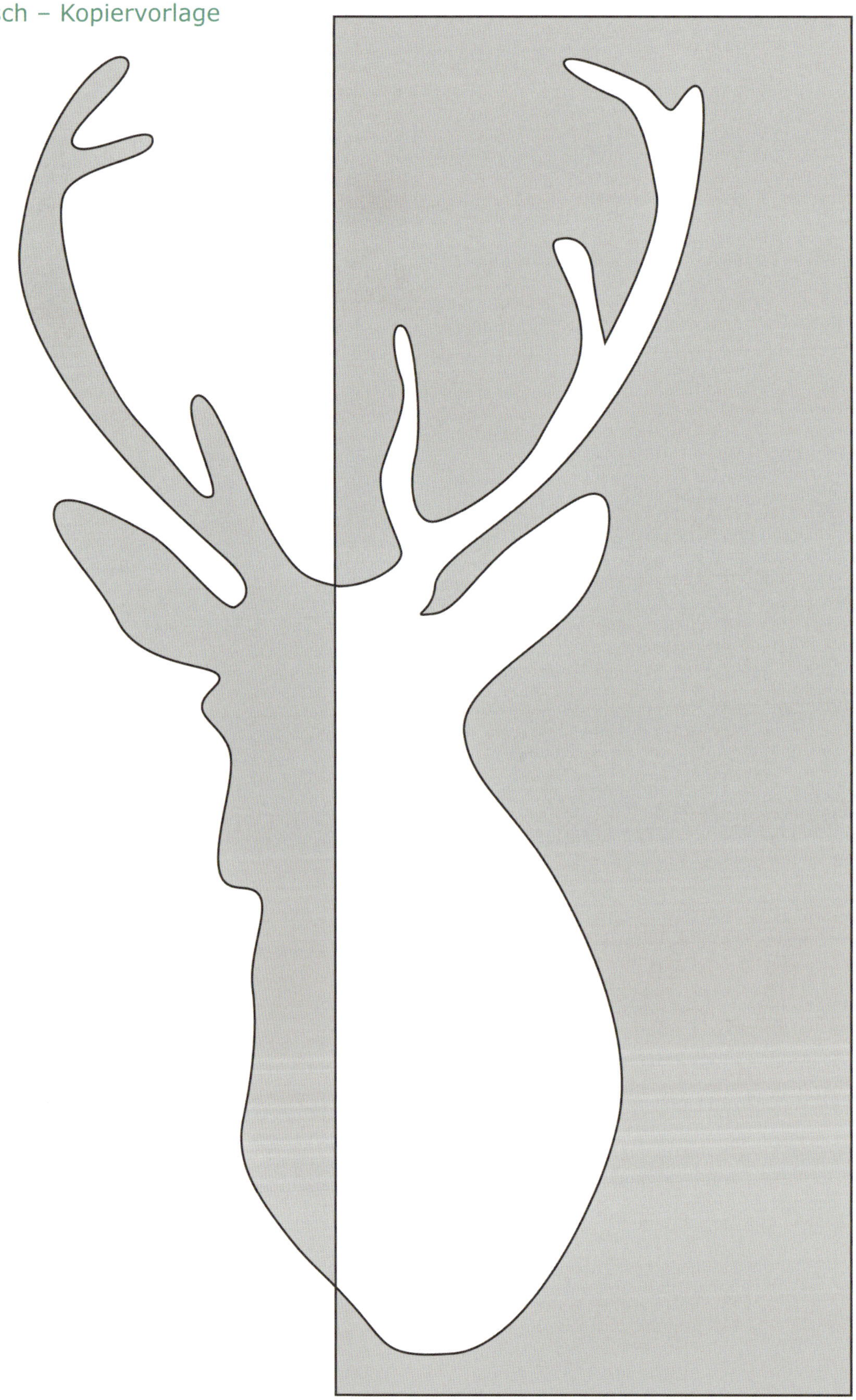

Teil 1 Rabe
Teil 2 Käfig

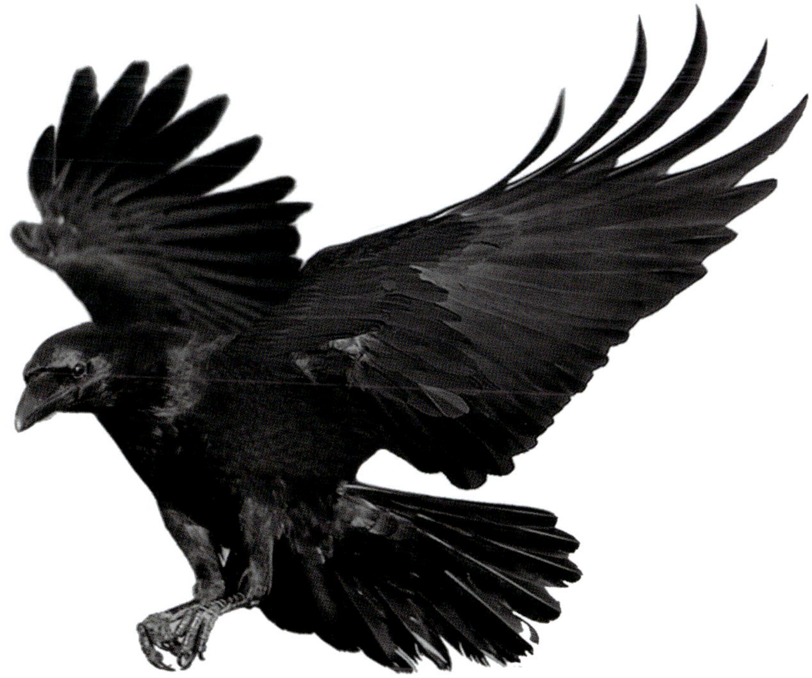

Teil 1

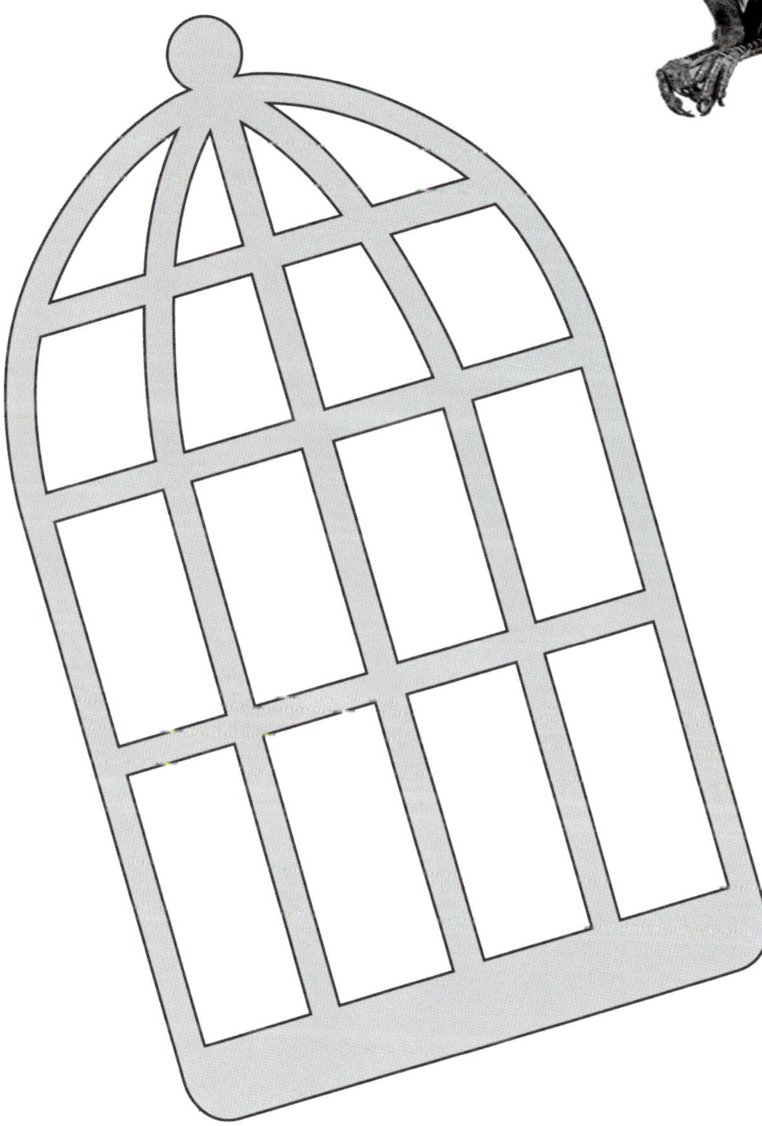

Teil 2

Vogel mit Haus – Kopiervorlagen Vogel

Schmückende Ornamente

A Hintergrundgrafik / Rahmen
B Schriftzug – Exlibris

Papierelemente

C Papierhintergrund
D Kreiselement
E Sprechblase
F Beine
G Flügel
H Schnabel
I Krone
J Auge
K Vogelkörper

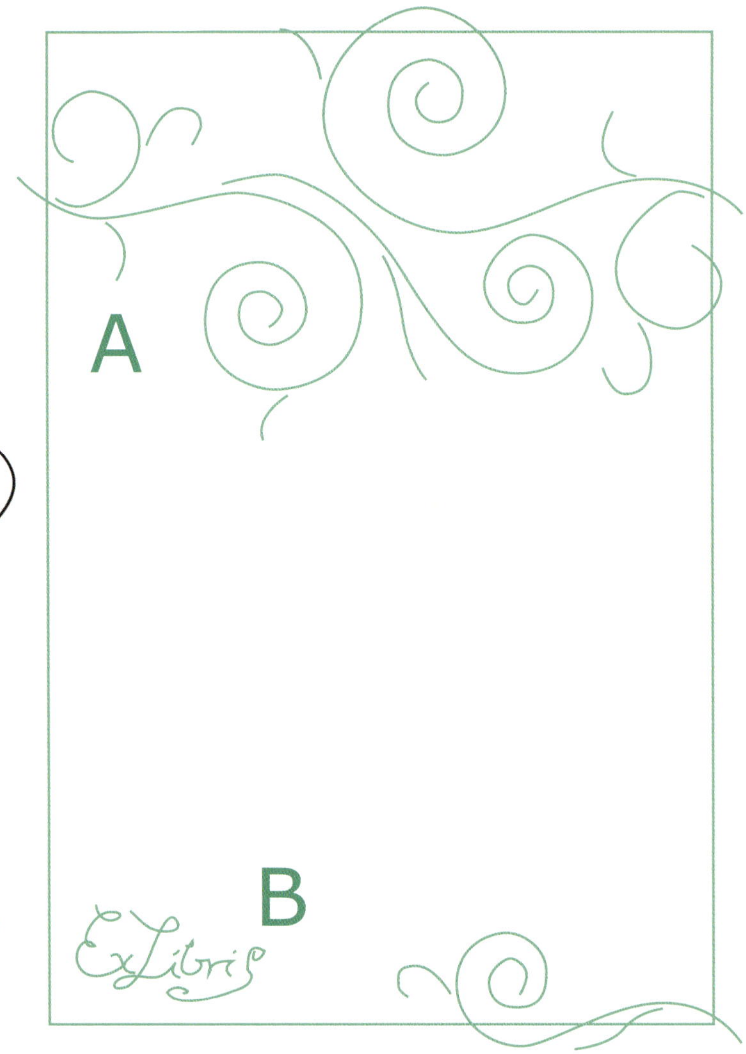

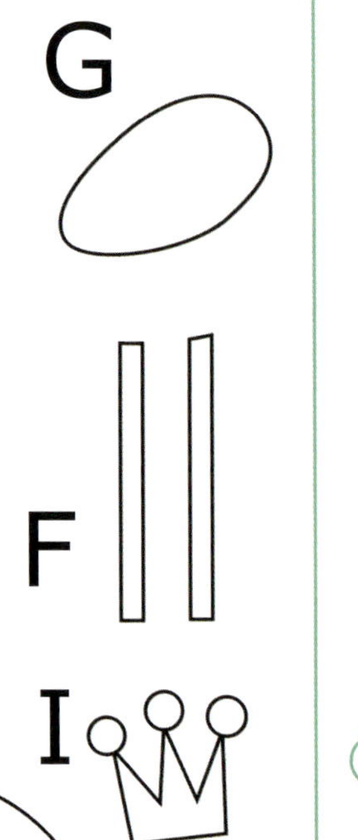

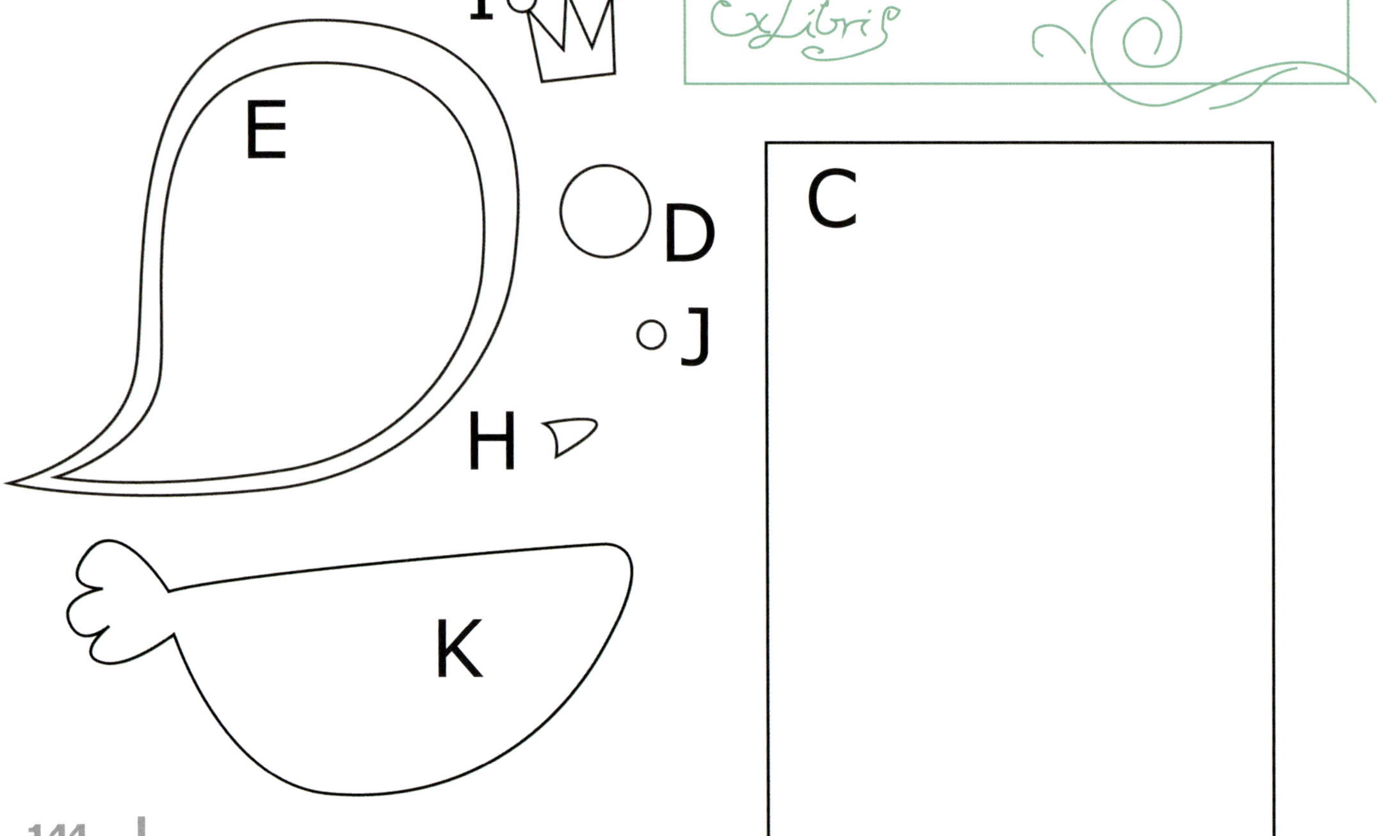

Schmückendes Ornament

A Schnörkel

Papierelemente

- B Herz
- C Kreiselement
- D Dach
- E Haus
- F Hausboden
- G Ast mit Blättern

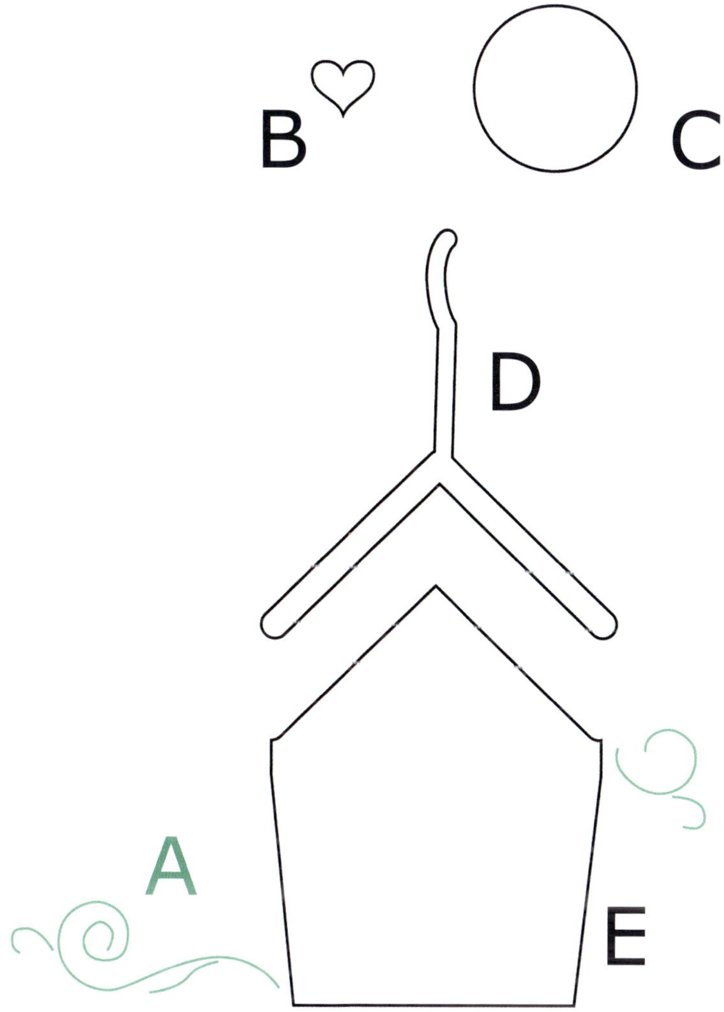

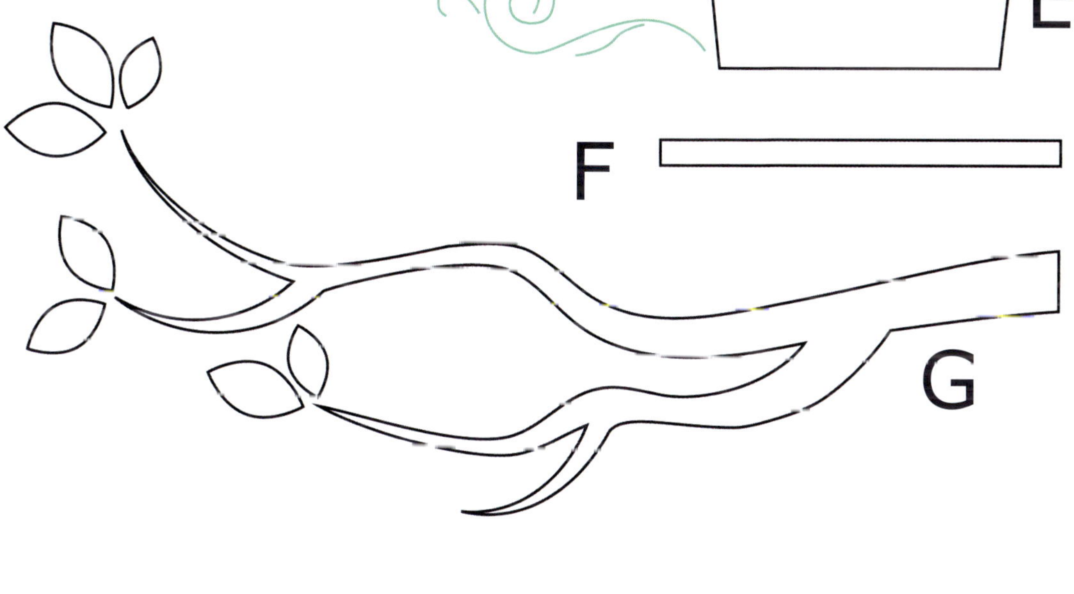

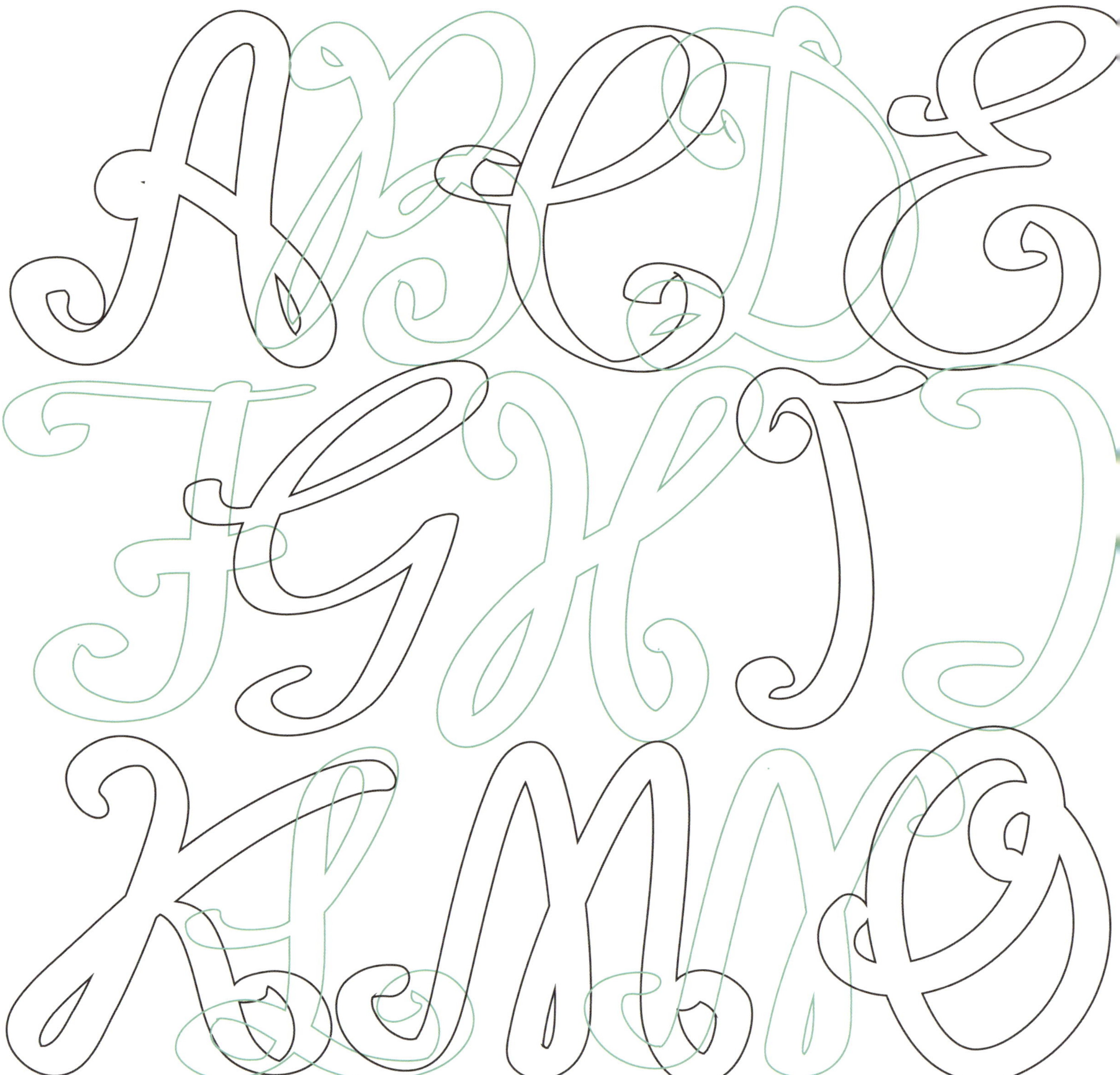

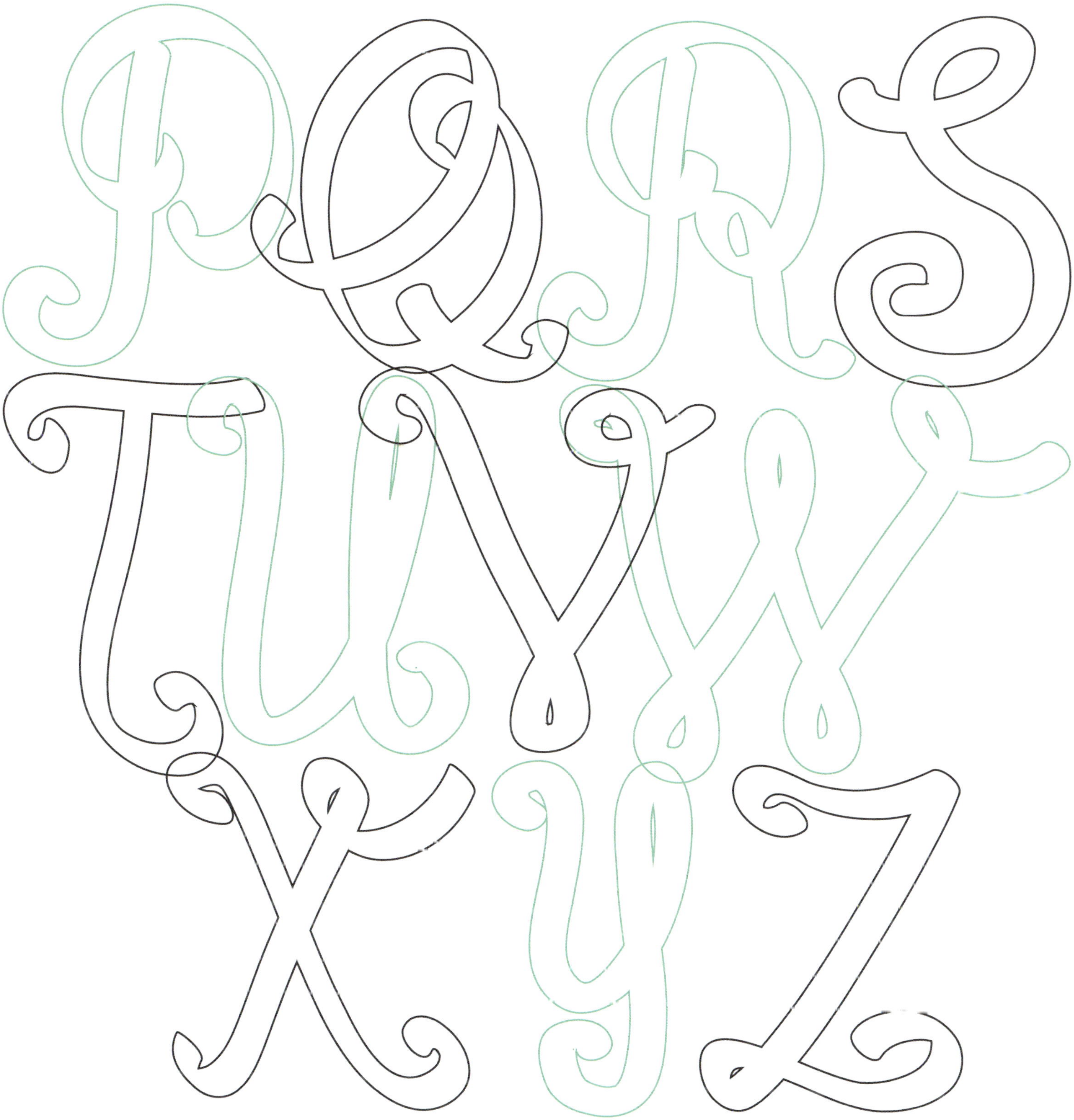

Teil 1 Katze
Teil 2 Korken (zweiteilig)
Teil 3 Flasche

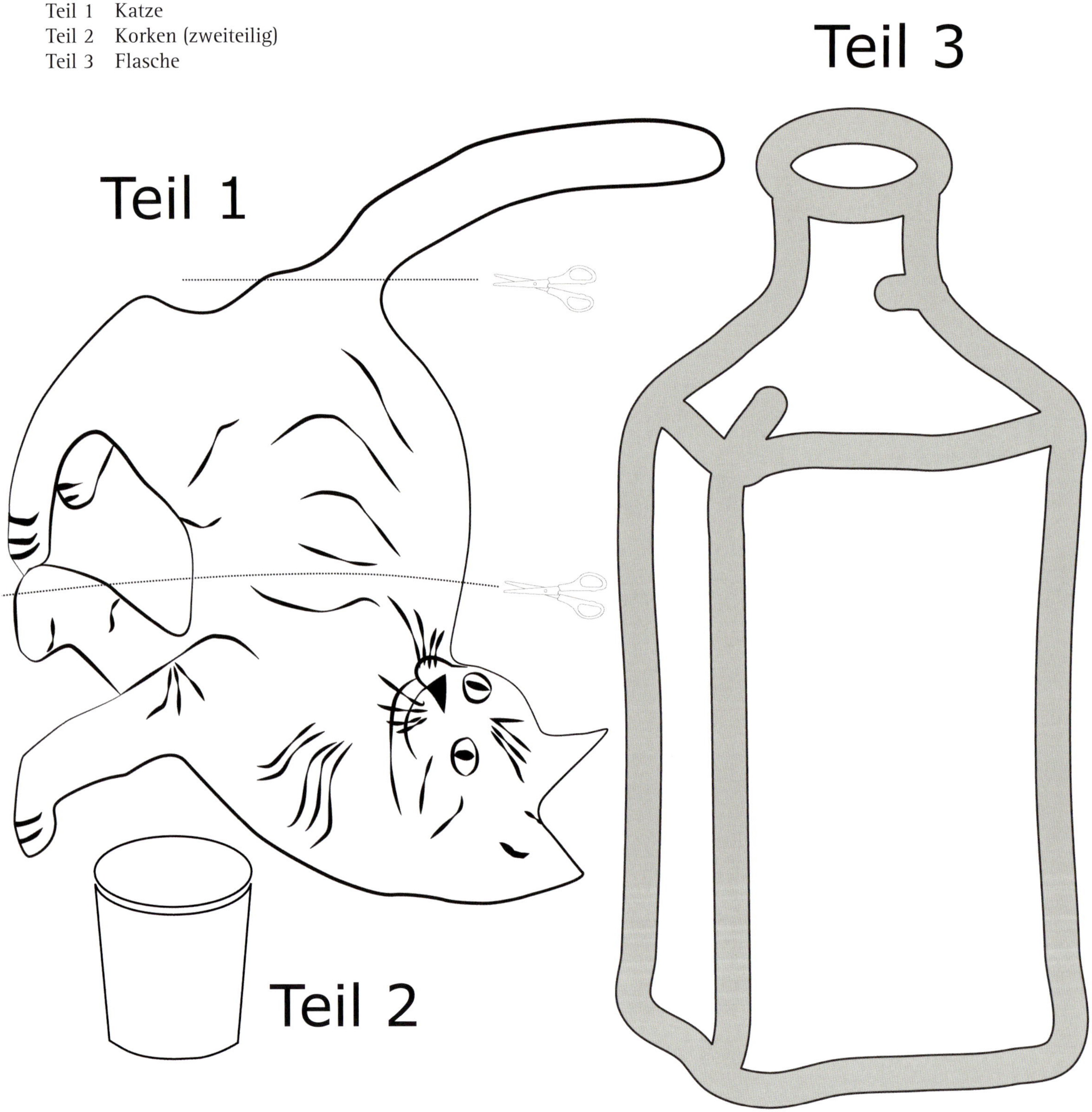

Leseecke – Kopiervorlagen Sessel

A Sessel
B Hinterbeine

Schlitzen
Falzen
Ausschneiden

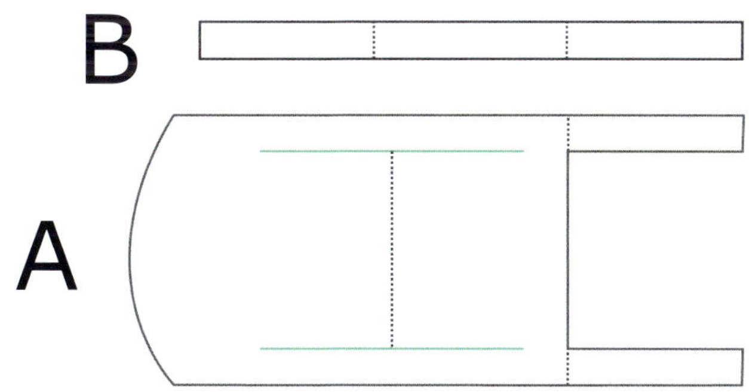

Bookabet 2 – Kopiervorlagen

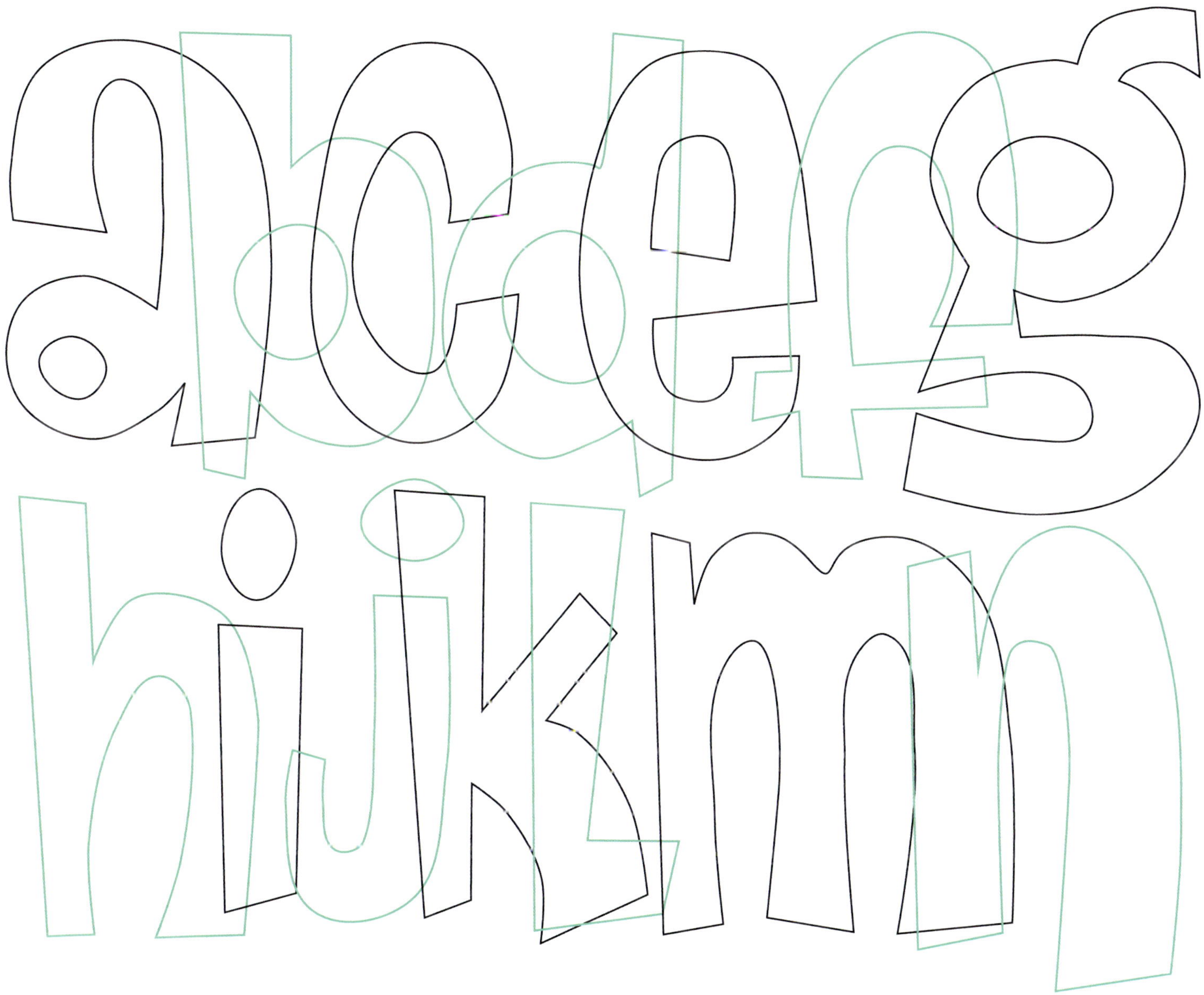

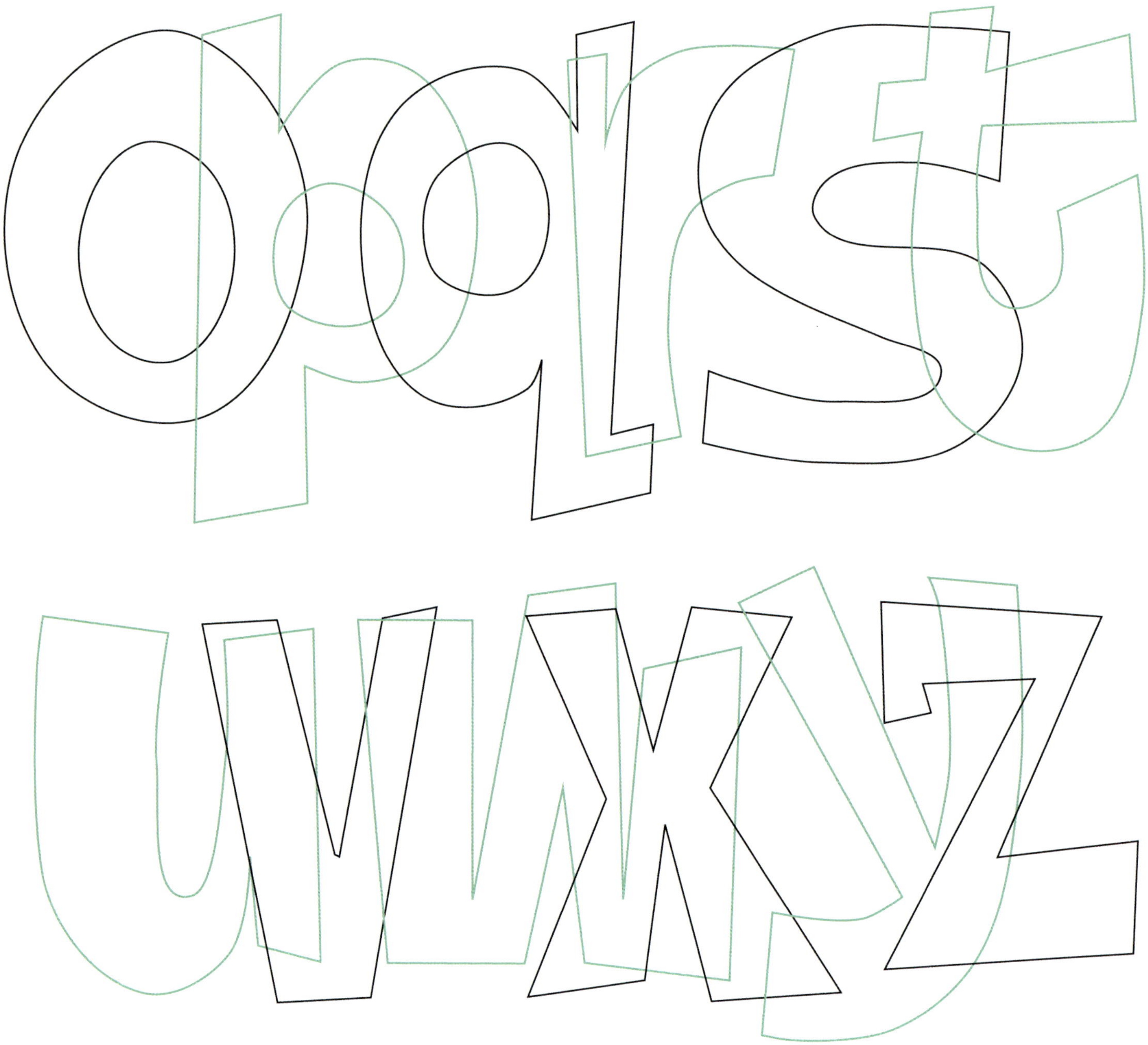

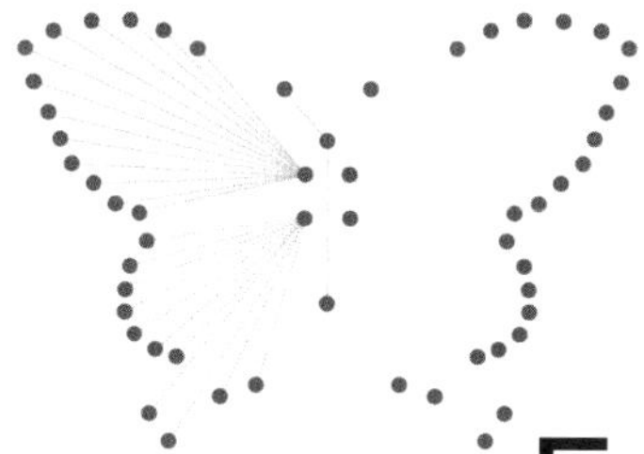

F 1

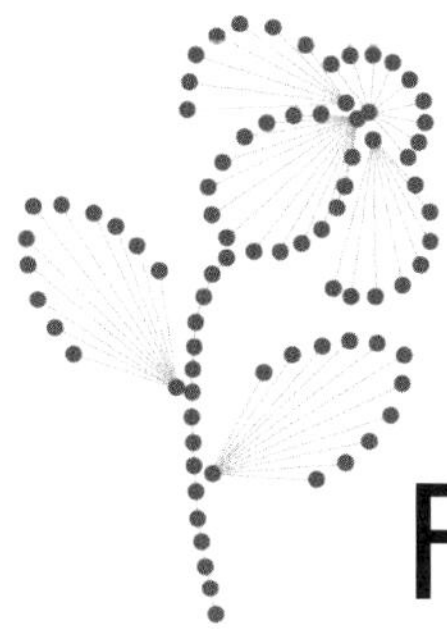

F 2

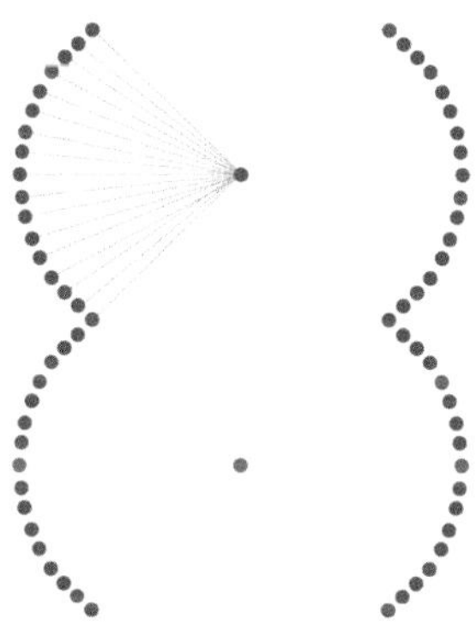

F 3

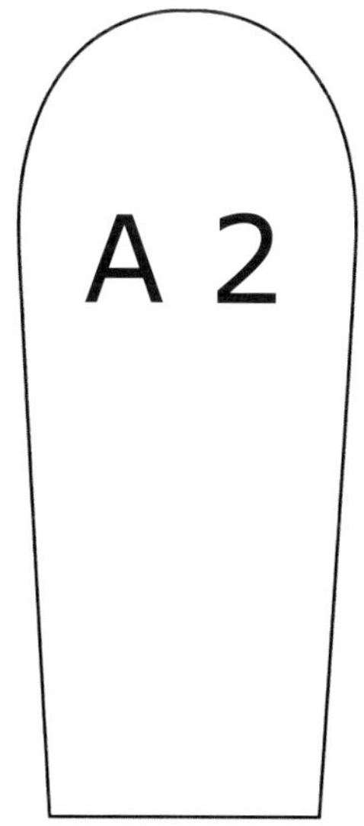

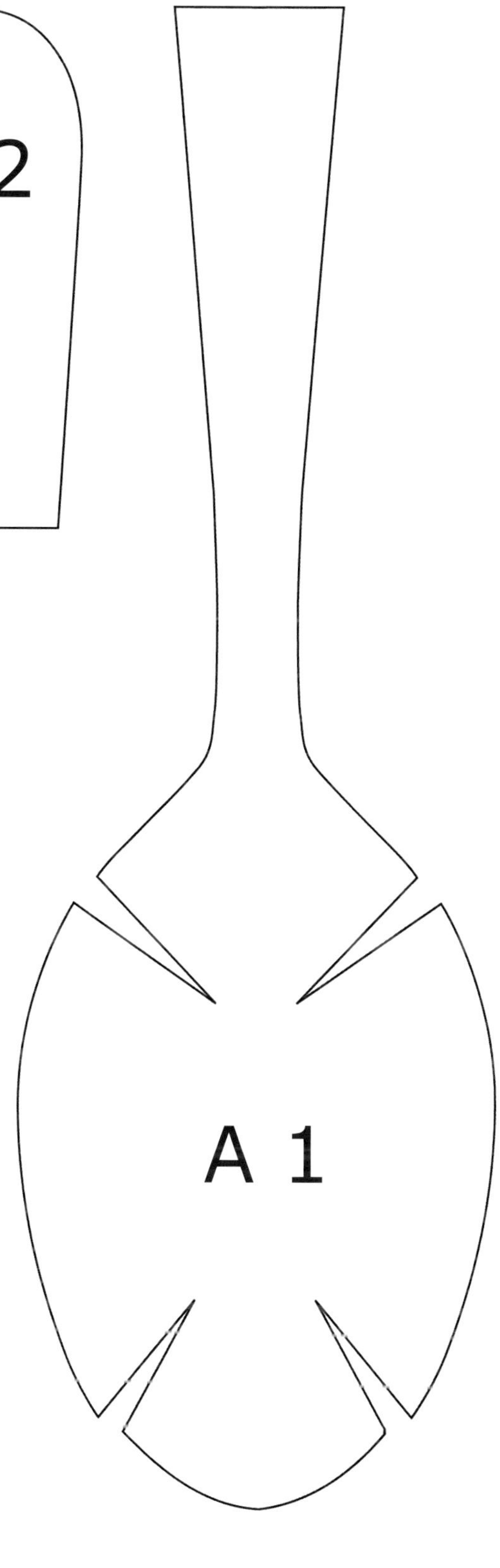

Löffel – Kopiervorlagen

A 1 Teil 1
Kochlöffel 1
A 2 Teil 2
Kochlöffel 1

Fadengrafik F1, F2, F3

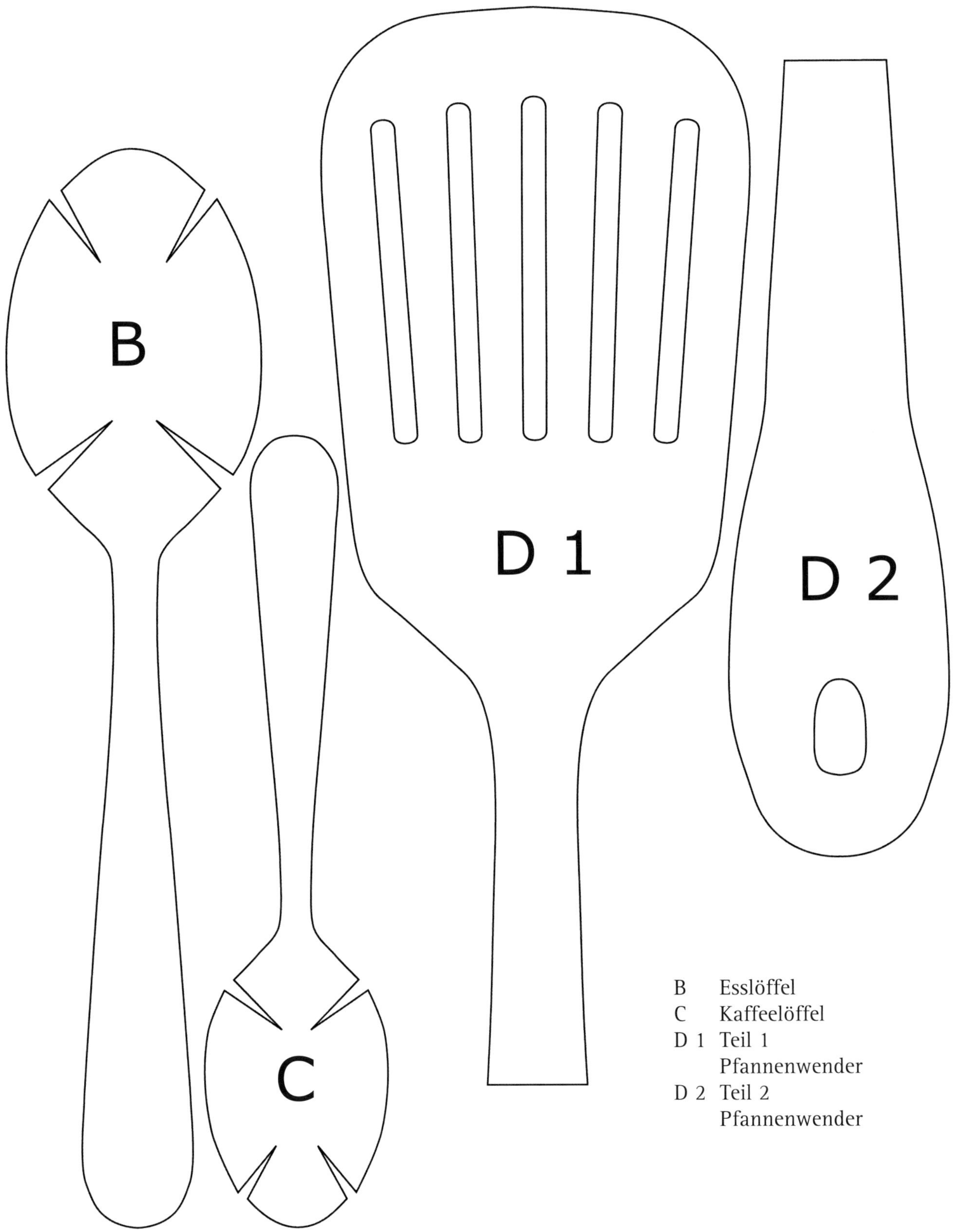

B Esslöffel
C Kaffeelöffel
D 1 Teil 1 Pfannenwender
D 2 Teil 2 Pfannenwender

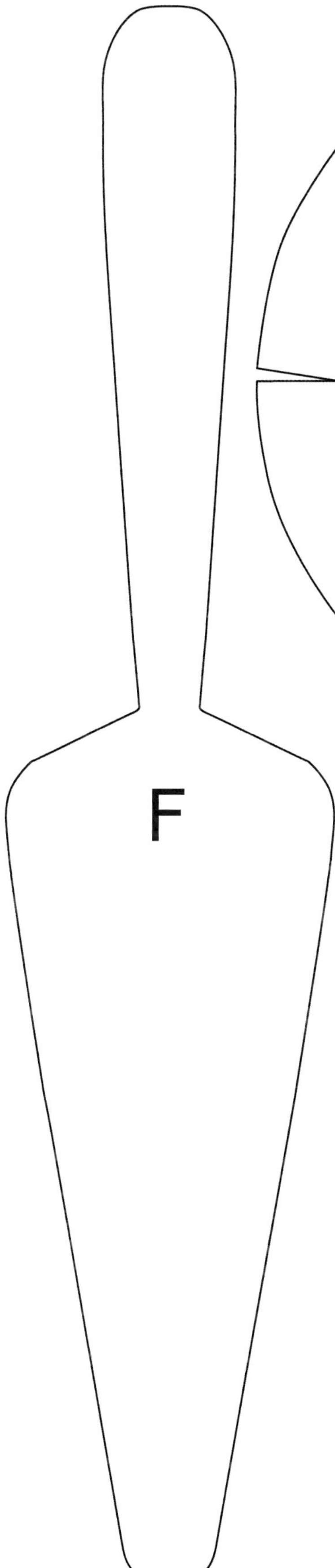

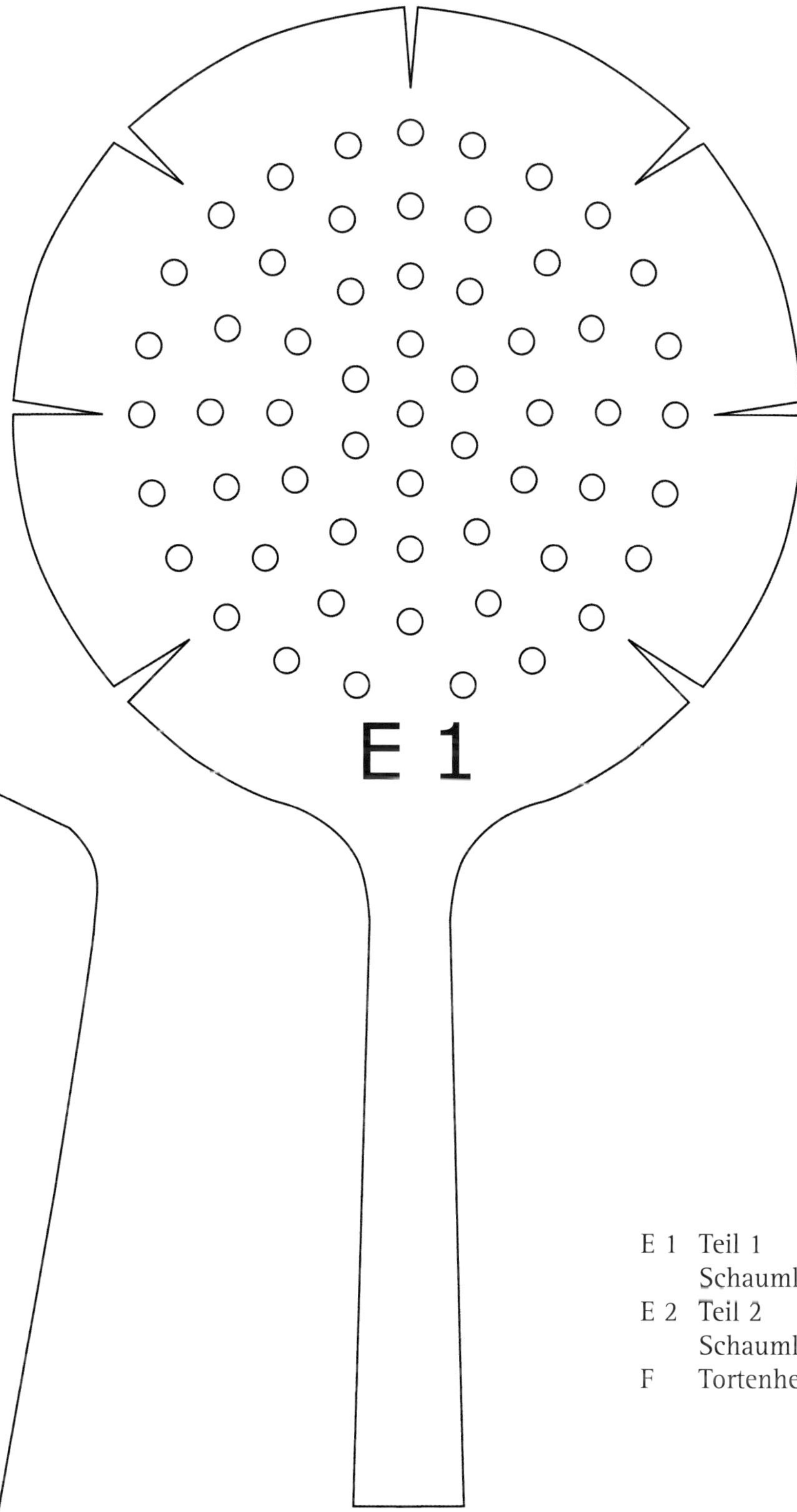

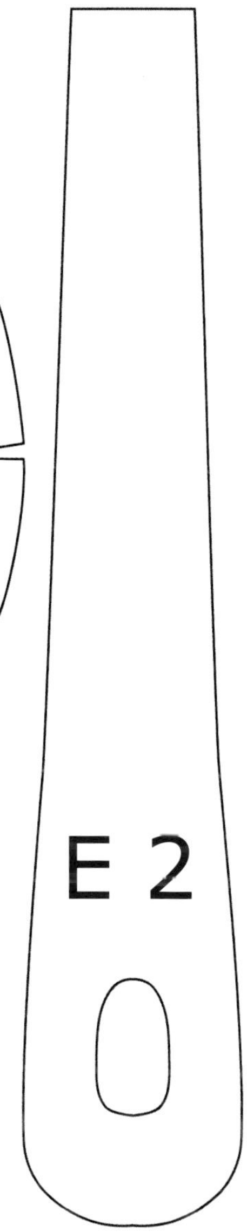

E 1 Teil 1
Schaumlöffel
E 2 Teil 2
Schaumlöffel
F Tortenheber

Teegedeck – Kopiervorlagen

A Untertasse
B Tassenboden
C Tassenwand (2 x zuschneiden)
D Henkel

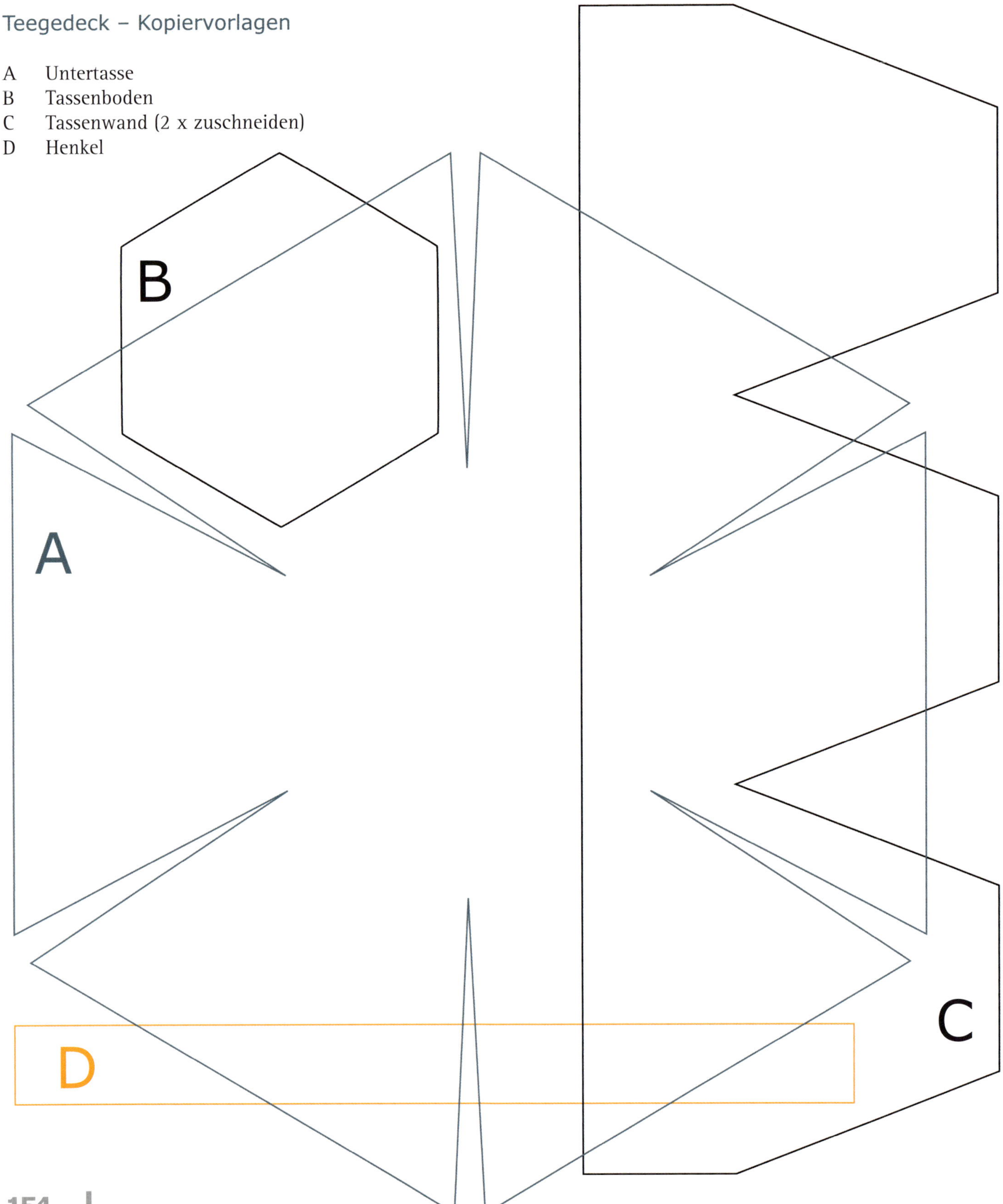

Kaffeegedeck – Kopiervorlagen

A Untertasse
B Tassenboden
C Tassenwand (1 x 3-teilig und 1 x 2-teilig zuschneiden)
D Henkel

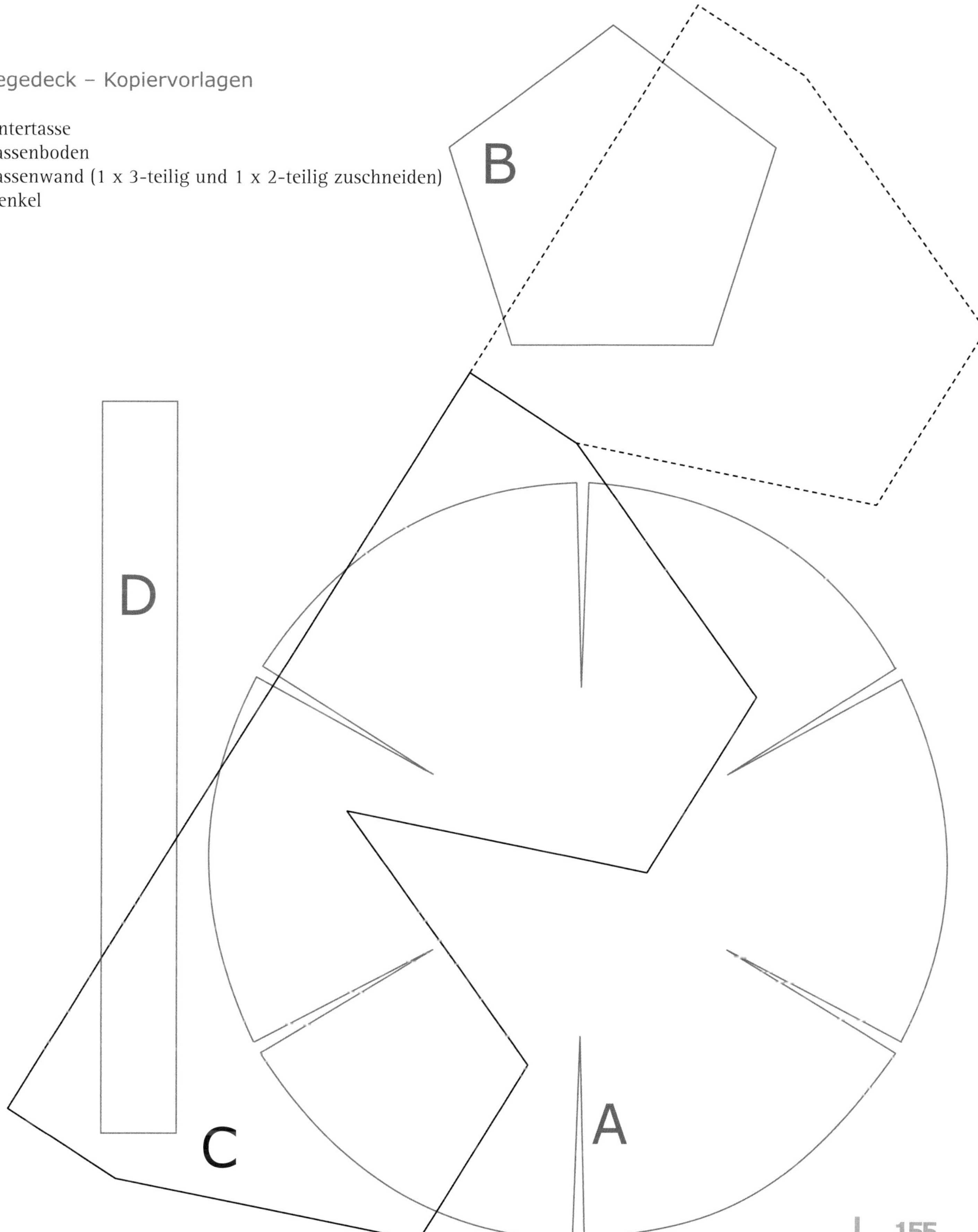

Teetasse (bauchig) – Kopiervorlagen

A Tassenboden
B Tassenwand (2 x zuschneiden)
C Henkel

Schüssel – Kopiervorlagen

D Schüsselboden
E Schüsselwand (3 x zuschneiden)

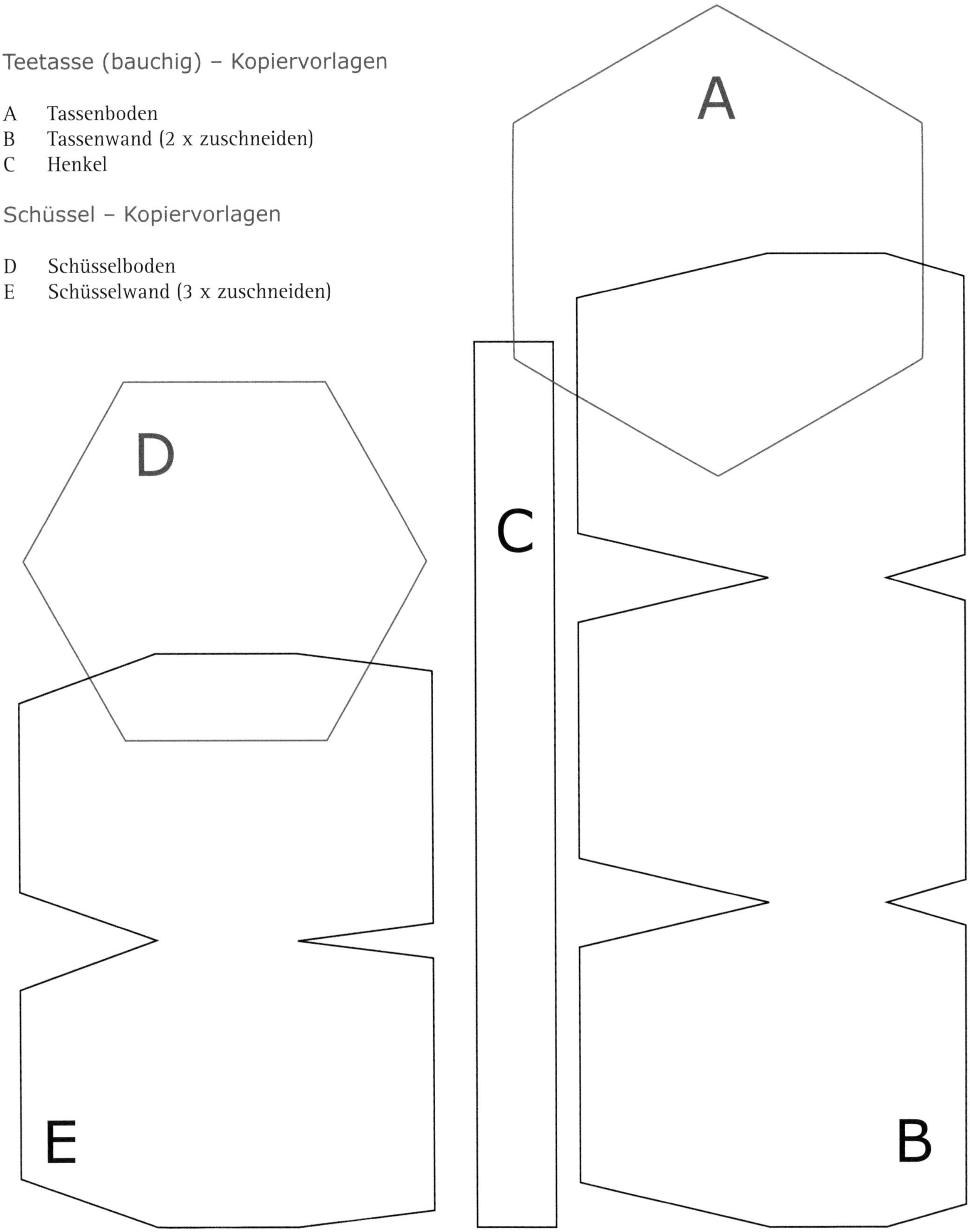

Henkelkanne – Kopiervorlagen

A	Kannenwand (3 x zuschneiden)	E	Kannendeckel
B	Kannenboden	F	Tülle
C	Anfasser für Deckel	G	Henkel
D	Innenring für Deckel	H	Aussparung für Ausgießer

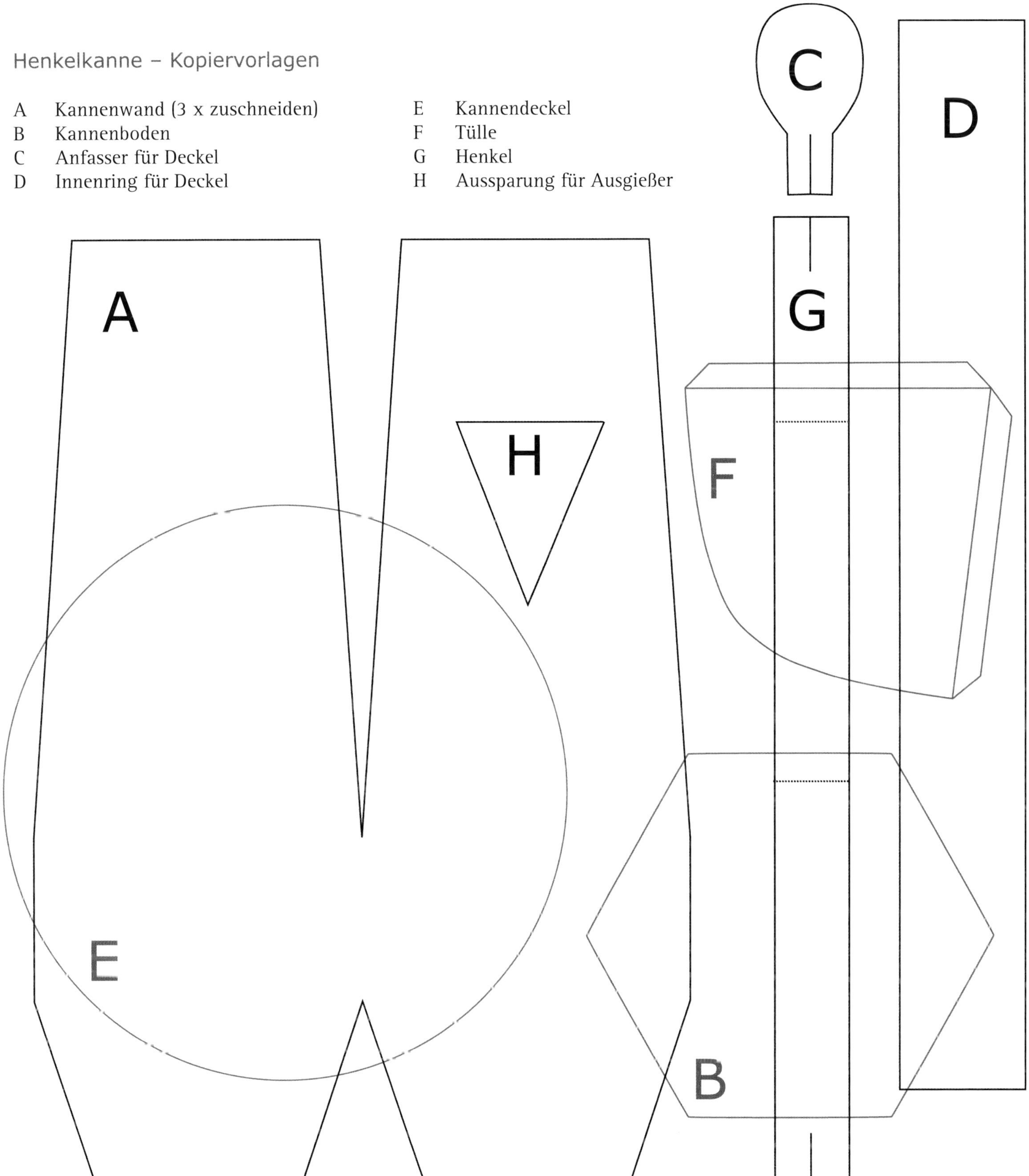

Buchhöhe: 19 cm, Abstandsmesseung von oben

Seite	Faltpunkt 1 und 2 in cm
1	9,0
3	9,5
5	8,3
7	9,5
9	7,6
11	9,5
13	6,9
15	9,5
17	6,1
19	9,5
21	5,6
23	9,5
25	5,1
27	9,5
29	4,9
31	9,5
33	4,7
35	9,5
37	4,5
39	9,5
41	4,5
43	9,5
45	4,5
47	9,5
49	4,7
51	9,5
53	4,9
55	9,5
57	5,1
59	9,5
61	5,6
63	9,5
65	6,1
67	9,5
69	6,9

Seite	Faltpunkt 1 und 2 in cm
71	9,5
73	7,6
75	9,5
77	8,3
79	9,5
81	9,0
83	9,5
85	10,0
87	9,5
89	10,7
91	9,5
93	11,4
95	9,5
97	12,1
99	9,5
101	12,9
103	9,5
105	13,5
107	9,5
109	13,8
111	9,5
113	14,2
115	9,5
117	14,4
119	9,5
121	14,5
123	9,5
125	14,6
127	9,5
129	14,5
131	9,5
133	14,4
135	9,5
137	14,2
139	9,5

Seite	Faltpunkt 1 und 2 in cm
141	13,8
143	9,5
145	13,5
147	9,5
149	12,9
151	9,5
153	12,1
155	9,5
157	11,4
159	9,5
161	10,7
163	9,5
165	10,0
167	9,5

Hier endet der Rapport. Bei Bedarf wieder von vorn beginnen. Im Beispiel wurde der Rapport 3,5-mal gefaltet.

Bei abweichender Buchhöhe müssen die Faltpunkte neu berechnet werden: Die Hälfte der Abweichung wird zu jedem Wert hinzugerechnet oder von jedem Wert abgezogen.

Falttabelle – danke

Buchhöhe: 20 cm, Seitenzahl: 640, Abstandsmessung von oben
Faltp. = Faltpunkt in cm

Seite	Faltp. 1	Faltp. 2
1	11,0	12,0
3	10,5	12,3
5	10,2	12,5
7	9,9	12,6
9	9,7	12,9
11	9,3	13,1
13	9,3	13,3
15	9,1	13,4
17	9,0	13,5
19	8,8	13,6
21	8,7	13,7
23	8,6	13,8
25	8,5	13,9
27	8,4	10,5
29	11,8	14,1
31	8,2	9,4
33	12,5	14,2
35	8,1	9,0
37	12,8	14,3
39	8,0	8,7
41	13,0	14,3
43	7,9	8,5
45	13,2	14,4
47	7,8	8,4
49	13,4	14,4
51	7,8	8,3
53	13,5	14,4
55	7,8	8,2
57	13,6	14,4
59	7,7	8,2
61	13,6	14,4
63	7,8	8,2
65	13,7	14,3
67	7,8	8,2
69	13,6	14,3

Seite	Faltp. 1	Faltp. 2
71	5,2	5,5
73	7,8	8,3
75	13,6	14,1
77	5,1	5,4
79	7,9	8,6
81	13,4	13,9
83	4,9	5,4
85	8,1	9,0
87	13,1	13,6
89	4,8	6,0
91	4,8	14,4
93	4,7	14,4
95	4,7	14,4
97	4,6	14,4
99	4,6	14,4
101	4,6	14,3
103	4,5	14,3
105	4,5	14,2
107	4,5	14,2
109	4,5	14,1
111	4,5	14,1
113	12,9	14,1
115	13,3	14,0
117	13,4	14,0
119	13,5	13,9
121	13,5	13,9
123	13,5	13,8
125	13,5	13,8
127	13,5	13,8
129	13,4	13,7
131	13,4	13,7
133	13,6	13,6
135	12,0	13,6
137	9,2	9,6
139	11,7	13,9

Seite	Faltp. 1	Faltp. 2
141	8,7	9,9
143	11,5	14,1
145	8,4	10,0
147	11,4	14,2
149	8,3	10,0
151	11,2	14,3
153	8,1	10,0
155	11,1	12,2
157	13,1	14,4
159	8,0	9,6
161	10,9	11,6
163	13,5	14,4
165	7,9	8,4
167	10,8	11,4
169	13,6	14,4
171	7,9	8,3
173	10,7	11,2
175	13,6	14,3
177	7,8	8,2
179	10,5	11,0
181	13,6	14,1
183	7,8	8,2
185	10,4	10,9
187	13,5	13,9
189	7,8	8,3
191	10,3	10,7
193	13,3	13,8
195	7,8	8,5
197	10,2	10,6
199	13,1	13,5
201	7,9	9,3
203	7,9	13,4
205	8,0	14,1
207	8,0	14,2
209	8,1	14,3

Seite	Faltp. 1	Faltp. 2
211	8,1	14,3
213	8,2	14,4
215	8,3	14,4
217	8,4	14,4
219	8,5	14,4
221	8,7	14,4
223	9,1	14,3
225	13,2	14,3
227	13,5	14,3
229	13,5	14,2
231	13,5	14,1
233	13,5	14,0
235	13,4	14,0
237	13,5	13,9
239	13,2	13,8
241	13,3	13,7
243	13,1	13,5
245	13,0	13,4
247	8,5	8,5
249	8,5	8,8
251	14,2	14,4
253	8,4	8,7
255	14,2	14,4
257	8,3	8,6
259	14,1	14,4
261	8,3	8,7
263	14,1	14,4
265	8,2	8,9
267	13,7	14,4
269	8,1	14,4
271	8,1	14,4
273	8,0	14,4
275	8,0	14,4
277	7,9	14,4
279	7,9	14,4
281	7,8	14,4
283	7,8	14,4
285	7,8	14,4

Seite	Faltp. 1	Faltp. 2
287	7,8	14,4
289	7,8	14,4
291	7,8	14,4
293	9,0	9,5
295	14,0	14,4
297	8,8	9,3
299	14,1	14,4
301	8,6	9,1
303	14,1	14,4
305	8,4	8,9
307	14,2	14,4
309	8,3	8,8
311	14,2	14,4
313	8,1	8,8
315	8,1	8,7
317	8,0	8,7
319	8,0	8,7
321	7,9	8,6
323	7,9	8,6
325	14,2	14,4
327	7,8	8,6
329	14,2	14,4
331	7,8	8,7
333	14,2	14,4
335	7,8	8,8
337	14,1	14,4
339	7,8	9,0
341	13,9	14,4
343	7,8	9,4
345	7,9	14,4
347	7,9	14,4
349	7,9	14,4
351	8,0	14,4
353	8,0	14,4
355	8,1	14,4
357	8,2	14,4
359	8,4	14,4
361	8,5	14,4

Seite	Faltp. 1	Faltp. 2
363	8,7	14,4
365	8,9	14,4
367	9,4	14,4
369	13,5	14,4
371	13,9	14,4
373	14,0	14,4
375	14,1	14,4
377	14,1	14,4
379	14,2	14,4
381	14,2	14,4
383	14,2	14,4
385	14,2	14,4
387	14,2	14,4
389	14,2	14,4
391	14,2	14,4
393	5,2	5,4
395	14,1	14,4
397	5,1	5,4
399	14,1	14,4
401	5,0	5,4
403	14,1	14,4
405	4,9	5,4
407	14,0	14,4
409	4,9	5,5
411	13,7	14,4
413	4,8	14,4
415	4,7	14,4
417	4,7	14,4
419	4,7	14,4
421	4,6	14,4
423	4,6	14,4
425	4,5	14,4
427	4,5	14,4
429	4,4	14,4
431	4,4	14,4
433	4,4	14,4
435	4,4	14,4
437	13,7	14,4

Seite	Faltp. 1	Faltp. 2
439	13,9	14,4
441	10,6	11,2
443	14,1	14,4
445	10,4	11,4
447	14,1	14,4
449	10,2	11,7
451	14,1	14,4
453	10,0	12,0
455	14,2	14,4
457	9,9	12,2
459	10,5	12,3
461	9,7	10,4
463	10,8	12,6
465	9,5	10,2
467	11,0	12,9
469	9,3	10,0
471	11,3	13,1
473	9,1	9,8
475	11,5	13,4
477	8,9	9,6
479	11,8	13,6
481	8,8	9,4
483	12,0	13,9
485	8,6	9,3
487	12,3	14,1
489	8,4	9,1
491	12,5	14,4
493	8,2	8,9
495	12,8	14,4
497	8,0	8,7
499	13,0	14,4
501	8,0	8,6
503	13,3	14,4
505	8,0	8,5
507	13,5	14,4
509	8,0	8,4
511	13,7	14,4
513	8,0	8,3

Seite	Faltp. 1	Faltp. 2
515	13,9	14,4
517	8,0	8,3
519	14,0	14,4
521	8,0	8,2
523	14,1	14,4
525	8,0	8,2
527	14,1	14,4
529	14,2	14,4
531	11,2	11,5
533	14,2	14,4
535	9,8	12,6
537	9,5	12,9
539	9,3	13,1
541	9,2	13,2
543	9,0	13,4
545	8,8	13,5
547	8,7	13,6
549	8,6	13,7
551	8,5	10,0
553	10,1	10,4
555	11,9	14,0
557	8,3	9,1
559	10,1	10,4
561	12,4	14,2
563	8,1	8,8
565	10,1	10,4
567	12,7	14,2
569	7,9	8,6
571	10,1	10,4
573	13,0	14,4
575	7,8	8,5
577	10,1	10,4
579	13,2	14,5
581	7,8	8,4
583	10,1	10,4
585	13,3	14,5
587	7,8	8,5
589	10,1	10,4

Seite	Faltp. 1	Faltp. 2
591	13,3	14,5
593	7,8	8,6
595	10,1	10,4
597	13,4	14,5
599	7,8	8,8
601	10,1	10,4
603	13,4	14,4
605	7,9	9,1
607	10,1	10,4
609	13,3	14,2
611	8,0	10,4
613	13,2	14,1
615	8,1	10,4
617	13,1	13,9
619	8,3	10,4
621	13,0	13,7
623	8,4	10,4
625	12,8	13,5
627	8,6	10,4
629	12,4	13,2
631	8,9	10,4
633	12,2	12,8
635	9,3	10,4
637	12,0	12,4
639	10,00	10,4

Bei abweichender Buchhöhe müssen die Faltpunkte neu berechnet werden: Die Hälfte der Abweichung wird zu jedem Wert hinzugerechnet oder von jedem Wert abgezogen.

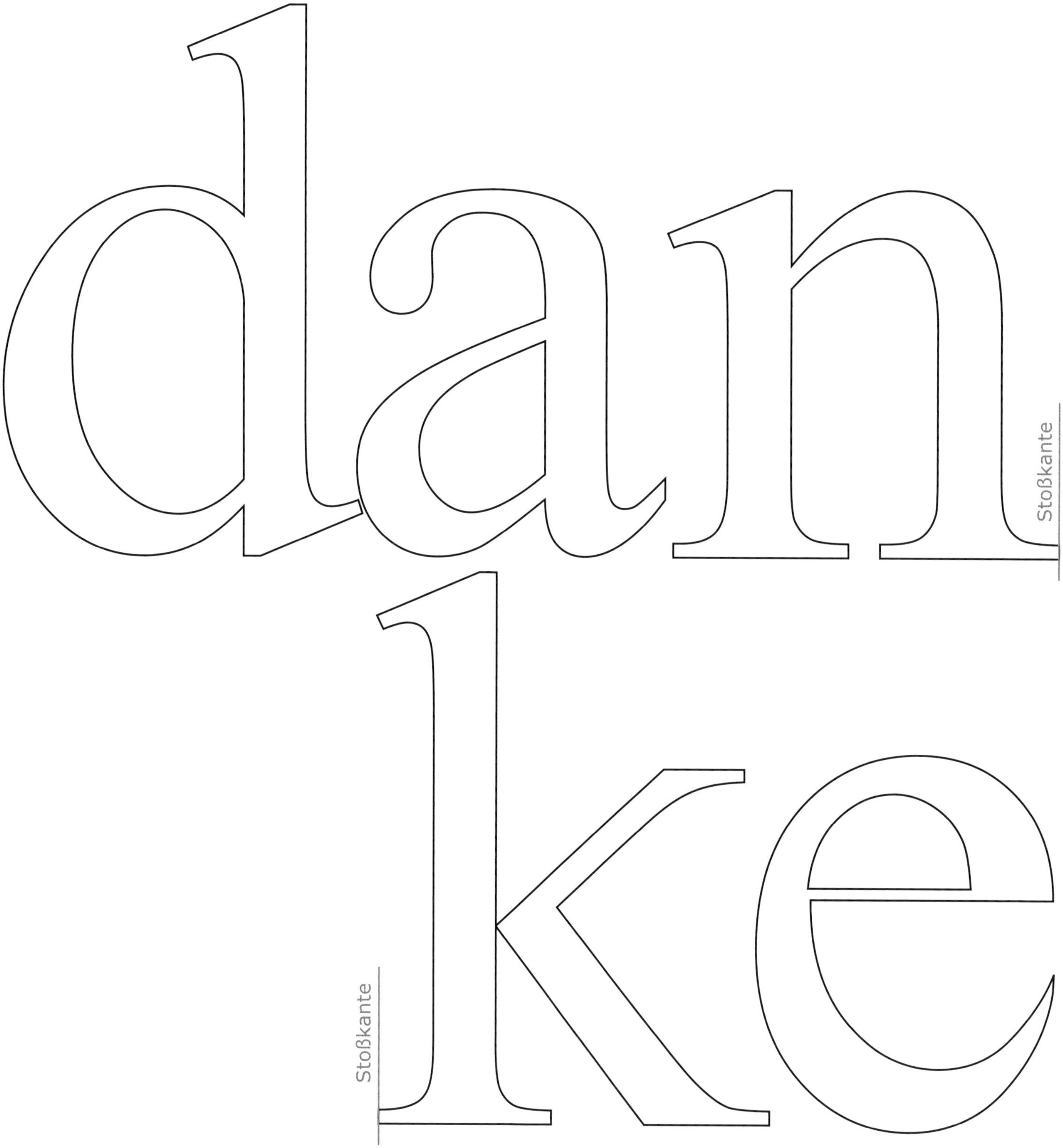
Stoßkante
Stoßkante

Eule – Kopiervorlage

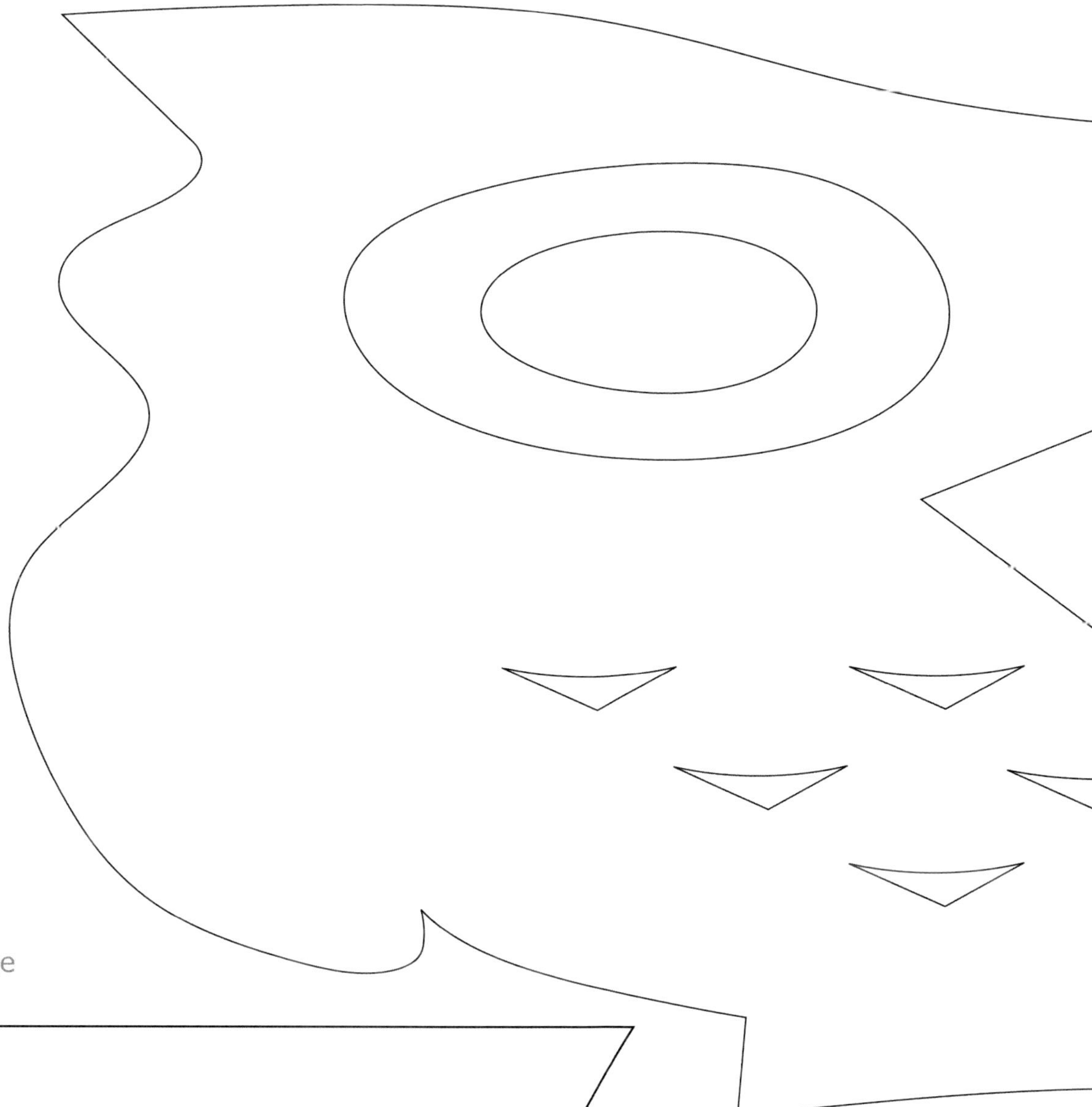

Herz – Kopiervorlage

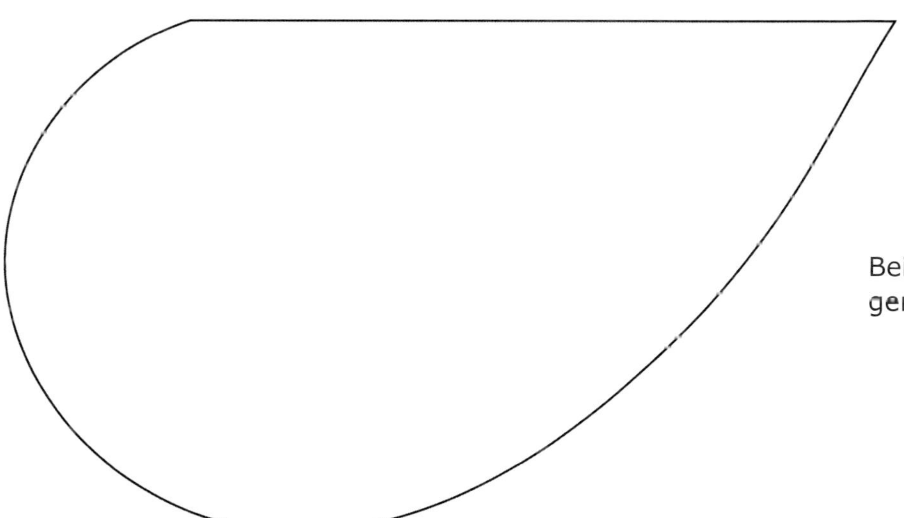

Beide Kopiervorlagen müssen an den geraden Kanten gespiegelt werden.

Kleine Buchkunde

Einband

Die äußere Hülle eines Buches, die aus den **Buchdeckeln** und dem **Buchrücken** besteht. Der Einband schützt den Buchblock und verleiht dem Buch Stabilität.

Buchdeckel

Der vordere und der hintere Buchdeckel bestehen aus Karton (bis 500 g / m²) oder Pappe (über 500 g / m²). Sie sind meist mit Papier oder Gewebe bezogen.

Buchrücken

Der Teil des Buches, in dem die Blätter zusammengeheftet oder zusammengeklebt sind. Ist der Rücken mit dem Buchblock verklebt, spricht man von einem festen Buchrücken, ist der Buchblock durch einen Kartonstreifen vom Rücken isoliert und bildet sich beim Aufschlagen ein Hohlraum, spricht man von einem hohlen Buchrücken.

Buchblock

Die gefalzten und zusammengefügten Blätter (ohne Vorsatzpapier) eines Buches, die fadengeheftet oder klebegebunden sind.

Vorsatzpapier

Jedes Hardcover-Buch hat ein vorderes und ein hinteres Vorsatzpapier aus festerem Papier in der Größe einer doppelten Buchseite. Es wird mit dem Buchblock und dem Buchdeckel fest verklebt, ist fast immer unbedruckt und in alten Büchern manchmal marmoriert.

Buchseite

Jedes Blatt hat zwei Seiten, die in der Regel mit Seitenzahlen versehen sind: Die Vorderseite ist ungerade, die Rückseite gerade nummeriert.

Satzspiegel

Der bedruckte Teil bzw. der zum Bedrucken zur Verfügung stehende Teil einer Seite.

Steg

Die unbedruckten Ränder einer Buchseite werden als Stege bezeichnet: Den oberen Seitenrand nennt man **Kopfsteg**, den unteren **Fußsteg**. Der **Bundsteg** ist der innere, der **Außensteg** der äußere Seitenrand.

Titelblatt

Das Titelblatt enthält die wichtigsten Informationen zum Buch, also Titel und Autor und vor allem bei älteren Büchern auch bibliografische Angaben. Oft ist es typografisch schön gestaltet. Meist folgt das Titelblatt auf den sogenannten Schmutztitel, die erste Seite des Buches, die lediglich den Autor und den Buchtitel nennt.

Buchschnitt

Die drei offenen Seiten des Buchblocks: Es gibt den **Kopfschnitt**, den **Fußschnitt** sowie den **Vorderschnitt**. Bei alten Büchern sind die Schnitte manchmal eingefärbt oder gemustert.

Kapitalbändchen

Der farbige (Zier-)Stoffstreifen am oberen und unteren Ende des Buchrückens, dessen Kanten es verdeckt und schützt.

Lesebändchen

Das schmale Stoffband in Hardcovern, das als Lesezeichen dienen soll. In älteren Büchern gibt es fast immer ein Lesebändchen. Heute wird aus Kostengründen meist darauf verzichtet.

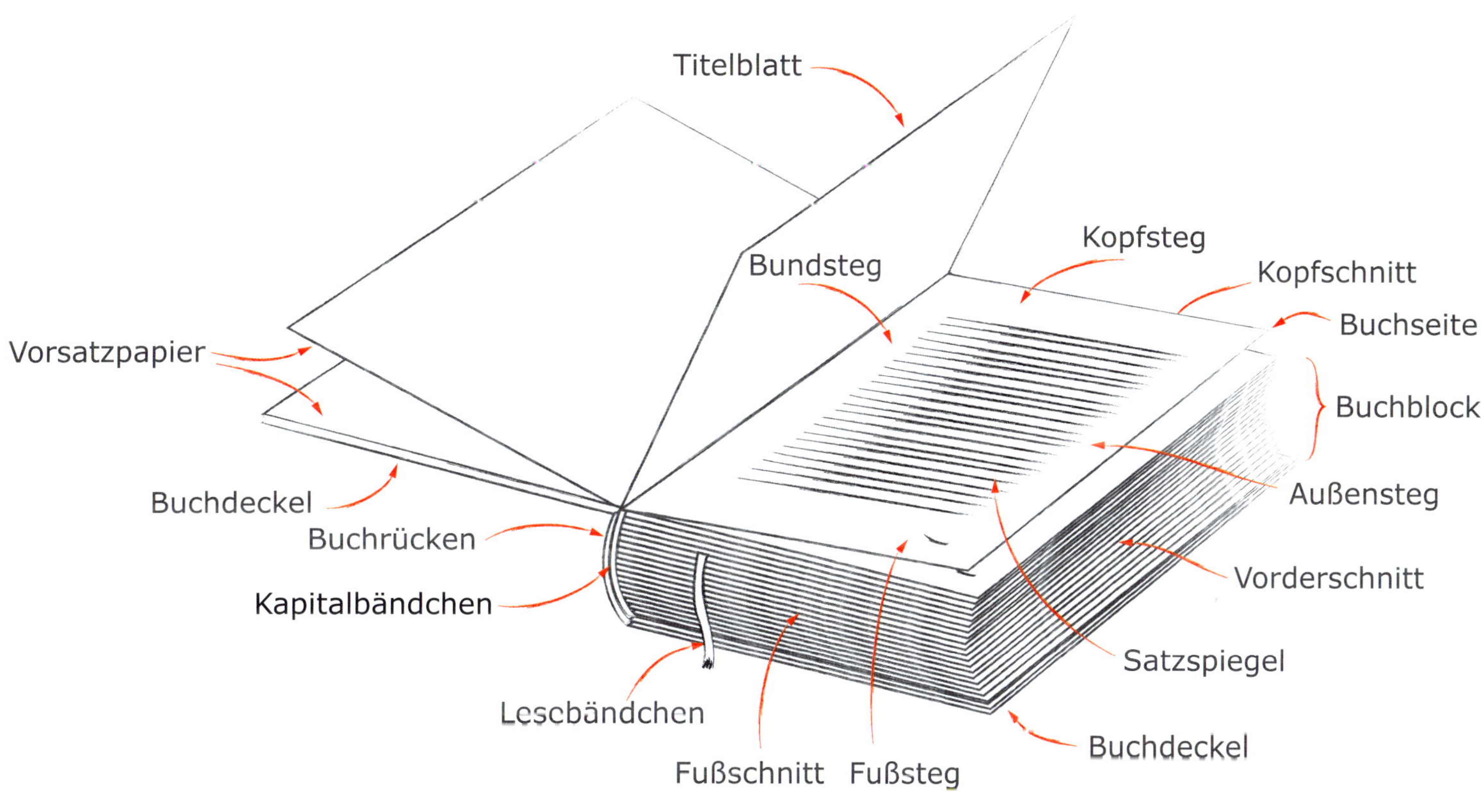

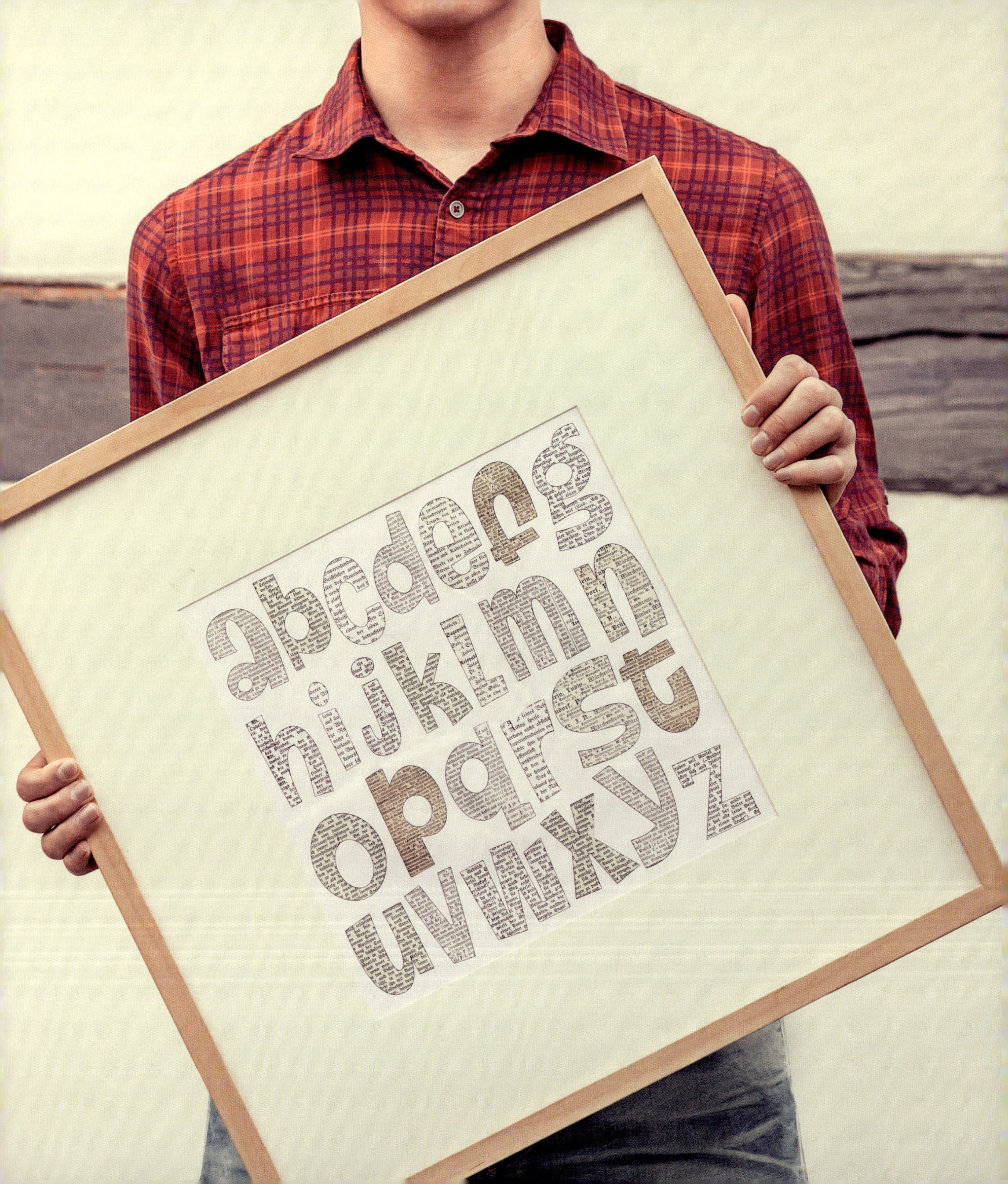
abcdefg
hijklmn
opqrst
uvwxyz

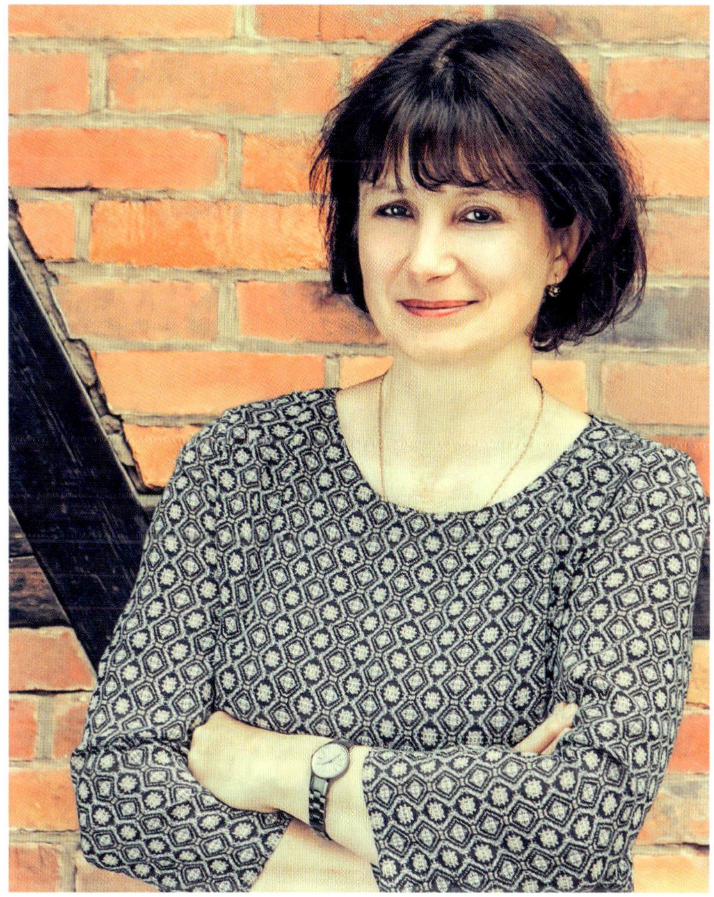

Zur Autorin

Anka Brüggemann führt den Laden *Die Buch Bar – Accessoires für anonyme Bookoholiker* in der Altstadt von Quedlinburg. Als Gründerin der Marke *Bookogami*, die für Papierarbeiten aus alten Buchseiten steht, leitet sie Workshops zu diesem Thema. Sie rettet alte Bücher vor dem Reißwolf und verwaltet ein Lager mit über 10 000 gedruckten Werken. Regelmäßig organisiert sie mit diesen Büchern Flohmärkte für gemeinnützige Zwecke.

www.diebuchbar.de und www.bookogami.de